KB261947

탐욕 저편의 새로운 자유, 나눔

탐욕 저편의 새로운 자유, 나눔

지은이 | 게르트루트 횔러
옮긴이 | 이수영
펴낸이 | 김성실
편집기획 | 박남주 · 천경호 · 오정원
마케팅 | 이준경 · 김남숙 · 이유진
편집디자인 | 하람 커뮤니케이션(02-322-5405)
표지인쇄 | 중앙P&L(주)
본문인쇄 | 한영문화사
제본 | 대흥제책
펴낸곳 | 시대의창
출판등록 | 제10-1756호(1999. 5. 11)

2판 1쇄 인쇄 | 2009년 2월 10일
2판 1쇄 발행 | 2009년 2월 18일

주소 | 121-816 서울시 마포구 동교동 113-81 (4층)
전화 | 편집부 (02) 335-6125, 영업부 (02) 335-6121
팩스 | (02) 325-5607
이메일 | sidaebooks@hanmail.net

ISBN 978-89-5940-141-3 (03320)
값 15,000 원

Jenseits der Gier by Gertrud Höhler
Copyright ⓒ by Ullstein Buchverlage GmbH, Berlin.
Published in 2005 by Econ Verlag

탐욕 저편의 새로운자유, 나눔

탐욕과 나눔의 철학

게르트루트 휠러 지음
이수영 옮김

시대의창

가혹한 시련

가치의 파수꾼들이 잠들었을 때

호모 사피엔스가 등장했을 때, 강력한 포유동물들로부터 인간을 구해낸 것은 그의 영리한 머리였다. 호모 사피엔스의 두뇌 파워는 오랜 피신 생활 끝에 인간을 최고의 사냥꾼으로 만들어 주었다. 그의 두뇌는 급속도로 성장해 이제는 달리기와 기어 오르기뿐 아니라 머리 역시 더욱 강력해졌다. 인간은 이로써 진화의 승리자가 되었다.

인간은 본능에 따라 움직이는 동물들과 달리 자신을 구별시키는 호모 사피엔스라는 명예로운 호칭에 자부심을 가진다.

그러나 오늘날 우리는 몇몇 조절 프로그램을 되돌리고 싶어 한다. 호모 사피엔스의 지혜로부터 더 기대할 것이 없어졌기 때문이다. 그의 지혜는 더 이상 병적인 욕망에 대한 보루도 아니고, 무절제함을 지키는 파수꾼도 아니다. 인간이 낙관적인 전망 속에서 호모 사피엔스라는 명예 칭호로부터 작별을 고했을 때, 산업 문화로 넘어가는 문턱에 있었다. 인간은 이제 호모 에코노미쿠스로 불리길 원했다. 자신을 계산가, 소비자, 이윤 추구가로 묘사하는 게 더 적합하다고 생각했기 때문이다. 엄청난 속도는 인간의 삶을 지배하는 모든 것을 사로잡았고, 정신까지도 규정하게 되었다. 인간은 그때부터 더 빠르게 움직이기 시작했다. 자기 스스로 자신의 비전에 날개를 달아주는 가속 장치를 구축했기 때문이다. 도저히 생각하지 못했던 일들을 생각하게 되었고, 사고와 행동이 영향을 미치는 범위는 거의 무한해 보였다. 인간은 기계 시대가 출발할 때부터 예감했다. 언젠가 뇌는 인간을 지배하고 완전히 변화시킬 지능 증폭기를 갖게 될 거라는 사실을.

재화의 급속한 증가는 그 전까지 전혀 몰랐던 편리함과 결코 누려보지 못한 소비의 즐거움을 안겨주었다. 넘치도록 풍부한 선택권과 물건들이 일상적인 생활이 되었다. 이처럼 복지의 시기는 승리자인 인간을 어려운 시련으로 내몰았다. 인간에게 그러한 삶을 감당할 만한 능력이 있는지 시험한 것이다. 인간에게는 그것을 이해할 만한 시간이 없었다. 따라서 시험 통과도 불가능했다. 그러나 지금 인간은 복지 속에서 좌절이 불가피했던 까닭을 파악할 수 있는 시간이 충분하다.

모든 피조물들에 대한 승리의 대가는 이제야 분명히 드러났다. 처음에 그 대가는 수십 년에 걸쳐 조금씩 드러났기 때문에 거의 느낄 수가 없었다. 인간은 오직 고등 포유동물들의 생활 프로그램에서 떨어져 나옴으로써 승리를 쟁취할 수 있었다. 호모 사피엔스는 자신에게 해악을 끼치는 자유, 개인적 자산을 해롭게 다룰 수 있는 자유를 사들인 것이다. 궁핍함이 일상생활을 지배하는 동안 결손은 드러나지 않는다. 그것은 과잉에 의해 비로소 드러난다.

복지는 가치를 먹어치운다

복지를 이끄는 동력은 고객과 공급자를 구별하는 소비에 대한 즐거움과 소비의 유혹이다. 욕망의 일깨움과 호기심, 그리고 결국엔 탐욕이 시장 활동을 규정한다. 호모 사피엔스는 쾌락을 강조하는 소득과 소비를 뿌리칠 만한 저항력이 부족하다. 인간 스스로 '경제적 인간'으로 이해하고, 계산가로, 탐욕스럽게 소유하고 먹고 마시는 자로 규정한 이후 반대의 목소리는 점점 더 작아졌다. 복지는 이제 가치를 먹어치운다. 우리는 이미 그 사실을 잘 안다. 물질주의는 돈으로 계산되지 않으면 모두 던져버린다. 가치는 제한적인 경우에만 계산된다. 즉 상품의 세계에 편입시킨다는 조건 아래에서만 계산된다. "당신의 사랑을 생각하라"는 말은 실제는 돈을 지불하라는 뜻이다. "전화해"라는 말도 똑같은 의미다. "꽃을 들고 말해요"도 같은 맥락이다.

이 어려운 시련기에 호모 사피엔스는 매우 고독하다. 그는 소비 생활에 쉽게 빠져들었고, 그가 구상한 자유는 포만감의 한계를 임의적으로 더 뒤로 밀어냈다. "이것으로 충분해"라고 느끼는 감각이 무뎌졌다. 먹고 마시는 것뿐 아니라 유동적인 재산을 얻기 위한 모든 경쟁에서도 그러한 감각은 더 이상 말을 듣지 않는다. 복지 국가에서 탈선한 육체에 깃든 탐욕의 수많은 산증인들을 본 사람이라면, 탐욕이 보이지 않는 영역에도 해를 끼친다는 사실을 알게 된다. 탐욕은 단순히 임의의 심적인 경향이 아니라 자기 파괴 과정이다. 따라서 탐욕은 부유한 사회의 라이트모티프로서 삶을 위협하는 질병이다. 포만감의 한계를 뒤로 밀어내는 것이 국민적인 스포츠가

✻ 가혹한 시련

✻ 호모 사피엔스가 자신을 오로지 소비자로서만 이해한다면, 그는
   실패할 수밖에 없다.

✻ 가치의 파수꾼들이 잠들 때 복지는 가치를 먹어치운다.

✻ 호모 에코노미쿠스는 포만감의 한계를 밀어내고, 결코 만족하지
   못하게 된다.

✻ 그는 인식과 이해, 진리와 가치에 대한 굶주림을 잊어버린다.

되고, 욕망이 성공의 자극제가 되는 곳에서 무절제함을 지향하는
집단적 합의는 자기 고집이 가장 강한 사람들만이 저항할 수 있는
분위기를 만들어낸다. 이들은 집단에서 배척되는 것을 견뎌낼 수
있고, 채워지지 않는 굶주림에 허덕이는 사람들이다. 그러나 그것
은 인식과 이해에 대한 굶주림이고, 시장의 상품들보다 더 신뢰할
수 있는 진리와 가치에 대한 굶주림이다. 처음에는 가장 용기 있는
사람들만이 이곳에 모이게 된다.

나눔의 사치가 지배한다

이 책은 점차 늘어나고 있는 용기 있는 사람들을 위한 여정이고,
외적인 조건들도 그들의 삶의 철학에 부응하고 있다. 가치의 서열
이 변하고 있다. 나눌 것이 적은 곳에서는 탐욕은 단기적으로만 증
가할 뿐이다. 그 이후에는 우리가 지금 벌써 맛볼 수 있는 안도감이
확산된다. 압박이 느슨해진다. 복지의 도그마들은 더 이상 손을 뻗
치지 못한다. 소비를 유혹하는 사람들도 더 이상 고객들의 경솔하
고 생각 없는 태도와 구매의 기쁨에 의존할 수 없다. 고객들은 이제
상표에 신경 쓰지 않고, 전에는 거들떠보지 않았던 상점을 찾기 시
작했다. 마침내 신천지에 발을 들여놓는 순간이다. 수십 년 전으로
돌아간 고객들은 1970년대의 사람으로 다시 등장했다. 시장을 선
도하는 발 빠른 사람들은 궁핍했던 시대를 향유하고자 하는 이러한
갈망을 '레트로'라고 부른다. 이렇게 해서 치료가 시작되고, 질병의
출발지였던 물질세계에 대한 실험도 자연스럽게 이어진다. 더 단순
하게 살려는 시도가 이어지고, 탐욕의 노예 농장에서 벗어나는 길

✱ 호모 에코노미쿠스는 집으로 돌아가고 싶어 한다. 그는 조금 덜 고통스런 손실을 원한다.

✱ 호모 사피엔스는 방향을 전환한다.
- 그는 후회 없는 열정의 땅을 찾는다.
- 그는 단순한 것을 실험하고, 나누는 것의 기쁨에 푹 빠진다.
- 그는 더 적게, 그러나 질적으로는 더 가치 있게 소비한다.
- 그는 다시 자기 자신을 돌보기 시작한다.
- 그는 자신의 강점을 확대하고, 탐욕의 우상을 잊는다.

✱ 개혁가들이 행복의 단념을 요구할 때, 그는 자신의 행복을 추구한다.

을 조용히 이끌어주는 익명 생활을 발전시키면서 드넓은 행복의 지대가 펼쳐진다. 이곳에서는 가치의 서열을 새롭게 자리매김하려는 실험이 진행된다. 지배하려는 사람은 베풀어야 한다. 여기서는 나눔의 사치가 지배한다. 머리가 가슴을 지배하지 않는다. 약점이 아닌 강점이 힘을 발휘한다. 여기서는 누구나 단 하나뿐인 존재다. 따라서 그 누구도 대신할 수 없는 사람들이다.

호모 사피엔스는 자부심이 강한 피조물이다. 그는 자기 자신에 대한 회의에 대해서는 말하고 싶어 하지 않는다. 그러나 바로 그런 자기 회의가 소비 시대의 틀에 박힌 활기를 압도하는 저음의 오르간 소리를 내게 하는 것이다. 호모 에코노미쿠스는 집으로 돌아가고 싶어 한다. 그러나 정치와 정치 자문가들이 미리 계산하고 있는 것처럼 그렇게 고통스런 손해를 입고 싶어 하지는 않는다.

실제로 호모 에코노미쿠스는 벌써 다시 앞서가기 시작했다. 그는 소규모 그룹으로 나뉘어 새롭고 후회 없는 열정의 약속된 땅으로 나아 간다. 호모 사피엔스는 방향을 전환했다. 그는 단순한 것을 실험하고, 나누는 기쁨에 푹 빠졌다. 그는 더 적게, 그러나 질적으로는 더 가치 있게 소비한다. 마침내 다시 자기 자신을 돌보게 되었다. 그는 최선을 다하려 하고 자신의 욕망을 단련시킨다. 그는 자신의 강점을 확대하고 거짓 우상들을 잊는다. 개혁가들이 행복의 단념을 모토로 삼는 동안, 그는 자신의 행복을 추구한다. 그의 모토는 "끊임없이 갈망하라"다. 오직 갈망하는 사람만이 혁신을 이룰 수 있기 때문이다.

CONTENTS

탐욕의 신들을 위한 카운트다운

포만감이 아닌 중독성을 야기하는 탐욕
비겁함의 사슬을 끊어라

탐욕은 탈선한 요구이다. 타락한 욕망이다.
복지 사회에서 살아가는 동안 우리는 우리의 욕망을 꿈틀거리게 하는 갖가지 호소에 둘러싸여 있다.
시장의 부름은 우리의 가장 대담한 꿈들이 사회적 인정과 아름다움,
행복을 받아들인다. 그러한 꿈들이 물질을 통해 실현될 수 있다는 것을
우리들에게 각인시키려고 한다. '당신이 원하는 것은 돈으로 살 수 있다.'
'당신은 욕망하는 존재로서 공급자들의 총아이다.' '그들이 당신을 받쳐줄 것이다.'
우리는 그들이 우리에게 일깨우고 고취시키려 하는 것과 똑같은 충동을 느낀다.
더 많은 것을 얻고자 하는 욕망을 느낀다. 공급자들도 똑같은 욕망에 따라 움직인다.
더 많은 고객, 더 많은 돈, 더 많은 성공. 성공은
물질을 획득함으로써 이룰 수 있다는 메시지가 그러한 욕망 속에 담겨 있다.
풍족한 복지 문화의 밑바탕에 흐르는 멜로디로서의
탐욕은 오래 전부터 부도덕의 고리에서 벗어났다. 탐욕이 그 고리의 모든 것을 결합시키기 때문이다.
모두가 견제를 잃어버리면, 탐욕이 규범이 된다. 무절제함에 대한 요구가 일상을 지배하기 때문이다.
성공이 오직 물질적으로만 규정되는 곳에서 탐욕은 정당한 충동으로 승격된다.
양쪽의 욕망하는 주체들은 돈과 물질에 대한 상호간의 탐욕, 오로지 돈과 물질을 통해서만 얻을 수 있는
관심과 영향력에 대한 탐욕을 서로 부추긴다.

01 포만감이 아닌 중독성을 야기하는 탐욕

탐욕은 탈선한 요구이자 타락한 욕망이다. 복지 사회에서 살아가는 동안 우리는 욕망을 자극하는 갖가지 유혹에 자유롭지 못하다. 시장은 우리가 꿈꾸는 사회적 인정과 아름다움, 행복을 추구한다. 또한 그러한 꿈들이 물질을 통해 어떻게 이루어지는지 우리에게 각인시키려고 한다. "당신이 원하는 것은 돈이면 다 된다." "당신은 욕망하는 존재로서 공급자들의 총아다." "그들이 당신을 받쳐준다." 우리는 그들이 우리에게 일깨우고 고취시키려 하는 것과 똑같은 충동을 느낀다. 더 많이 얻고자 하는 욕망을 느낀다. 공급자들도 똑같은 욕망에 따라 움직인다. 더 많은 고객, 더 많은 돈, 더 많은 성공. 성공은 물질을 획득함으로써 이룰 수 있다는 메시지가 그러한 욕망 속에 가득하다.

풍족한 사회의 밑바탕에 흐르는 멜로디로서의 탐욕은 오래 전부터 부도덕의 고리에서 벗어났다. 탐욕이 그 고리의 모든 것을 결합시키기 때문이다. 모두가 절제하지 못하면, 탐욕이 규범이 된다. 무절제함에 대한 요구가 일상을 지배하기 때문이다. 성공이 오직 물질적으로만 규정되는 곳에서 탐욕은 정당한 충동이 된다. 양쪽의 욕망하는 주체들은 돈과 물질에 대한 상호간의 탐욕, 오로지 돈과 물질을 통해서만 얻을 수 있는 관심과 영향력에 대한 탐욕을 서로 부추긴다. 이렇게 해서 탐욕은 스스로를 강화시키는 원칙으로 자리잡는다.

연약하지만 지적인 진화의 승리자였던 '호모 사피엔스'가 자신의 능력을 경제적인 것으로만 제한하자, 탐욕의 이러한 개선凱旋 행진이 가능해졌다. '호모 에코노미쿠스'는 만족할 줄 모르는 욕망에 한계를 정하던 전통적인 구속들을 던져버렸다. 그의 대성당은 대량 상품들을 포장하는 곳이 되었고, 그의 대사제들은 돈을 벌어들이는 서커스의 곡예사가 되었다.

복지 사회는 구성원들의 영혼 구제가 아니라 그들의 물적 장비에 대해 말한다. 호모 에코노미쿠스는 몇 가지 핸디캡에 대한 자신의 종속성을 무시했던 것처럼, 탐욕으로 인한 위협도 과소평가했다. 포만감을 느끼고자 하는 욕망의 탈선은 인간을 포유동물들의 세계에서 살아가는 그들의 조상들과 구별시킨다. 그들은 성공한 형제인 인간처럼 만족할 줄 모르고 끊임없이 요구하지 않고, 본능에 맞게 소비한다.

호모 에코노미쿠스는 자신의 욕망을 부추겨 탐욕스럽게 이윤을 추구하는 사람들에 둘러싸인 채, 산더미처럼 쌓인 새로운 상품들을 쉴 새 없이 쫓아다닌다. 그렇다고 해서 그렇게 쌓인 물건이 복지 사회의 모든 시민이 물질에 중독되었다는 사실을 증명하지는 않는다.

산더미처럼 쌓인 물건은 오히려 이 게임의 참가자가 물질을 매개로 갈망하는 목표, 즉 행복을 향해 나아간다는 생각을 여전히 포기하지 않았음을 증명한다. 돈과 물질의 교환은 고도의 정서적 게임이다. 이 게임에서는 모두가 주체적인 사람, 인정받고 존중받는 존재, 누구나 탐내는 존재가 되고 싶다는 가장 은밀한 소망을 감춘다. 즉 가장 중요한 물질처럼 욕구의 대상이 되고 싶어한다.

탐욕의 타고난 적수

이성을 벗어난 강한 충동은 시장 활동을 계속 유지시킨다. 우리 자신도 비록 거기에 연루되었지만 스스로에게 관찰자의 입장을 부여한다면, 쫓는 자와 쫓기는 자 사이의 이러한 힘겨루기를 우리는 '맹수 자본주의' '고릴라 마케팅'이라고 부른다. 우리는 스스로 마음대로 조종할 수 없는 힘들을 상대한다는 사실을 인정한다.

탐욕은 예속 상태를 의미한다. 탐욕은 단순히 탈선한 소비욕이 아니라 중독증의 모든 특징을 드러낸다. 물론 사회적 인정認定은 돈으로 사지 못하고, 가치평가는 돈으로 계산되지 않는다. 그러나 과연 정말 그럴까?

부가 사회적 지위를 제공하고, 물질적 성공이 사회적 인정을 가져다준다. 또한 높은 가치평가는 경제적으로 평가된 가치들이 모이는 곳에 축적된다. 경제를 주도적인 이념으로 공표한 사람은 수뇌부의 자리도 경제적인 기준에 따라 분배한다. 이러한 관점이 결코 대수로운 문제는 아니다. 그러나 이 모델을 계속 따르면, 특별한 범죄 행위가 드러나지 않는 한에서는 탐욕스러운 사람이 정도를 지키

✽ 영혼의 구제가 아닌 물질의 가치. 탐욕의 제국에서는 탈선한 욕망이 지배한다.

✽ 만족할 줄 모르는 사람이 위로 올라간다. 탐욕이 모든 것을 쓸어버린다. 내부인들 사이에서는 세계화된 탐욕은 더 이상 악덕이 아니라 성공의 멜로디다.

✽ 균형은 지루한 사람의 선택이 된다.

✽ 탐욕스런 사람은 항상 도상에 있을 뿐, 결코 도착하지 못한다. 그는 사냥꾼의 역할을 하는 사냥감이다.

✽ 탐욕은 자유를 먹어치우고, 가치를 갉아먹는다. 탐욕은 배부른게 아니라 중독에 빠지게 한다.

는 사람보다 사회적으로 인정받는 경우가 훨씬 더 많다. 악덕이 미덕을 제압하는 셈이다.

복지 사회 초창기에 재산이 서열의 상승을 불러왔다면, 탐욕 사회는 여기서 한 걸음 더 나아간다.

탐욕스러운 자는 계속 위를 향해 올라간다. 그는 멈출 줄 모르고, 그의 욕망은 끝없이 상승하기 때문이다. 욕망의 실현은 더 이상 이루어질 수 없고, 도착이나 목표도 존재하지 않는다. 지속적인 상태로서의 탐욕은 공식적으로 인정받는 행동의 특징이 된다. 탐욕스러운 자는 세계화된 경제의 주인공이고, 세계화된 탐욕은 내부자들 사이에서는 악덕이 아닌 성공의 보증수표다.

이러한 가치관은 위험하다. 탐욕은 기준을 무너뜨리고 한계를 없애버린다. 세계화된 연기자들은 "지금 대범하게 생각하는 것을 배우지 못한 사람은 내일이면 함께 할 수 없다"며 탈선한 욕망의 시나리오를 하찮게 여긴다. 그러나 이것은 생각의 문제가 아니라 거대한 식탐, 세계화된 탐욕의 세계적인 축제의 문제다. 여기서는 부자를 더 부자로 만들고, 가난한 사람을 더 가난하게 만드는 것도 부수적인 효과일 뿐이다. 최고경영자들의 보수를 둘러싼 논쟁에서 그러한 효과는 세계적인 영웅들의 드넓은 세계에서 울리는 아득한 메아리처럼 들린다.

탐욕은 모든 것을 쓸어버리고, 균형을 지루한 사람들이 선택하는 것으로 만들어버린다. 잠재적이지만, 실제로는 드러나지 않는 탐욕의 적수는 '이성' '정의' '용기' '절도'라는 네 가지 기본적인 미덕들이다. 이들은 모두 탐욕을 잘 알며, 탐욕을 막을 수 있는 요소로 사려 깊음, 신중함, 배려, 관대함, 통찰력 등을 꼽는다. 이러한 요소들은 탐욕의 동행자로는 애초부터 글렀다. 경영자가 갖춰야 할 일상의 지혜를 이루는 3단계인 '심사숙고하기, 판단하기, 결정하기'는 탐욕 속에서는 훌륭한 조언자를 찾을 수 없기 때문이다.

탐욕은 감정이입의 타고난 적이다. 감정이입은 신뢰를 보장하는 시장의 미덕이다. 시장에 대한 다른 사람의 관심사를 이해하기 위해 그 사람의 입장을 취하기 때문이다. 탐욕의 여신이 지배하는 곳에서는 관심과 배려는 죽은 목숨이다. 모든 것이 욕망이라는 모토 아래 검열을 받는다.

우리는 탐욕의 자식들이다

강한 추진력이 각광받는 사회에서는 만족할 줄 모르는 사람이 성공을 거두기가 쉽다. 한 치의 양보도 없이 자신의 이익을 추구하는 사람이 강하고, 능력 있는 사람으로 간주되기 때문이다. 가차 없는 추진력은 규칙에 순응하면서도 패배자의 감정으로 괴로워하는 모든 사람들에게 강한 인상을 준다. 그러나 탐욕스러운 사람은 항상 도상에 있을 뿐, 결코 도착하지 못한다는 사실을 깨닫지 못한다. 탐욕스러운 사람은 사냥꾼이자 사냥감이다. 그에게는 상품과 기회, 인간 등 과도한 소비 이외에는 어떠한 목표도 없다. 그는 미래에 대한 비전 없이 끊임없이 쫓기는 사람이다.

탐욕은 적극적인 행동주의와 활발한 움직임으로 관찰자들을 현혹시켜 무엇인가를 만들어내는 힘이라는 착각을 불러일으킨다. 또한 탐욕스러운 사람은 채워지지 않는 욕망을 가진 강력한 엔진이라는 인상을 준다. 마치 엄청난 식욕이 최고의 먹잇감을 보장하는 것과 마찬가지다.

그러나 탐욕스러운 사람은 사실 자신에게 이로운 모든 것에 대한 감각을 잃어버린 사람이다. 항상 헤매고 다니는 '더 크게, 더 많이'의 지대에는 지평선이 없다. 만족을 모르는 땅에서 길을 잃은 탐욕스러운 사람은 곧 돌아가는 길도 알 수 없게 된다.

'더 크게, 더 많이'에서 '더 작게, 더 적게'로 가는 길은 아주 먼 길이다. 그 길은 강박 관념에서 벗어난 포로 앞에 갑자기 열린다. 그는 항상 탐욕스러운 자는 다른 사람들이라고 말했고, 다른 사람들 역시 똑같이 그렇게 말했다. 탈출로는 감옥이 더 이상 감옥으로 인식되지 않을 때, 비로소 활짝 열린다. 우리는 탐욕의 자식들이다. 우리에게 갑자기 크나큰 기회가 찾아온다. 탐욕의 포로들은 다른 해안에 있는 자유를 발견한다. 그러나 해안은 아주 넓다. 탐욕의 자식들은 모든 게 변해야 한다고 느낀다. 단순히 조금이 아니라 모든 게 변해야 한다. 무엇보다 그들의 마음속에 있는 텍스트가 완전히 다시 씌어져야 한다. 처음에는 시대정신에 저항하는 아주 작은 용기를 내보다가, 그 다음에는 버리기를 선택하는 커다란 유혹이 찾아온다. 탐욕의 땅에서 벗어나려는 이별에 대한 최초의 생각은 '적음에 대한 기쁨'이 탄생하는 시간이다. 적음에 대한 기쁨은 더 많음에 대한 갈망보다 우월하다. 그것은 자유의 자식이기 때문이다. 탐욕은 자유를 먹어치운다. 가치를 갉아먹는다. 탐욕은 배부르게 하는 것이 아니라, 중독에 빠지게 한다.

탐욕은 전염병이다. 시민들이 시장에서 좀더 신중하게 행동하고, 원하는 물품의 목록을 줄이고, 자신들의 불쾌함에 대한 원인을 찾는 동안 탐욕은 가면을 바꾼다.

탐욕과 성공

탐욕은 이제 지도층을 덮쳤다. 최고경영자, 관청의 장, 국회의원들이 후기의 중독자들이다. 복지 사회의 쇠퇴기는 그들에게 섬뜩한 이중 게임을 허용한다. 그들은 백마를 탄 기사로서 대중들을 탐욕으로부터 치료하겠다고 약속한다. 동시에 복지라는 셀프서비스 상점에서 나온 연극을 거리낌없이 만끽한다. 이후 아주 오랫동안 프로그램에서 삭제될 이 작품의 마지막 막을 자신들이 함께 연기하고 있다는 생각 때문이다.

소수의 특권 계층에서도 탐욕은 비전 없는 욕망의 법칙을 따른다. 명망의 제공도 여전히 유효하다. 부단히 욕구하는 자, 만족할 줄 모르는 자는 여기에 있다. 우리는 그를 추진력이 강한 사람이라고 부르고, 그는 다른 사람이 멈췄을 때도 끊임없이 움직인다. 그를 몰아대도 탐욕이라고 말하는 사람은 아무도 없다. 명성과 권력에 대한 탐욕, 그리고 한계를 뛰어넘으려는 욕심이라고 말하지 않는다. 탐욕스러운 자들만이 성공한다는 보이지 않는 신조 때문이다.

탐욕에 쫓기는 사람은 남보다 더 빨라야 하고, 어디든 참가해야 하는 '속도 사회'의 이상형과 일치한다. 우연의 일치다. 그런데 선택을 하라고? 탐욕스러운 자는 내일의 기준은 아직 알려지지 않았다고 말한다. 그래서 지금까지의 길을 중단하지 않겠다고 한다. 대세를 따르는 것이 전부라고 생각한다. 탐욕스러운 자는 더 이상 중요하지 않은 것과 중요한 것을 구별하려 하지 않는다. 그는 선택의 장점을 믿지 않는다.

그는 다른 사람들로 인해 야기된 불안감을 잠재우기 위해 차라리 닥치는 대로 모든 약속과 이벤트를 받아들인다. 물론 함께 하든 안 하든 불안감은 여전하다. 그러나 그는 그것을 승리의 기회로 생각한다.

실제로 눈부신 성공가도를 달리는 사람들 중 다수는 그러한 동력, 즉 돈에 대한 탐욕과 영향력에 대한 탐욕에 집착한다. 아이들의 모든 소원은 이러한 동력의 제물이 된다. 출세의 원칙은 탐욕이다. 탐욕스러운 자가 얻은 반응이 그처럼 긍정적이지 않았다면, 사회의 격려는 주어지지 않았다. 그랬다면 그것이 그를 제어할 수 있었을 것이다. 그러나 세계 증권거래소와 세계 경제를 관찰한 사람이라면, 무절제한 소원의 동력인 자만심을 발견하게 된다. 삶의 행복이 문제가 아니라, 행복에 대한 갈망을 채우는 대신 그것을 달래주는 대리만족이 중요시된다. 탐욕은 목표를 항상 저 멀리 앞으로 밀어댄다. 목표 도달이 아니라 다른 사람에 대한 승리가 중요하기 때문이다. 다른 사람보다 더 빠르고 더 영리해야 하고, 다른 사람들이 중도에 포기한 곳에서 기꺼이 위험을 감수하는 태도가 무엇보다 중요하다.

성공을 향한 만족할 줄 모르는 욕심은 포상을 받는다. 최고의 출세가도를 달리는 사람들이 탐욕 없이 그 자리에 오를 수 있었을까? 분명 출세에 대한 강한 의지가 없었던 건 아니다. 그러나 그 의지가 모든 것을 파괴하는 욕망으로 변질되지 않으면서도 그러한 성공은 가능하다.

다만 지도자로서의 덕목을 완전히 던져버리고, 다른 사람에 대한 존중을 무시하면서까지 출세하겠다는 강박 관념 속에서도 성공이 가능하다는 점이 걱정스럽다. 탐욕에 사로잡힌 채 출세의 길에 들

❋ 탐욕은 전염병이다.

❋ 시민들이 자유로워지는 동안 탐욕은 가면을 바꾼다. 탐욕은 이제 지도층 인사들을 덮쳤다. 최고경영자, 관청의 장들, 국회의원들이 후기의 탐욕에 중독된 사람들이다.

❋ 복지의 쇠퇴기는 섬뜩한 이중 게임을 허용한다. 그들은 백마를 탄 기사로 등장해 대중들의 탐욕을 치료하겠다고 약속한다.

❋ 아무런 비전도 없는 욕망이 그들을 몰아댄다. 돈과 영향력에 대한 탐욕이. 성공을 향한 만족할 줄 모르는 욕망은 포상을 받는다. 국가조차도 탐욕을 독점한다.

어선 사람은 결코 만족을 모르고 중독에 빠진다. 이제 적절한 기준은 사라졌다. 무절제하게 위로 차고 올라온 사람은 자신의 욕심에 대해 무한한 배상을 원한다. 그는 다른 사람들보다 스스로에게 많이 요구했고, 이제는 다른 사람들에게 더 많이 요구한다. 상황이 완전히 뒤바뀌어 중독자가 자신이 빠진 중독의 수난자가 되는 꼴이다. 그는 마침내 수백만의 사람들이 중독에 빠지지 않았다는 사실을 알게 된다. 우리는 탐욕에 중독된 사람들이 자신들의 출세를 바라보는 이러한 주관적 관점을 알고 있다. 그들은 자신들이 빠진 중독의 포로가 되었다. 그래서 중독에서 자유로운 사회가 그들에게 자발적으로 제공하지 않는 허가서를 통해 그 대가를 스스로에게 보상하려고 한다. 즉 그들은 모든 사람 앞에서 모든 사람의 안녕과 품위를 지켜야 할 규칙들을 무력화시킨다. 중독증에 걸린 사람들의 뇌에서는 사생활과 사유재산, 자율에 대한 합의를 보장하는 일상의 가치들이 가장 먼저 파괴된다. 이러한 가치들은 뇌의 가장 나중에 생긴 층, 즉 가장 위층에 쌓인다. 따라서 중독이 세력을 장악할 때 가장 먼저 휩쓸려 간다.

탐욕은 뿌리칠 수 없을 만큼 매혹적인 유혹이다. 특히 무절제함을 지배자의 미덕으로 치장하기 위해 세력과 영향력을 강화하는 곳에서는 더욱 그렇다. 최근에 일어난 떠들썩한 추락 사건들은 거의 모두 똑같은 특징을 드러낸다. 숙련가나 초보자나 탐욕의 악덕으로 인한 추락이다. 그것은 높은 보수로 보답을 받고 함구령으로 보장되었던 공인된 악덕이다. 자기와 맞지 않는 사회에 들어간 사람은 배신자들을 자극한다. 한 번의 배신으로 그는 즉시 추락한다. 외부 세계에 내보이기 위한 윤리는 갈채 없이는 작동하지 않고, 모두가 그것을 통달한다. 추락한 사람은 추락한 채 그대로 방치된다. 이것이 탐욕 사회가 뱉어버린 경영자의 쓰디쓴 결산이다.

탐욕 너머의 매혹적인 세계

복지는 탐욕스런 자들이 일궈낸 공모의 결과물이다. 물론 정치와 경제로 인해 복지의 식욕이 증가하는 데서 비롯되는 위험에 대해 깊이 생각하는 소수의 괴짜들도 존재한다. 이들은 물질적으로 치중된 성장이 소비 사회의 영혼을 해친다고 주장하지만, 이러한 주장은 처음에는 탐욕스러운 자들의 비웃음에 묻히고 만다. 그러나 탐욕의 먹이가 다 떨어지면, 탐욕스러운 자는 중독으로부터의 해방을 추구하는 새로운 공동체의 중심, 즉 더 적음에 대한 즐거움에 적응한다. 복지의 역사는 가능한 것이 아니라, 더 많이 요구하기 위해 정치와 경제가 쏟아내는 갖가지 호소로 가득 차 있다. 그것이 더 많은 신중함과 안목, 사려 깊음에 대한 호소가 아님은 자명하다. 우리는 굶주림이 있어서 부자가 될 수 있었던 상승의 자식들이었다. 그렇기 때문에 계속해서 굶주림에 의지한다. '내 자동차, 내 집, 내 보트'가 도달할 수 없는 행복의 동의어가 되고, 진정한 행복을 가질 수 있을까에 대해서는 아무도 묻지 않는다. 우리는 차라리 포식자, 시장의 고릴라가 되기를 원한다. 그러나 포식자들은 행복할까?

복지의 선율은 결국 제어할 수 없는 탐욕으로 이끄는 안내서일까? 더구나 지금까지 이어오던 모든 제어 시스템도 온갖 세력의 자유로운 게임에 속수무책으로 방치된 상황에서? 이 자유로운 게임은 시장이라고 불리고, 시장은 경제 시대의 신이다. 마케팅은 탐욕스런 고객을 더 탐욕스럽게 만드는 물건을 집중적으로 공략하고, 합법으로 가장한다. 금욕 생활은 우리가 현재 지나간 새로운 쇠퇴기에 이르러서야 비로소 고안된 상품이다. 공급자는 욕심을 버리고 더 적게 사는 사람은 아무도 없을 거라고 장담했다. 그런데 금욕 생활도 중독성을 야기한다는 사실을 우리는 그 사이 알게 되었다. 값비싼 소수를 구입하는 금욕 생활자의 공동체가 폭발적으로 증가했다. 하나의 중독에서 다른 중독으로 옮기는 일은 중간에서 균형을 잡는 문제보다 훨씬 수월하다. 우리는 모든 중간의 가치들을 우유부단한 사람이나 패배자가 갖는 하나의 소유로 생각한다. 따라서 탐욕 너머에 존재하는 매혹적인 세계를 발견하기란 결코 쉬운 일이 아니다.

지도층 인사들이 탐욕으로 이끄는 유혹자였다면, 그들이 금욕 생활의 전도사로서 신뢰성이 없다는 말은 자명하다. 오히려 사람들은 탐욕에 대한 독점이 힘 있는 자들에게서 발생했다는 인상을 받는다. 모든 사람들이 더 적게 소유하는 동안, 회사의 경영자들과 그들의 몇몇 고급 노예들은 글로벌 경쟁의 대가로 그 어느 때보다 많은 돈을 벌어들였다. 이들은 생각하기에 따라서 소수의 뛰어난 능력자와 점점 더 적은 숫자의 직원만으로도 주주들에 대한 막대한 책임을 감당하겠다는 입장이다. 또한 주주들을 완전히 굴복시키기 위해 그들의 잠재적 가치를 거리낌없이 약탈한다. 즉 "친애하는 동료들이여, 책임을 감당하는 건 그대들의 자리를 위태롭게 할 뿐이네"라고 주장한다.

국가도 탐욕에 대한 독점을 요구한다. 국가는 은밀하게 자신의 얼굴을 바꾸고, 국가의 대표자는 시민들에게 닥친 새로운 생존의 위기에 관심을 보이지 않는다.

물질적 수단이 점점 빠듯해지기 시작한 이후 시민과 국가의 관계는 단순히 장애를 넘어서 완전히 파괴되었다. 지난 수십 년간 국가의 통치자는 오로지 하나에만 집중했다. 선거에서 이기는 정도로만 시민들에게 접근했다. 2차 세계대전 이후 수십 년간 이어진 소비 사회에서 국가는 자선가로서 시민들에게 점점 더 가까이 다가갔다. 그 결과 과잉 보호와 습득된 무기력함으로 인해 시민들은 자신의 삶에 대한 책임을 점차 등한시했다.

오늘날 위정자들이 무기력한 시민들을 비난하는 이유는 두려움 때문이다. 그들은 갑자기 무기력한 시민은 더 이상 자신들의 구상과 맞지 않는다고 말한다. 시민들에게 하룻밤 사이에 사라졌던 수단을 되찾아 자기 자신의 삶의 주체가 되어야 한다고 요구한다. 반면에 국가는 지금까지와는 다른 냉정한 거리감으로 시민들의 안전에 대한 요구를 무시한다. 시민들의 관점에서 보자면 국가는 사기꾼처럼 자신의 가면을 바꾸었다. 과거에 시민들에게 보였던 관심을 최소한 일부분이라도 유지하지 않은 채 시민을 보호하는 역할에서 추적자로 돌변했다. 가까움이 다시 원칙이 되었지만, 그것은 결정자로서의 시민들에게는 협소함을 의미한다. 선택의 기회는 극단적으로 줄어들었고, 이제부터 자기 자신의 삶을 스스로 돌봐야 한다는 요구는 뻔뻔스런 비웃음처럼 들린다.

시민들의 눈에 국가는 이제 탐욕스럽게 그들을 착취하는 존재다. 국가는 끝없는 욕심에 대한 독점을 실천하면서 매일매일 새로운 충격을 가져다준다. 사람들은 국가 권력이 자유의 수호자에서 자유의 파괴자가 되었다고 생각한다. 국가가 거기에 대해 그럴듯한 이유를 제시하는가의 여부는 중요하지 않다. 문제는 국가와 시민의 새로운 관계가 위기감으로 드러났다는 사실이다.

복지의 마지막 장에서 자신이 시장의 성공적인 사냥꾼이었다고 생각한 사람이 이제는 반대로 저항할 수 없는 사냥감으로 느낀다. 사냥꾼은 바로 국가다. 국가는 어제까지만 해도 온갖 자선 행위를 통해 과보호하던 사람들을 수배자로 공표했다. 이렇게 가면을 바꾼 국가는 실패했다. 국가가 두려움 때문에 시민들을 그처럼 혹독하게 다룬다고 해서 국가의 책임이 줄어들지는 않는다. 책임은 당연하다. 그런데 철저하게 용기를 잃고 위기에 빠진 시민 사회에 대해 국가는 자신의 책임을 등한시했다.

기만당한 시민들은 국가가 요구한 탐욕에 대한 독점을 받아들이지 않는다. 정치는 먼저 자신의 파트너가 역할 변화에 동의하지 않는다는 사실을 알아야 한다. 두려움에 사로잡힌 개혁 정치의 파트너는 완전히 혼란에 빠진 사회다. 독일은 이러한 개혁 정치나 그와 비슷하게 동정심이 없는 정부 아래서는 실패의 충격에서 벗어나지 못한다. 미국의 온정적 보수주의는 올바른 방향을 제시해준다. '동정을 느끼는 민주주의'만이 시민들을 동맹의 동지로서 다시 얻을 수 있다.

✳ 탐욕의 제국에 온 것을 환영한다. 이곳은 탈선한 욕망이 지배하는 곳이다.

✳ 당신은 욕구하는 존재로서 탐나는 대상이다. 물질은 미와 사회적 인정, 행복에 대한 당신의 갈망을 진정시킨다. 당신의 갈망이 완전히 충족되지는 않는다.

✳ '세계화된 탐욕'은 내부자들 사이에서는 결코 악덕이 아니다. 그것은 성공의 보증수표다. 탐욕은 모든 것을 깨끗이 없애 버린다. 탐욕의 여신이 지배하는 곳에서는 신중함과 배려는 사라져야만 한다.

✳ 탐욕스러운 자는 항상 도상에 있다. 그는 결코 목표에 도착하지 못한다. 그는 자신에게 유익한 감각을 상실했다.

✳ 성공을 향한 끊임없는 식탐만이 포상을 받는다면, '더 크게 더 많이'에서 '더 작게 더 적게'로 가는 길은 머나먼 길이다.

✳ 성장을 물질로 제한하기 때문에 소비 사회의 영혼은 상처를 입는다.

✳ 탐욕은 먹이를 다 먹어치웠기 때문에 이제는 국가가 탐욕에 대한 독점을 요구한다. 국가는 시민들의 주머니를 뒤져 어제 선사했던 선물들을 도로 찾아낸다. 시장에서 사냥꾼으로 돌아다니던 사람이 이제 저항할 수 없는 먹잇감이 된다.

✳ 복지의 몰락은 탐욕의 감옥을 뚫고 나오는 커다란 기회다.

✳ 선발대는 다른 해안에 있는 자유를 인식한다. 그러나 그 해안은 무척 넓다. 탐욕의 자식들은 이제 모두 바꿔야 한다고 느낀다. 탐욕은 자유를 먹어치운다. 탐욕은 가치를 갉아먹는다. 탐욕은 포만감이 아닌 중독을 야기한다.

✳ 이제 탐욕의 땅에서 벗어날 시간이다.

02 비겁함의 사슬을 끊어라

대부분의 사람들은 스스로 패배자가 되기를 원하지 않지만 그렇다고 어떤 희생을 무릅쓰지도 않는다. 용기가 다시 찾아오도록 상황이 변해야만 한다. 아니, 사실은 정반대다. 상황이 변하도록 용기가 다시 찾아와야만 한다.

모든 혁신이 성공하기 위해서는 내적인 표상으로 시작해야 한다. 모든 조치는 비전을 필요로 한다. 높은 곳에서 의연하고 절제된 모습으로 멀리 목표를 응시해야 할 파수꾼의 눈이 만약 내면의 표상을 결여한 채 치뜨고 있다면, 자신이 무엇을 보든지 제대로 판단하지 못한다. 약속의 땅은 머릿속에서 탄생한다. 내면의 표상이 매혹적이고, 모든 사람의 머릿속에 쉽게 떠오를 만큼 단순할 때, 모든 사람들이 원하는 실제의 풍경으로 만들어진다.

새로운 삶의 풍경을 만들기 위해서는 용기의 두 가지 원천이 필요하다.

첫 번째는 탈선한 행복에 대한 분노다.

두 번째는 믿을 수 있는 행복의 지대에서 살고자 하는 갈망이다.

대부분의 사람들은 그것이 어제의 안락한 지대는 아니라는 예감을 갖는다. 그렇기 때문에 온갖 개혁이 빛을 발산할 수 없다. 개혁에 대한 논쟁은 논점을 다른 곳으로 돌려버린다. 논쟁은 머릿속이 아닌 무너진 복지 건물 개조가 중요하다는 착각을 불러일으킨다. 하드웨어가 아니라 뇌의 프로그램이 새롭게 설계되어야만 한다. 이것이 성공하지 못하면 머릿속뿐 아니라, 내면의 표상에 존재하지 않는 것은 우리의 눈앞에서도 성공할 수 없다.

그것은 우리가 한 번도 가본 적이 없는 풍경이고, 누구도 알지 못하는 약속의 땅이다. 그렇기 때문에 용기가 필요하다. 익숙한 것에만 매달려서는 결코 이런 용기를 내지 못한다. 대담하게 생각하기 위해서는 용기가 필요하다. 평범한 생각의 감옥에 적응한 사람은 용기를 생각하기에는 너무 겁이 많다. 복지 문화의 감옥 신드롬은 이미 오래 전에 많은 사람들에게 전염되었다. ‘자유롭기보다는 안전하게’가 새로운 선율이고, 이러한 선율은 정치에서 파견한 철거 작업반이 헌법의 가치를 약탈하는 것을 수월하게 해준다. 조금씩, 그러나 철저하게. 이들의 행동도 용기가 아니라 비겁함에서 비롯되었다. 용기 있는 사람을 강하게 만드는 분노는 이들에게는 낯설다. 이들에게서는 행복에 대한 갈망이 가장 먼저 죽어버린다.

힘 있는 자들의 마약인 권력과 영향력은 용기와 행복에 대한 요구를 버린 대가다. 현재의 진실에 대한 그들의 잘못된 관계는 미래에 대한 관심도 약화시킨다.

고산증과 고소공포증이 뒤섞인 곳에서는 비겁한 개혁이 대담한 혁신의 자리를 대신한다.

정치가들에게 용기와 비전을 갖고 행동하는 기회가 별로 없다면, 결코 밟아보지 못한 신천지로 나아가기 위한 도약은 어디서 계획되어야 할까? 정치가를 포함한 모두를 그곳으로 데려가려면, 어떤 동맹자들과 함께 그러한 도약을 실행해야 한단 말인가?

용기는 고위 관료들 사이에서는 거의 찾아보기 힘든 자산이다. 용기 있는 행동에 대한 전권이 그들에게 주어졌음에도, 아리스토텔레스는 지도자들은 결연함과 단호함을 가져야 한다고 말한다. 위협적인 상황이나 개인적인 불이익 때문에 현명하고 올바른 판단을 그르쳐서는 안 된다. 용감무쌍한 모험가들이 주역을 담당하지는 않는다. 두려움을 극복하고 경솔함을 피하는 사람이라면, 비록 비겁한 순응자들 사이에 둘러싸이더라도 용기 있는 결정권자가 될 수 있다. 인내심이 없는 용기는 가치가 없다. 저항과 투쟁을 위한 힘과 날카로운 현실 감각이 없으면, 모든 용기 있는 결정은 죽음이나 다름없다. 머리는 냉정해야 하지만 가슴은 뜨겁게 타올라야 한다. 그렇기 때문에 용기 있는 사람은 다른 사람의 가슴에 불을 지펴 함께 데려간다. 모든 성공담은 용기 있는 결정권자와 함께 시작된다. 그들은 주체적으로 사고하고 원대한 포부를 가졌기 때문에 사람들은 기꺼이 그들을 따른다. 그들의 성공은 다른 사람들에 반해서가 아니라 그들과 함께 이루어진다.

위기의 정치가들은 사람을 끌어들이는 품성을 잃어버렸다. 그들은 주어진 권력을 정의로운 곳에 쓰지 않고 자신들을 그 자리에 오르게 해준 사람들의 뜻을 거스르는 데 이용한다.

용기와 비전, 사슬을 끊는 해결책

위기의 정치가는 분명 스스로를 용감하다고 생각한다. 그러나 그는 사람들을 끌어들이기 위해 필요한 담력 시험을 치르지 않았다. 그의 보트 안에는 그의 결정에 좌우되는 몇몇 측근들만 있을 뿐이다. 따라서 그 보트는 움직이지 않는다. 노를 젓는 사람이 없기 때문이다. 위기의 정치가는 냉정한 권력 프로그램으로 그들의 머리를 얼어붙게 만들었다. 또한 그 자신의 심장이 차가운 박자에 따라 움직이기 때문에 그들의 가슴을 따뜻하게 하지 못한다. 빼앗는 기술로서의 지배가 바로 이런 모습이다. 오직 베푸는 지배만이 성공한다. 그러나 권력자들의 환상은 물질주의에 빠져 마비된 지 오래다. 그들의 머릿속에는 물질적인 선물들만 떠오르지만, 그것은 더 이상 충분히 남지 않았다. 물질적인 그 이상의 것, 행복에 대한 꿈은 오직 비전이 있는 사람들과 시민들에게만 떠오른다. 정치가들은 자신들만의 일정표를 가진다. 거기에 따르면 '용기'에는 조심, 위험, '사람을 끌어 모으는 일'에는 나중에 다시 생각한다고 적혀 있다. 그러나 그렇게 되면 간격은 이미 너무 크게 벌어진다.

용기는 무모함과 비겁함 사이의 좁은 산마루다. 그것을 우리의 현실과 비교하자면 다음과 같다.

대범하고 용감무쌍한 공상가와 제멋에 빠진 몽상가, 비합리적인 괴짜들은 우유부단한 사람, 기회주의자, 현실에 순응하는 아첨꾼들과 연합해야 한다. 모두가 원한다면 이러한 폭발성 화합물은 성공할 수 있다. 대립적으로 행동하는 각 유형들은 자신들의 목표가 동일하다는 사실을 곧 알게 된다. 그들의 목표는 빛을 뚫고 위로 향하는 것이다. 그들은 삶이 가볍고, 박수갈채가 넘치고, 관심이 집중되고, 자신감을 강화시켜주는 자긍심이 키워지는 곳을 지향한다.

그동안 사업과 학문, 직장 생활에서 화해가 불가능할 정도로 대립해왔던 적수들이 서로 협력하기 위해서는 양측 모두의 핸디캡을 인정해야 했다. 그들이 개인적인 비밀로 간직하고 있는 상승은 결코 보장이 아니다. 그들의 결함을 혼자서는 치료할 수 없기 때문이다. 동맹을 결성하는 데 꼭 필요한 핵심은 바로 용기다.

용감무쌍한 이상주의자에게는 정도가 부족하다. 아무도 그들의 말을 오랫동안 들으려 하지 않는다. 그들이 위로만 향하는 자신들의 이상을 현실과 화해시키려 하지 않기 때문이다.

제멋대로인 몽상가들은 갖가지 생각으로 갈피를 잡지 못하기 때문에 그 꿈들을 현실로 옮기지 못한다. 그들은 꿈에서 깨어나려고 하지 않는다. 비합리적인 괴짜들은 거부당하는 것에서 기쁨을 만끽한다. 그들은 일상생활에는 서투르고 쓸모가 없고, 평범한 것은 그들을 지루하게 한다. 우유부단한 사람에게는 대담한 비전과 약간의 자만심이 큰 도움이 된다.

기회주의자는 몽상가의 오만함을 선사받은 이후로 그동안 자신의 발전이 아니라 이용하기만 하는 낯선 결정의 포로였다는 사실을 깨닫는다. 그는 반항적이고 비합리적인 괴짜들과 함께 하면서 반대가 관심을 불러일으킨다는 사실을 갑자기 깨닫는다.

아첨꾼은 다른 어떤 곳보다 이상주의자들과 활기찬 괴짜들의 진영에서 자신의 위치가 얼마나 보잘것없고 예속되었는지 깨닫는다. 모험에 대한 기쁨의 공기를 함께 호흡하면, 그는 더 이상 비겁한 순응이기를 거부한다. 따라서 비겁한 사람이 자신의 적수인 무모할 정도로 용감한 사람들을 가까이서 보게 될 때, 용기는 계획된다.

모험에 중독된 사람이 모험을 거부하는 사람과 가까이할 때, 용기는 계획된다. 두 유형은 대립적으로 행동해야 한다는 은밀한 갈망에서 벗어날 용기가 없었기 때문에 과장 속에서 살아간다. 그러나 함께라면 그들은 사슬을 던지기도 한다. 그것이 편안한 해결책이 아닌 찬란한 해결책이기에 좁은 산등성은 그들을 유혹한다. 용기로 가득한 사람은 자신의 자존심을 살찌운다.

용기는 모든 팀의 성공을 결정짓는 요소다. 그것은 위기에 빠진 모든 사회를 구하는 유일한 해결책이다. 지도층이 인기에 영합하고 일상의 거짓에 굴복당해 용기를 내지 못할 때, 국가는 피상적인 성공과 환멸 사이에서 개혁을 질질 끌어간다.

지도층에게 필요한 용기는 이렇다. 모험에 대한 욕구를 절제하고, 당신과 측근들에게 우유부단한 사람의 말에 귀를 기울이게 하라. 당신 주변의 이상주의자들의 타오르는 불꽃에 의구심을 던져 넣어라. 대담한 몽상가들에게 그들의 백일몽에 대해 거리낌 없이 이야기하게 하고, 기회주의자에게는 비난하지 말고 진영을 바꾸게 하라. 비겁한 아첨꾼은 자신 속에 있는 또 다른 자아를 발견한다. 세상을 바꾸는 이상주의자를.

분노하라

복지의 환자들이 시도해야 할 일은 결코 쉽지 않다. 그들의 세상을 바꾸는 일이다. 그것은 용기 없이는 불가능하다. 아리스토텔레스의 말처럼 분노가 훌륭한 조언가의 역할을 한다면, 그것은 분노가 더 이상은 가치 이하로 취급받지 않겠다는 성난 결연함을 제공하기 때문이다. 힘들게 싸워서 쟁취한 수준에서 추락하는 것을 더는 방치하지 않겠다는 의지의 표현이다. 그 분노는 또한 상실의 두려움에 대한 분노이기도 하다. 우리는 과거에 쟁취한 용기의 열매를 낭비하는 일에 동참했다는 사실에 화를 내거나 슬퍼할 것이 아니라, 분노를 느껴야만 한다.

아리스토텔레스는 분노를 자존심을 보호하는 위대한 동력이라고 말했다. 굴욕을 당한 패배자의 영혼을 원래의 자긍심으로 되돌아가게 하는 것이라고 말했다. 이로써 고대의 철학자였던 아리스토텔레스는 수천 년이 지난 20세기의 양자생물학자들과 유사한 입장을 대변한다. 양자생물학자들은 분노를 전 세계적으로 위험에 직면한 인간의 생존을 보장할 핵심적인 감정의 하나로 꼽았다. 분노하지 못하는 사람은 자유로워질 수 없다. 스스로 야기한 파국에서도 벗어나지 못한다. 두려움을 느끼지 못하는 사람은 투쟁이나 도주를 위한 적절한 순간을 놓쳐버린다.

행복에 대해 환호하지 않고 스쳐지나가게 하는 사람은 다음 단계를 위한 에너지 재충전의 기회를 놓쳐버린다. 상실과 패배 속에서 슬픔을 느끼지 않는 사람은 영혼이 병든다. 바로 여기서 패배자가 되는 것에 대한 분노가 꿈틀거린다. 바로 여기서 어제와는 다르게 다시 위로 올라서겠다는 비전이 등장한다. 더 이상 소비에 중독된 채 유행을 쫓지 않고 완전히 새로운 게임을 시작하겠다는 비전이 등장한다.

합의 사회는 분노를 질식시키기 위한 프로그램이다. 이 사회는 행동력을 마비시킨다. 토론의 텍스트도 전혀 다른 방향으로 이끈

❋ 분명한 비전 없이는 미래도 없다. 용기가 없으면 아무것도 바꿀 수 없다. 용기는 무모함과 비겁함 사이의 좁은 산등성이다.

❋ 비겁함의 사슬을 끊을 자 누구인가? 그것은 탈선한 행복에 대한 분노다. 잃어버린 것을 다시 찾으려는 결연함이다. 자신감과 자부심이다.

❋ 합의 사회는 분노를 질식시키기 위한 프로그램이다. 용기 없는 사회는 공동의 행복에 대한 비전을 상실한다.

다. 저항력의 사슬을 끊는 대신 새로운 생각과 행동에 대한 욕구를 사슬로 묶는 일이 공연 계획을 규정한다면, 과오와 탈선에 대한 분노에 힘입어 자신의 실패를 극복하기 위해 싸워야 한다는 사실을 이해하는 사람은 아무도 없다. 용기 없는 권력자들이 시민들을 사슬로 묶는다.

비전이 없는 지도자는 시민들의 꿈을 마치 폭탄처럼 두려워한다. 따라서 그의 일정은 뇌관 제거하기, 통제하기, 규제 강화하기를 따른다.

분노에 가득 차 자존심을 위해 투쟁하는 시민들의 수는 점점 적어진다. 집단적인 분노와 비전의 결핍으로 집단적인 용기의 수위는 영점을 나타낸다. 정치는 시민들을 마비시키는 자존심과 자긍심의 극단적 결여를 아무것도 아닌 일로 슬쩍 넘기는 데에만 힘쏟는다. 그러나 그것은 최고위층에서만 권력의 마약을 통해 잠시 동안만 어영부영 넘기는 문제일 뿐이다.

더 이상 분노할 수 없는 사회는 공동의 행복에 대한 비전도 곧 잃는다. 그 두 가지가 없으면 용기와 함께 자신감도 죽어버린다.

아리스토텔레스는 분노가 유능함을 촉진하는 자극제라고 했다. 위험을 막고 새롭게 건설하기 위해서는 외부로부터가 아니라 항상 안에서부터 찾아오는 분노에 찬 확신이 필요하다. "그것은 우리의 권한이야. 우리는 그것을 해낼 수 있어"라는 확신이 필요하다. 지난 수년간 독일인들은 더 이상 그들의 권한에 속하지 않는 문제에 관해서만 들어왔다. 그런데 무엇 때문에 정치와 경제 분야의 지도자들이 새로운 해안에 도달하도록 도와야 한단 말인가? 거기에는 그들의 마음을 끌 아무것도 없는데? 분노는 권력자들을 향한다. 분노는 권력자들이 사람들의 공격을 막기 위해 세워놓은 커다란 벽에 막혀 표출되지 못한다. 시민들은 정치 지도자들의 어쩔 수 없는 아군으로 살아간다. 정치 지도자들은 시민들을 자신들이 세운 무의미한 계획의 훼방꾼으로 생각하고, 그들의 분노를 두려워한다. 그래서 그들의 활동 공간을 점점 더 좁혀나간다.

그러한 과오의 결과는 치명적이다. 유례를 찾을 수 없을 만큼 철저한 방향 전환은 전체 시민과 지도자들이 합심해서 새로운 출발을 위해 용기를 내지 않으면 불가능하다. 지난 수년간 우리는 거기에 대한 일련의 증거들을 보아왔다. 정치 지도자들에게는 분노와 용기에 날개를 달아줄 비전이 없다. 합의 문화는 시민들을 무력화시켰다. 평화 애호국 독일은 자기 나라의 평화조차 이루지 못했다.

＊ 약속의 땅은 머릿속에서 탄생한다. 그 동력은 비전이다. 행복에 대한 꿈이다.

＊ 새로운 출발은 용기를 필요로 한다. 용기의 원천은 탈선한 삶과 사라져버린 행복에 대한 분노다.

＊ 권력자들의 마약인 권력과 영향력이 용기를 먹어치우고 행복에 대한 요구를 질식시킨다. 권력이 없는 사람은 약속의 땅에 대한 동경을 생생하게 간직한다.

＊ 이상주의자들만이 물질을 뛰어넘는다. 그들은 용기의 적수인 무모함과 비겁함 사이의 높은 밧줄 위에서 줄타기를 하는 사람이다.

＊ 용기 없이는 용기 없는 사회의 구조는 불가능하다. 더 작은 목표들에 다가가기 위해서는 목표가 원대해야 한다.

＊ 실패에 대한 분노는 더 커져야 한다. 더 이상은 수준 이하의 취급을 받지 않겠다는, 더 이상은 수준 이하로 행동하지 않겠다는 분노에 찬 결연함이 필요하다. 분노는 위대한 동력이다. 분노는 자존심을 구한다. 분노할 수 없는 사람은 자유로워질 수 없다.

＊ 합의 사회는 분노를 질식시키기 위한 프로그램이다. 비전이 없는 지도자들은 시민들의 꿈을 두려워한다. 그 꿈들이 폭탄이기 때문이다.

＊ 더 이상 분노할 수 없는 사회는 공동의 행복에 대한 비전을 잃어버린다.

적은 기쁨이 아닌
적음에 대한 기쁨

탐욕은 발선한 요구이다. 타락한 욕망이다.
복지 사회에서 살아가는 동안 우리는 우리의 욕망을 꿈틀거리게 하는 갖가지 호소에 둘러싸여 있다.
시장의 부류은 우리의 가장 대담한 꿈들인 사회적 인정과 아름다움,
행복을 받아들인다. 그러한 꿈들이 물질을 통해 실현될 수 있다는 것을
우리들에게 각인시키려고 한다. '당신이 원하는 것은 돈으로 살 수 있다.'
당신은 욕망하는 존재로서 공급자들의 총아이다.' '그들이 당신을 받쳐줄 것이다.'
우리는 그들이 우리에게 일깨우고 고취시키려 하는 것과 똑같은 충동을 느낀다.
더 많은 것을 얻고자 하는 욕망을 느낀다. 공급자들도 똑같은 욕망에 따라 움직인다.
더 많은 고객, 더 많은 돈, 더 많은 성공. 성공은
물질을 획득함으로써 이룰 수 있다는 메시지가 그러한 욕망 속에 담겨 있다.
풍족한 복지 문화의 밑바탕에 흐르는 멜로디로서의
탐욕은 오래 전부터 부도덕의 고리에서 벗어났다. 탐욕이 그 고리의 모든 것을 결합시키기 때문이다.
모두가 절제를 잃어버리면, 탐욕이 규범이 된다. 무절제함에 대한 요구가 일상을 지배하기 때문이다.
성공이 오직 물질적으로만 규정되는 곳에서 탐욕은 정당한 충동으로 승격된다.
양쪽의 욕망하는 주체들은 돈과 물질에 대한 상호간의 탐욕, 오로지 돈과 물질을 통해서만 얻을 수 있는
관심과 영향력에 대한 탐욕을 서로 부추긴다.

03 소비를 넘어 ─ 버리는 즐거움

탐욕의 죽음은 적음에 대한 기쁨이 탄생하는 시간이다. '더 크게, 더 많이'에서 '더 작게, 더 적게'로 향하는 시간이다. 적음에 대한 기쁨은 생각과 소망과 행동에서의 분명함과 명료함에 대한 기쁨이다. 나는 무엇을 원하는가? 무엇이 나에게 유익한가?

이제는 물건과 체험의 습득이 아니라 버리는 즐거움이 생긴다. 내게 맞는 선택하기가 놓쳐버린 기회를 제공하지는 않는다. 그것은 적절한 기회와 아울러 자기만의 소원이라는 새로운 문화를 선사한다. '반드시 해야만 하는' 문화는 낯선 소원으로 가득 찬 문화다.

광고에서 언제나 우리를 그럴듯하게 속여 왔던 약속, 그리고 매일매일 깨졌던 약속이 이제 현실이 된다. 즉 우리는 스스로 결정한다.

다른 사람처럼 행동해야 한다는 강요가 사라졌기 때문에 자아는 더 강해진다. 소비의 달인들과 벌이는 경쟁에서 가졌던 적대감은 사라진다.

욕망의 새로운 문화는 긴장이 풀어진다. 이제는 소비에 대한 강요가 아니라 선택하는 즐거움이 우리를 재촉한다. 한 번도 가보지 않은 이국의 섬처럼 저 멀리서 그것이 보인다. 적은 것을 통한 사치가.

버림의 대가들은 매혹적이다. 그들은 주체적으로 행동하기 때문이다. 우리도 그들처럼 되기를 원한다. 적음에 대한 기쁨 속에서 살아가는 삶은 좀더 명료하다. 다른 사람들과 함께해야 한다는 강박관념이 사라진다. 내가 동참해야 할 곳은 이제 내가 선택한다. 쓸데없이 보내는 시간들은 점점 드물어진다. 나는 이제 '미투'me too 스트레스가 생기는 장소들을 떠난다. 내 삶의 매 시간은 단 한 번밖에 없기 때문이다.

'미투' 신드롬은 독창성을 삼켜버린다. 그의 적수는 창의적인 용기다. 미투를 말하는 사람들이 서로를 옳다고 확인하는 곳에서 혁신은 질식당한다. 그들이 옳다고 확인하는 것은 서로의 혼동 가능성이다. 그들이 환호하는 것은 새로운 생각으로 눈에 띄는 사람이 아무도 없다는 말없는 약속이다. 미투는 능률을 죽여 버리고, 미래를 갉아먹는다. 탐욕 공동체만이 미투와 함께 살아간다. 그 공동체의 해방을 위한 에너지는 비겁함의 이데올로기에 지나지 않는 획일화의 이데올로기가 다 먹어치운다.

다른 사람들의 유행과 사고방식, 견해에 끊임없이 영향을 받는 미투라고 말하는 사람들은 미팅이나 이벤트 등의 지루한 모임에서 함께 어울린다. 집단적 압박이라는 거대한 획일화가 그들에게 스트레스를 주면서 동시에 그들을 서로 단결시킨다.

모두가 하는 일을 언제나 함께 하고, 모두가 모인 곳에 언제나 함께하고, 모두가 가는 곳으로 언제나 함께 가면, 새로움은 더 이상 탄생하지 않는다. 모두가 마음속으로는 새로운 일이 일어나기를 원하지도 않는다. 그렇기 때문에 안락함과 과보호로 이루어진 그들의 사슬은 점점 더 좁혀진다. 혁신의 상실은 바로 새로움에 대한 저항에서 비롯된다. 혁신은 언제나 일탈이다. 일탈이 더 이상 포상을 받지 못하는 곳에서는 일탈을 꿈꾸는 사람들은 떠나간다.

그러나 탐욕 공동체로부터 포상을 받는 일탈도 존재한다. 그것은 아래를 향한 일탈, 중독과 왜설, 도착으로의 일탈이다. 물론 그 대가는 유명세와 주목이다. 그것은 그들이 애타게 갈망하는 것의 이면이다. 즉 아래쪽으로의 일탈자들은 탈선을 통해 명성과 관심을 불러 모은다. 이는 동정심보다는 그들이 대변자들이기 때문이다. 비겁함 때문에 피하려고 하는 갖가지 유혹에 기꺼이 먹이가 되어주는 대변자들이다.

그러나 위를 향한 일탈은 불쾌감을 안겨주는 부정적인 감정을 불러일으키기 때문에 포상을 받지 못한다. 시기심과 태만함에 대한 두려움, 자신의 삶을 탕진했다는 고통스런 예감을 불러일으키기 때문이다. 하늘을 향해 돌진하는 사람들(이상주의자)은 진실을 일깨운다. 그렇기 때문에 그들은 환영받지 못한다. 차라리 지옥으로 향하는 사람(타락한 사람)들이 낫다고 생각한다. '더 작게, 더 적게'의 땅에서 우리는 자유롭게 행동한다. 우리는 모든 문제에서 무조건 남들이 하는 대로 따르지 않으면 삶을 헛되이 보내지 않으리라는 사실을 너무나 잘 안다. 또한 결코 만족이 없는 땅에서의 미투는 우리 자신을 소홀히 대하게 만드는 끊임없는 요구라는 사실을 깨닫기 시작했다.

적음에 대한 기쁨은 거리에 대한 기쁨이다. 그것은 파수꾼, 관찰자, 자유로운 사람의 거리다. 언제나 모든 사람과 모든 문제에 뒤섞여 있는 사람에게는 스스로를 인지하고, 차이를 식별하게 하는 에너지가 더 이상 없다. 그것은 서로에게 관심을 갖게 하고, 유익하게 만드는 차이다. 자신의 현재 상태를 마냥 답습하면서 바라보는 사람은 태만할 뿐 아니라 용기도 없고 가련하다. 우리는 언제나 우리 자신만을 마주치고 싶어 하지 않는다. 우리는 계속해서 자신과 똑같은 사람들을 만나고 싶어 하지 않는다. 우리는 자신을 이해하기 위해 다른 사람을 필요로 한다. 그러나 모든 일탈을 단죄하는 순응한 감시꾼이 아니라, 서로에 대해 거리와 존중을 표할 수 있는 파트너를 필요로 한다. 그래야 우리 스스로를 잃지 않는다. 우리는 일탈을 그렇게 이해한다. 모든 사람들에게 이익을 주는 유일무이로서. 좀더 현실에 순응하지 않음에 대한 기쁨은 사고와 감각, 행동에 있어서의 혁신을 위한 이륙 활주로다.

소비 테러리스트와 소비 호랑이

적은 기쁨이 아니라 적음에 대한 기쁨. 우리가 '소비 테러'에 대해 말할 때 우리는 그러한 기쁨에서 한참 동떨어져 있었다. 소비 테러라는 말이 얼마나 경솔하게 선택된 말이었는가는 곧 드러났다. 소비 테러는 참가자들이 동참자들에게 사용하는 말로, 자신들도 반드시 동참하지만 그러면서도 우월감을 나타내고자 하는 사람들이 서로 눈짓을 주고받으면서 하는 즐거운 과장의 표현이었다.

즐거워하는 비평가들이 그들의 일상 세계를 그처럼 위협적으로 묘사하는 것은 적음에 대한 기쁨 때문이 아니었다. 그것은 자신들의 소비 행태를 다른 사람들의 잘못으로 돌리고자 하는 결의였다. 자신들의 욕망을 만족할 줄 모르는 탐욕으로 탈선하게 만든 '소비 테러리스트'를 찾기 위함이었다. 그것은 자기 책임으로부터 거리두기를 시도하는 가장 가까운 단계다. 가장 심각한 종류의 테러리즘은 이미 1980년대에 전 세계적인 공포로서 존재했었다. 아마 그렇기 때문에 공급자들을 소비 테러리스트라고 비난하는 변덕은 좌절했을 것이다.

'소비 호랑이'도 다른 사람들에게 책임을 전가하는 말이었다. 탐욕의 공동체에서는 누구도 자기 자신을 그런 맹수의 자리에 앉히려고 하지 않았다. 소비 테러 속에서의 소비 호랑이는 모두가 양심의 가책과 별로 내키지 않은 감정을 느끼면서도 동참할 때 확산되는 당혹스러움을 증명하는 개념들이다. 하필이면 멸종 위기에 놓인 호랑이에게, 그것도 자신의 생활 영역이 공격받지 않는 한 얌전할 뿐인 이 동물에게 붙여진 이름은 고발자 자신들의 죄를 고스란히 드러낸다. 지금 문제는 바로 그들이다. 그들은 맞지 않은 개념을 동원해 스스로를 현혹시킨다. 탐욕은 테러의 결과가 아니다. 또한 탈선한 욕망은 호랑이의 굶주림과는 아무런 관련이 없다.

탈선한 식욕에서 굶주림은 단순히 낯선 단어가 아니고, 그것은 갈망의 단어가 된다. 굶주림은 나이든 사람들을 유년 시절로 이끌고, 젊은 사람들을 한 번도 가보지 못한 비현실적인 지대로 데려간다. 정말로 갈증을 느낄 때 마시는 물 한 모금은 어떤 맛이었을까? 복지의 자식으로서 결코 발을 들여놓을 수 없는 충만함의 세계는 존재할까? 가령 진정한 갈증 뒤에 마시는 물이나 진정한 허기 끝에 먹는 빵 한 조각이 존재할까? 젊은 사람들이 간혹 적절한 표현이 없

✱ 더 적은 기쁨이 아닌 적음에 대한 기쁨.

✱ '더 크게, 더 많이'에서 '더 작게, 더 적게'로.

✱ 탐욕이 죽은 시간은 적음에 대한 기쁨이 탄생하는 시간이다. 이 제는 놓쳐버린 기회가 아닌 적당한 기회를 헤아리는 것이 관건 이다.

✱ 적음에 대한 기쁨은 거리에 대한 기쁨이다.

✱ 차이에 대한 기쁨이다.

✱ 서로 다르기 때문에 갖게 되는 다른 사람들에 대한 기쁨이다.

✱ 그들은 존중과 품위, 자부심과 연대감의 파트너들이다.

어서 대신 사용하는 것과는 다르게 느껴지는, 진정한 허기와 갈증
은 존재할까? 눈금의 양쪽 끝에 있는 좀더 강한 감정들이 사라지면,
그들에게서 사라진 것을 어떻게 시험해볼 수 있단 말인가?

로마의 교훈은 경외심의 세계화다

그렇다면 나이든 사람들은 어떨까? 젊은이들이 반쯤 먹다 남긴
음료수를 아무렇지 않게 쏟아버리거나 한 입 베어 먹은 초콜릿을
쓰레기통에 던져버릴 때, 나이든 사람들은 간혹 한마디씩 충고한
다. 그들은 초콜릿보다는 버터를 바르지 않은 곡식빵에 잼만 얇게
발라 먹는 맛이 훨씬 더 낫다고 말한다. 그러면 젊은이들은 그런 말
을 간신히 참고 들어준다.

그럼에도 불구하고 결핍에서 연유하는 기쁨이 존재한다는 생각
이 그들을 엄습하고, 그들은 때로 자신들의 유년 시절을 동반했던
복지가 싫증으로 채워질 때가 많다는 사실을 느낀다. 과잉은 결핍
을 지워버리는 동시에 강렬한 감정들을 질식시키기 때문이다. 숨
가쁜 소비는 결정적인 향유를 허용하지 않는다. 열광적인 환희를
느끼기는 어려운 일이다.

그처럼 예외적인 감정을 체험하기 위해서는 시대의 풍조를 힘차
게 거슬러야 한다. 위대한 순간에 도달하기 위해서는 대부분 규칙
을 어겨야 한다. 충만감에 도달할 수 없는 것과 마찬가지로, 외적으
로는 사실상 거의 느끼지 못하는 허기와 갈증도 끊임없이 남들과
똑같기를 바라는 요구들 속에서는 비유적 의미로도 존재하지 않는
다. 생각을 다른 곳으로 돌리려는 갖가지 시도들이 그들 모두를 계

속해서 그들의 꿈으로부터 멀어지게 하고, 분산된 생각은 그들의 이상주의적인 소원들을 추락시킨다.

나이든 사람들은 잼만 바른 곡식빵의 맛과 물의 달콤함을 아는 결핍의 세계에 더 가까이 다가간다. 그들은 한때 그곳에 존재했기 때문이다. 그러나 그들은 사랑에서 우러나온 말로써 젊은이들이 현재의 유리한 기회를 움켜잡도록 도와주지 않는다. 계속해서 위로 오를 수 없는 지금, 우리는 온갖 유혹의 상점들을 무력화시키고 우리 안에 숨은 가장 좋은 것을 다시 연마한다. 어른들은 젊은이들에게 '우리는 그곳에 있었어!'라고 말해야 한다. 그들이 현재의 입장에서 바라볼 때 부족함은 대부분 상쇄되었고, 적음에 대한 기쁨은 진지하게 받아들일 만한 가치가 있다는 사실을 말해야 한다. 우리 안에 숨은 최고는 우리를 고분고분한 소비자로 만드는 복지에 대한 순종보다 훨씬 더 많이 지닌다. 복지 환자들의 진영에서 식욕을 자극하는 사람들은 우리의 약점을 파고들었다.

적음에 대한 기쁨은 우리 안에서 오래 전부터 꿈틀거리던 장점들의 반란이나 다름없다. "인색함이 최고다"라는 모토 아래 시작된 소비의 중단은 그와 같은 반란의 최초의 징후였고, 그것은 모든 정치가들의 몰이해에 부딪혔다. 탐욕의 뒤를 이은 인색함은 어쩌면 당연한 귀결이었고, 지도층이 거부감을 드러낼 정도로 낯선 개념이기도 하다. 수많은 복지 환자들은 타의에 의해 발생한 질병으로 인식된 탐욕을 같은 성질을 지닌 무기를 통해 극복하려고 했다. 악덕을 악덕으로. 인색함이 탐욕에 복수의 칼날을 들이댔다. 시간이 지나면서 사람들은 비로소 조금씩 균형을 찾는다. 그들은 게으름뱅이의 천국에서 벗어나는 일이 자신들을 무능하게 만드는 지도층의 동참 없이 이루어져야 한다는 사실을 깨달았다. 그들은 정치와 경제 분야의 지도자들을 기다리지 않고 출발했다.

이제 때가 되었다. 영양가 없는 인스턴트 식품을 확 줄이는 즐거움은 새로운 질적 우수성을 찾으려는 모험심을 일깨웠다. 더 이상 미리 완성된 것을 찾거나 타의에 조종되지 말고, 스스로 꿈꾸고, 자기 고집을 관철시켜야 할 때다. 이 과정에서 소비 노예의 태도를 부추기는 사업에서는 훼방꾼으로만 알려졌던 선구자들이 도움을 준다.

가령 자신의 직위를 의연하게 수행함으로써 만인의 본보기가 된 교황 요한 바오로 2세가 그러한 인물이다. 그는 세상을 떠나면서 경외심의 세계화를 세상에 가져다주었다. 그는 정치가들의 생각과는 달리, 순종과 경외심은 결코 시대에 영합하거나 대세를 추종하는 교시에서 비롯되지 않았음을 몸소 실천해 보였다. 요한 바오로 2세는 특히 복지 시대 가톨릭교도들의 눈에는 시대에 맞지 않는 교시를 26년 동안이나 일관되게 전달했다. 그러나 세계 경제도 인정한 최고의 자산인 교황의 명성은 이상할 정도로 크게 영향받지 않았다. 신앙인과 비신앙인, 회의적인 사람과 신중한 사람들이 보여준 교황에 대한 순종은 그의 교시 때문이 아니라 굳건함 때문이었다.

요한 바오로 2세는 언제나 예외 없이 자신의 신념에 투철한 사람이었다. 기독교의 신은 "나는 곧 나다"라고 말한다. 요한 바오로 2세의 모든 출현은 바로 그와 같은 교시로 충만했었다. 즉 "나는 나의 권리에 의해서가 아니라 나를 이끌어주시는 분의 이름으로 나다. 그렇기 때문에 나는 대리인으로서 그대들을 이끈다"라고 말했다.

이런 교황의 죽음이 가까워졌을 무렵 로마에서는 두 가지가 자연스럽게 하나로 모아졌다. 하나는 수백만 여행객들의 금욕적인 생활

조건 속에서 꽃을 핀 적음에 대한 기쁨이고, 다른 하나는 외부 시장에서 제공하는 그 어떤 소비 제품도 경쟁할 수 없는 형이상학적 '더 많이'다. 시장은 외부에 있는 존재였다. 이른바 전 세계를 아우르는 시장의 권력은 철저히 차단되었다. 대중심리학자들이 불가피하게 발생할 거라고 예상한 효과들은 전혀 드러나지 않았다. 서로 앞자리를 차지하기 위한 다툼이나 혼란, 소음은 전혀 없었고, 문 앞으로 다가가지 못한 수만 명의 격렬한 시위도 일어나지 않았다.

그들은 언론 권력자들과 정치가들이 항상 줏대 없고, 재미만 추구하고, 변덕스럽다고 보고한 바로 그 대중들이었다. 그들은 수준 높은 양식을 스스로 쫓아낸다고 했다. '모든 것을 지금 당장'이 그들의 법칙이고, 남의 잘못을 고소해하는 웃음만이 그들의 유일한 웃음이라고 했다. 자신들의 고객을 경멸하는 공급자들은 이렇게 말했다.

세계 각국에서 몰려온 수많은 사람들은 교황의 고객으로서 찾아오지 않았다. 그러나 그들은 이 여행을 위해 소비자로서의 역할에 필요했을 돈을 지불했다. 그들은 고향의 상점에서 소비하는 것을 포기하고 단호하고 분명한 태도로 로마로 향했다. 쓰나미 재앙 이후 수많은 사람들이 보여준 행동처럼.

언론과 정치 권력자들은 로마의 교훈을 배우지 못한다. 로마의 상황을 헌신적으로 보고했던 언론들은 뛰어난 본보기적 인물에 대한 수많은 사람들의 갈망을 더욱 존중하고, 잘 다루어야 한다는 결론을 이끌어내지 못한다. 정치가들 역시 계속해서 사람들을 과소평가한다. 그로써 정치가들은 당파를 뛰어넘어 언론과의 협조 속에서 대중들의 수준을 떨어뜨리는 대형 프로젝트를 추진한다. 그들은 교

황 같은 상위 기관도 두려워할 필요가 없다는 사실을 잘 안다. 교황
에게는 실질적인 권력이 없기 때문이다. 그럼에도 불구하고 그들은
두려워한다. 힘없는 모반자인 교황의 장례식에 참석한 세계 각국의
권력자들은 적어도 장례식이 진행되는 몇 시간 동안 교황은 이룩했
지만, 자신들은 결코 이루지 못할 일 앞에서 두려움을 느낀다. 교황
은 반란과 공포, 또는 반항으로 이어지는 위험한 탈선을 모두 쓸어
버리고 수많은 사람들의 머릿속에 평화를 심어주었다. 시장과 정치
시장의 욕망을 침묵하게 한 평화를 심어주었다. 그것은 사도 바울
의 말처럼 "모든 이성보다도 지고한"(빌립보서, 4장 7절) 평화이고,
결코 그들의 권력으로 마음대로 할 수 있는 것이 아니다.

적음에 대한 기쁨은 더 많이에 대한 요구

그러나 교황은 모든 대륙의 힘없는 사람들에게 권력을 쟁취하기
위한 가르침을 주었다. 2005년 이른 봄, 로마에서 펼쳐진 총공연은
부유한 민족들의 역사 속에서 일어난 유일무이한 일로 남았다. 로
마 여행에 참가한 대다수의 사람들이기도 한 탐욕의 노예들은 자신
들이 더 나은 지도자들을 가질 자격이 있다는 것을 그들 자신과 지
도자들에게 증명했다. 그들은 교황이 권력이 없기 때문에 그를 칭
송하고 우러러본 것이 아니다. 그들은 로마에서 보낸 시간을 소비
생활로부터 잠시 휴식을 취하는 시간이 아니라, 국가 지도자들과
시장의 파트너들이 가진 것과는 다른 권력이 지배하는 '본래적 시
간'으로 이해했다.

모든 전문가들의 진단을 벗어난 방문객들의 고요함은 일상생활

✱ 악덕이 악덕을 공격한다. 인색함이 탐욕에 복수한다.

✱ 그런 다음 결국엔 게으름뱅이의 천국에서 탈출한다. 더 이상은 미리 규정되거나 타의에 의해 조종되지 않고, 새로운 질적 우수성을 추구하는 모험에 대한 즐거움이 샘솟는다.

✱ 로마의 교훈은 경외심의 세계화다. 탐욕에 빠져 있던 노예들은 이제는 자신들이 더 나은 지도자들을 가질 자격이 있다는 점을 증명해 보였다.

✱ 적음에 대한 기쁨은 '더 많이'에 대한 요구다. 더 많은 기쁨과 더 많은 진지함에 대한 요구다. 근사한 요구이자 합당한 약속이다.

에서 그들을 가리켜 했던 모든 말들에 대한 반란이었다. 그들이 원하는 세계가 열기로 끓어오르는 경기장과 금기를 파괴하는 언론 프로그램에 대한 반란이었다. 로마에서 보여준 세계 각국 민중들의 조용한 화합은 훈련이나 경기의 규칙들 없이 이루어진 최고의 경기였다. 이러한 형식은 가장 나약한 사람들에 의해 실행되었고, 이를 통해 모두가 가장 강력한 경험을 공유했다.

우리가 여기서 배울 수 있는 것은 다음과 같은 사실이다. 적음에 대한 기쁨은 이제야 드디어 관철된 '더 많이'에 대한 요구다. 더 많은 올바른 것에 대한 요구이고, 무감각하게 배를 채우는 것이 아닌, 계속해서 유지되는 더 많은 지속적인 것에 대한 요구다. 언론의 주장과는 정반대로 더 많은 진지함을 요구하고, 피상적인 재미를 줄이려 한다. 유언장에 "그는 일체의 사유재산을 남기지 않았다"라는 말을 남긴 검소한 교황과 함께 모두가 존경받을 만큼 검소했다. 그것이 얼마나 유지되는가의 문제는 거의 어떤 정치가도 스스로 제기하지 않는, 지도자들에 대한 물음이다. 가장 중요한 점은 이것이다.

성공에 대한 탐욕은 시민들에게 수준 높은 요구를 하지 못하게 한다. 반면에 엄격한 가르침과 확고한 방향성이 있는 힘들고 어려운 요구를 제기하는 사람은 모두를 하나로 모은다. 요한 바오로 2세는 세속의 그 어떤 권력자도 할 수 없었던 인식의 전환을 실현시켰다. 경제와 정치 분야도 거기서 좀더 많이 이룰 수 있을지는 지켜볼 일이다.

＊ 드디어 잃어버린 기회의 땅이 아니라 적절한 기회의 땅에 도착했다. 이제 잘못 허비해버리는 시간은 드물어진다.

＊ '미투' 사회는 능률을 죽이고 미래를 갉아먹는 사회다. 언제나 모두가 하는 일을 그대로 따라 하고, 언제나 모두가 있는 곳에 있게 되면 혁신은 죽어버린다. 일탈이 더 이상 포상 받지 못하는 곳에서는 일탈을 시도하는 사람들이 떠나간다.

＊ 적음에 대한 기쁨은 거리에 대한 기쁨이다. 그것은 관찰자와 파수꾼, 자유로운 자의 거리다.

＊ 적은 기쁨이 아니라 적음에 대한 기쁨이다. 소비 테러라고 하면 테러리스트는 누구였을까? 우리 모두가 테러리스트였다.

＊ 끊임없는 소비는 소비에 대한 즐거움을 즉시 먹어치운다.

＊ 위대한 순간에 다가가기 위해서는 규칙을 어겨야만 한다. 나뭇잎 속으로 비치는 별들. 새털구름. 아침의 지빠귀 새.

＊ 탐욕의 코치들은 우리의 약점을 노렸다. 적음에 대한 기쁨은 오랫동안 요구되었던 우리의 장점들이 일으키는 반란이다. 인색함으로 탐욕을 물리친다. 그것은 같은 성질이다. 악덕을 악덕으로 극복하는 것이다.

＊ 복지 환자들의 회복은 계속 진행된다. 2005년 이른 봄, 수많은 사람들을 로마로 유혹한 형이상학적 '더 많이'는 소비에 대한 약속이 아니었다. 수많은 사람들의 그 여행은 소비를 포기함으로써 가능한 일이었다.

＊ 적음에 대한 기쁨은 이제야 드디어 관철된 '더 많이'에 대한 요구다. 더 많은 신뢰성과 더 많은 존중, 더 많은 품위와 더 많은 자부심, 더 많은 연대감에 대한 요구다. 이 모든 것 없이 우리는 미래를 얻지 못한다.

04 어제의 멋잇감과 함께하는 공급자들

탐욕에 이어 인색함이 등장했다. 인색함은 정치로부터 외면당한 소비자들의 복수 행위였다. 하나의 악덕이 또 다른 악덕을 도발했다. 탐욕이 인색함을 자극한 셈이다. 속담에 "바알세블로 악마를 쫓아내다(악을 다른 더 나쁜 악으로 쫓아내다)"라는 말이 있다. 인색함은 경제와 정치라는 2개의 적을 동시에 명중시켰다. 특히 시장에서 '소비자'란 이름으로 굴욕당한 사람들의 여론에 적중했다. 강한 감정들을 몰아내기 위해서는 똑같이 강한 감정이 필요하다. 병적인 욕망을 병적인 욕망으로, 탐욕을 인색함으로 갚는다. 공격적인 분위기는 그렇게 충격을 흡수하면서 유지되었다. 부당함에 대한 명예 회복과 고소해하는 감정이 고객들의 거부 운동을 동반했다. 어제까지만 해도 습득된 욕망에 길들여져 탐욕에 순종했던 그들이 이제 주머니를 꽉 닫은 채 상점을 돌아다닌다. 그들은 갑자기 더 이상 예측할 수 없는 사람들이 되었다.

과거의 안내원들이 보여주는 분노에 찬 실망은 다시 한번 자신들의 정체를 폭로하는 것으로 나타났다. 수상은 시장에 대고 소비를 하라고 외치는데, 그의 지휘 아래 있는 각료들은 시민들의 주머니를 비우게 했다. 어제의 후견인이 뻔뻔스런 점령군으로 변하는 순간이다. 인색함을 통한 공격은 결코 약속된 봉기가 아니었다. 그것은 탐욕의 서커스에서 자신들이 맡은 역할은 희생자의 역할이었다는 사실을 이제야 깨달은 모든 사람들이 시장을 지배하는 표현이었다. 한번도 보여주지 못한 강력한 힘을 드러내고, 시장의 주체가 누구인지를 분명히 보여주려는 표현이었고, 고객들의 고분고분한 태도 없이는 어떤 생산자나 상인들도 생존할 수 없다는 사실을 단 한번만이라도 철저하게 증명하려는 표현이었다. 이제는 시장을 지배하는 공급자들이 이끄는 대로 끌려가는 어리석은 개가 되지 않고, 반대로 고객이 자신의 욕망을 마음대로 조종하는 당당한 주인이 되겠다는 의지였다.

그것은 적지 않은 결과를 불러왔다. 얼마 전까지만 해도 고객들은 공급자가 정하는 가격을 어쩔 수 없이 받아들여야만 했다. 그러나 이제 가격을 결정하는 주체는 고객이다. 불과 얼마 전과 비교할 때 고객의 힘은 벌써 엄청나게 성장했다. 그들은 가격을 70퍼센트 정도 할인해야 그나마 관심을 기울이고, 거기서도 물건의 구매는 그들의 기분에 좌우된다. 인색함을 통한 단련은 그들에게 매우 소중한 사실을 깨닫게 해주었다. 즉 전에는 반드시 소유해야만 했던 물건들이 모두 필요하지 않다는 사실이다. 어제의 유혹자들이 받은 벌은 그들을 더욱 느긋하게 만들어 주었다. 정신없이 서두르고 재촉하던 것은 사라지고, 체면에 대한 욕구도 좀더 높은 영역에서 새롭게 정리되었다. 그것은 시장의 사냥꾼들에게는 두 배의 고통을 안겨준다. 어제까지는 고분고분한 먹잇감이었던 사람들이 오늘은 새로운 면역성을 갖추고 돌아다닌다. 그들은 기준을 무력하게 만들고, 어제까지는 유행을 따르기 위해 필요했던 체면을 세워주는 값비싼 제품들보다 자의식을 두 배는 더 높여주는 저렴한 상표를 시험해본다. 고객들은 이러한 거부 캠페인 이후 자신들의 힘이 생각했던 것보다 훨씬 강하다는 사실을 알게 되었다. 그들은 시장의 서열에 끼어들어 고가의 상표를 마지막 자리에 둠으로써 그들을 벌하고, 전에는 한번도 들어가지 않았을 상점에서 이름 없는 면 티셔츠를 몇 장씩 구입한다. 이는 경제적 궁핍함이나 인색함에서가 아니라 새롭게 획득한 자의식에서 하는 행동이다. 더 이상은 돈으로 자의식을 살 필요가 없어졌다. 드디어 노예가 해방되었다.

소비자 스스로 돌보기

이제는 고객들을 쉽사리 소비하는 자, 탐욕스럽게 낚아채는 자, 먹어치우는 자로 한정시킬 수 없게 되었다. 그들의 얄팍한 주머니 사정은 그다지 중요하지 않다. 그들은 그러한 사실도 부담이 줄어든 것으로 느끼는 법을 배웠다. 궁핍함을 추구하는 새로운 경향이 과거의 탐욕스런 존재들을 유혹자들이 손을 내밀기 어려운 존재로 만들었다. 그러나 유혹자들 중에서도 가장 예민한 몇몇은 벌써 단서를 찾아냈다. 그들은 '더 적은 부산함과 더 많은 이성'으로 시작되는 새로운 소비 문화를 고객들과 함께 만들어나간다. 자신들의 힘을 되찾은 사람들은 정치 지도자들이 어느날 갑자기 빼앗았던 것

✹ 탐욕의 저편은 새로운 자의식의 세계다.

✹ 고객으로서의 시민은 자신이 생각했던 것보다 훨씬 강력하다.

✹ 어제의 소비 노예가 해방되었다.

✹ 더 이상은 그를 게걸스럽게 낚아채는 자, 먹고 마시는 자로 환원하지 못한다. 마침내 그는 스스로 돌보는 기회를 얻었다.

✹ 고객은 마음을 다잡았고, 그의 철저함은 어제의 유혹자들을 안내원으로서 그의 편에 서게 만든다.

을 시장에서 발전시킨다. 바로 자기 스스로 돌보기다. 변화한 소비자는 무엇이 유익한지 스스로 알아서 해결한다고 말한다. 그것은 그의 유혹자들을 깜짝 놀라게 하고 도발하는 조치였다.

이제 소비자는 자기 자신을 제대로 돌보기 시작했다. 반면 시장의 파트너들은 그러한 사실을 자발적으로 받아들이고 싶어 하지 않았다. 어제의 탐욕에서 변화해 어디로 나아갈지를 가장 먼저 이해한 사람들은 현재 사업이 번창하고 있다. 소비자들과 공감하는 공급자들은 당연히 존재한다. 그들은 정화된 어제의 먹잇감과 팀을 이룬다. 궁핍함이라는 새로운 낭만주의가 곧 삶의 모든 영역을 적신다. 먹고 마시는 행위, 운동, 유행, 사업, 여행 등이 새로운 금욕주의적 매력을 호흡한다.

탐욕스런 고객을 원하는 사람들이 공감 속에서 이루어지는 새로운 파트너 관계를 받아들이기 위해서는 아직 시간이 필요하다. 맹수의 줄을 놓쳐버린 어제의 소비 호랑이 조련사들은 몇몇 구두쇠들만이 자신들의 가게를 배회하는 모습을 본다. 그러나 그들은 이리저리 뒤적거리기만 할 뿐 물건을 사지는 않는다. 마치 새로운 명료함을 이미 얻은 듯하다. 그것은 특히 점원들에게 필요하다. 그들은 "나한테 필요한 물건일까? 아니야!"라는 후렴구를 가진 새로운 멜로디를 배워야만 한다. 고객의 독백에 동의하지 않는 사람은 반드시 실패한다. 고객은 지금까지의 기준 이하인 제품, 조금이라도 절약 가능한, 어쩌면 1970년대로 돌아가게 하는 복고풍을 원한다. 복고풍은 특히 젊은 세대들이 매우 뚜렷하고도 긍정적으로 생각한다. 고객은 이제 좋은 제품이 아니라 자기에게 좋은 효과를 주는 제품을 구입한다.

제품의 특성은 관심에서 벗어났다. 어떤 구매자에게는 영향을 주지만, 또 다른 구매자에게는 전혀 영향을 주지 않는다. 고객들은 어떤 생산자나 상인들도 보여주지 못했던, 획일화에서 벗어나는 길을 스스로 찾아냈다. 고객은 제품을 대하는 자신의 방식을 전면에 내세운다. 따라서 다음과 같은 광고 문구도 가능하다. "당신이 이 자동차를 타고 싶어 하지 않아도 상관없습니다. 물론 타고 다니기에 적합한 차입니다. 하지만 이 자동차로 무엇을 하든 당신이 원하는 대로 하십시오. 당신의 결정을 믿습니다." 이러한 광고 문구는 고객들의 독립성을 확인시켜준다. 우리는 예전부터 일상생활에 필요한 많은 제품을 다양한 가격대로 구입하기 시작했다. 또한 사무실 바로 옆에 있는 단골 커피숍보다 20센트 저렴한 이국적인 향과 맛의 커피를 세 블록이나 떨어진 커피숍에서 마시는 특별한 즐거움도 누린다. 그사이 이곳을 찾던 사람이 다시 예전의 단골집으로 옮겨가기도 하고, 변화하는 매력을 추구하는 사람은 두 곳을 교대로 방문한다. 그러는 동안에도 우리는 미각을 새롭게 자극하는 변화를 고대한다.

적음에 대해 느끼는 새로운 기쁨은 인색함과는 관련이 없다. 우리가 고객으로서 새롭게 얻은 강점은 과거에 아무도 예상하지 못했다. 따라서 관찰자들과 공급자들은 거기에 대해 뒤섞인 감정을 갖는다. 어떤 사람은 낯설어하고, 어떤 사람은 위기감을 느낀다. 그러나 이러한 혁신적인 게임의 새로운 동참자들은 이미 고객의 편에 섰다. 그들은 새로운 향유의 세계에서 내일의 시장을 이끄는 사람이다. 여기서는 인색함의 시기가 단순한 과도기라는 사실을 일찍 깨닫는 사람이 보상을 받는다. 소비 거부의 시기에 생산자들과 상인들이 드러내는 반감은 이제 곧 결성되어야만 할 연대의 적이다.

고객이 시장을 선도한다. 그는 새롭게 규정한 자신의 안녕에 관심을 쏟는다. 그는 더 이상 설득술에 귀 기울이는 학생이 아니다. 그것은 지금까지 모든 슈퍼마켓의 진열장에서 그의 뇌리 속으로 파고들어 자신만의 생각을 덮어버렸다. 그러나 그는 이제 자신에게 유익한 것을 정확하게 알게 된 주권자가 되었다. 과거는 더 적게, 새것은 더 많이. 슈퍼마켓에 가면 옛 물건이 훨씬 더 많기 때문에 선택은 쉽게 이루어진다. 그는 서서히 불을 껐다가 그 많은 것을 마침내 순식간에 이해했다. 그것은 그가 냉온 교대욕을 했기 때문이다.

탐욕의 쇠사슬에 묶여 소비의 노예로 지내던 시절에도 그에게 의구심은 있었다. 그러나 언제나 입안 가득히 먹을 것이 꽉 차 있어서 "이젠 됐어!"라고 말할 수 없는 어린아이처럼 무력감이 더 강했다. 그러다가 게으름뱅이 천국의 양대 실력자인 정치와 경제가 그를 어루만져주는 손을 거둬들이자 갑작스런 황량함이 찾아왔다. 까마득한 낭떠러지가 코앞으로 다가왔고, 돌아온 말은 위로 대신 위협들뿐이었다. 지금까지 그를 돌보아주던 정치와 경제는 서로 다투면서 서로에게 책임을 전가했다. 그것은 활동 영역도 비좁고 스스로 행동하는 연습도 부족한 상태에서 과잉에서 결핍으로 내몰렸다는 불안감을 고조시켰다.

외부의 관찰자들이 말한 인색함은, 사실은 기만당했다고 느낀 사람들이 두려움에 떨면서 시도한 복수였다. 다시 스트레스가 찾아왔고, 수많은 부정적 감정들이 엄습했다. 또 다시 가치 이하로 취급받는다는 사실, 스스로 행동하지 못하고 다른 사람에 의해 함부로 다루어졌다는 사실에 대한 분노가 문을 활짝 열어젖히게 했다. 처

✽ 주권자로서의 고객, 변화된 소비자가 지배한다. 가장 귀가 밝은 생산자들은 벌써 그의 편이 되었다.

✽ 소비 문화의 모든 가치에 대한 재평가는 공동의 프로젝트다. '적은 것' '줄인 것'이 새로운 식품 세계의 마법의 주문으로 등장했다. 건강, 아름다움, 전문성이 새로운 소비 목표가 되었다.

✽ 부족함을 추구하는 경향은 새로운 파트너 관계에 날개를 달아준다. 예민한 양심을 풍부한 이익과 결합시키는 공식은 '더 많은 것을 위한 더 적게'다.

음에는 더 이상 희생자가 되지 않겠다는 강한 의지를 지닌 고객들이 그 문을 박차고 나왔다.

고객의 성향을 파악한 공급자들

가장 귀가 밝은 생산자들은 벌써 그들의 편에 섰다. 근심에 쌓인 빈곤 논쟁이 나라를 긴장시키는 동안, 생산 세계에서는 '적은 것'이 모든 대규모 식품업계의 마케팅 전문가들을 잠 못 이루게 하는 새로운 매력으로 떠올랐다. 소비 문화의 가치에 대한 재평가가 싹트는 것이다. 탐욕의 땅에서 시도된 광고는 풍족함의 전형을 따랐다. 어떤 제품이든 일단 풍족해야 하고, 부족해서는 안 됐다. 고객은 풍족함에 익숙했고, 공급자들은 그것을 약속했다. 더 적은 것을 위해 더 많이, 적은 돈에 더 많은 제품을 추구했다. 그러나 정화된 고객은 이제 공급자들에게 "더 많기 위해 더 적게"라는 자신의 새로운 자기 구상에 맞장구 치기를 요구한다. 즉 그를 매혹시키는 제품들은 이제 지방이 적어야 하고, 칼로리가 적어야 한다. 그는 이 적은 것을 위해 망설이지 않고 더 많은 돈을 지불한다. 고객은 지방과 칼로리, 화학 성분이 더 적은 제품을 만들기 위해 생산자들이 지불하는 비용의 많고 적음에 대해 관심을 두지 않는다. 그는 자신의 기호품 구상에 새로운 동기를 받아들였고, 그것은 바로 건강이다.

어제의 소비자들은 어려움에 빠진 건강이라는 대기업을 회생시키기 위해서 새로운 구매 동기로서 건강을 제시하지는 않았다. 그것은 공적인 연출자들의 손에서 벗어난, 그들 자신의 삶을 스스로 연출하기 위함이다. 여기서 그 효과가 실제로 생긴다는 사실이 드러난다. 건강의 핵심적인 두 요소인 영양과 운동은 몇몇 선발대원들이 즐기는 향유의 영역이 되었다. 이들은 잘못된 정치와 탐욕을 부추기는 시장주의자들의 연출에 이끌리던 삶을 실패한 것으로 여기던 사람들이었다.

긍정적인 영향력과 관심으로 대변되는 명망은 벌써 식품을 대하는 새로운 스타일과 연결된다. 또한 탐욕에의 유혹을 몸소 경험한 사람이라면, 일상적인 소비 생활에서 새로운 자기 주장을 선택하기로 결정할 강력한 추가 동기를 갖게 된 셈이다.

점점 더 많은 사람들이 적음에 대한 새로운 요구가 물질적으로 더 많아야 했던 과거보다 우월하다는 것을 체험한다. 이제 "더 적게 가져라"가 얼마 전까지의 욕구 유형이었던 "두 개를 가져라"를 대신한다. 아마 공급자들은 이미 예전부터 그러한 유형을 바꾸고 싶어 했다. 더 적음에 기쁨을 느끼는 공동체에서는 까다롭게 기준을 맞춘 물값이 포도주보다 비싸더라도 불평하지 않는다. 자기 자신을 좀더 잘 돌보기 위해서는 조금 더 많은 비용이 들어간다. 예전에 즐겨 찾던 고기 냄비를 지나쳐 조금도 후회할 필요 없는 만족을 찾으려면 더 많은 비용을 지불해야만 한다. 그 대가로 돌아오는 것은 긍정적인 감정과 깨끗한 양심, 예전에는 전혀 알지 못했던 훌륭한 컨디션이다. 예민하고 섬세한 측량기를 가졌다면, 우리는 이처럼 명료한 머리가 생산해내는 해결책의 상승하는 품질도 측정할 수 있다.

새로운 리더십 그룹은 식품 구입의 엄밀함을 추구함에 있어서 예전처럼 탐욕 시대의 상점에서 건강과 아름다움을 어쩔 수 없이 가장 비싼 가격으로 사들일 필요가 없어졌다는 만족을 누리게 되었다. 약국에서 판매하는 화장품이 붐을 이룬다. 적음에 대한 즐거움이라는 전체 구상은 거의 모든 분야를 포함한다. 그들은 고객을 자신들의 부당한 요구에 순응하는 노예로 취급했고, 이제 가능한 한 빨리 그를 새롭게 이해해야 할 과제를 안고 있다. 적음에 탐닉해 있는 고객들의 시장에서는 여전히 탐욕스럽게 먹어치우는 고객을 찾는 사람들 외에는 누구도 곤경에 빠지지 않는다. 심지어 쿠키몬스터까지 생각을 바꿨다. 마흔이 넘은 사람들에게도 즐거움을 선사하던, 중독에 빠진 쿠키몬스터의 "쿠~우~우~우~키!" 하고 길게 외치는 소리는 건강에 해로운 과자와 함께 사라졌다. 쿠키몬스터는 이제 당근을 씹어 먹는다. 어쩌면 독일에서만 그럴지도 모른다. '세서미 스트리트'가 만들어진 미국에서라면 쿠키몬스터는 아이들에게 즐거움을 주기 위해서라도 당근보다는 차라리 탄수화물 함량을 줄인 '카브 스마트' 아이스크림이 낫다. 브레이어스Breyer's 사에서 생산하는 이 아이스크림은 적은 것을 좋아하는 사람들을 위해 만든 제품들의 강력하고도 새로운 주류에 끼어들었고, 시판 12개월 만에 1억 3700만 달러를 벌어들였다.

"먹지 않은 것처럼 먹다"라는 슬로건은 전 세계적인 비만인들의 공동체에 저항할 수 없는 복음이 되었다. 전체 국민의 80퍼센트가 과체중으로 고민하는 미국에서는 칼로리가 적은 식품에 대해 거의 폭발적인 관심이 일기 시작했다. 특히 뚱뚱한 사람들의 현재 상태에 책임이 있는 달콤한 제품들을 만들어내던 회사가 새롭게 생산하고 있는 '저항할 수 없는 제품들' 즉 달콤한 레모네이드와 시장의 승리자가 된 카브 스마트 아이스크림이 열광적으로 환영받는다.

* 탐욕스러운 사람들이 인색하게 변함으로써 정치를 분노하게 했다. 정치는 과잉보호를 받아왔지만, 이제는 모든 것을 빼앗긴 시민들의 환멸을 지금도 이해하지 못한다.

* 오한에 떨면서 버림을 받은 시민들은 소비자로서 복수를 연출한다. 마침내 소비자는 자신의 힘을 보여주었다. 그는 한때 자신의 중독증의 당당한 주인들이었던 사람들을 마음대로 조종하게 되었다. 시장의 힘은 이제 소비자다. 더 이상은 그를 '소모자' 즉 게걸스럽게 먹어치우는 자, 흥청대며 먹고 마시는 자로 제한하지 않는다.

* 부족함을 추구하는 새로운 경향은 어제의 욕망하는 존재를 유혹하던 사람들을 어렵게 만든다.

* 벌써 서로의 뜻에 공감하는 새로운 파트너 관계가 탄생했다. 이제는 더 이상 제품이 문제가 아니다. 고객의 독립성을 이해한 사람은 시장의 괴팍한 방랑자들과 새로운 연대를 체결한다.

* 고객이 시장을 선도한다. 그는 새롭게 규정한 자신의 안녕에 관심을 가진다. 예전의 것은 더 적게, 새로운 것은 더 많이. 온 나라가 새로운 빈곤에 대해 토론하는 동안, 제품 세계에서는 저렴한 상표들이 소비 문화의 모든 가치에 대한 재평가를 약속하는 매혹을 발산한다. 정화된 고객을 유혹하는 제품은 더 이상 풍부해서는 안 되고, 적어야 한다. 그는 칼로리가 적은 제품들만 싣고 슈퍼마켓을 나간다. 그는 '더 적은' 식품을 위해 대체로 약간 더 많은 돈을 지불한다.

* 고객의 성향을 이해한 공급자들은 벌써 소비자의 편이 되었다. 그들은 더 적음에 대한 즐거움을 가장 먼저 이해했기 때문에 증가하는 매상고와 두둑한 수익을 올린다. 비만 사회는 풍요의 짐을 내던졌다. 소비에 대한 즐거움을 '마른' 영역으로 옮겼고, 그로써 어제의 실력자들을 훨씬 앞질렀다.

05 제품 뒤의 하늘—
새로운 소망의 문화

더 이상 비난하지 않으면서 식탐에 빠진 사람의 시중을 들어주는 사람은 공감과 소비로 보상을 받는다. 마침내 자기가 아주 좋아하는 것으로 인정을 받게 되었다. 더 나아가서는 공급자들의 관심과 보살핌을 받는다. 이들은 중독에 대한 치료가 아니라 중독의 후유증을 완전히 제거할 수 있는 제품을 제공하고, 새로운 차원의 고객 관계를 형성하게 해준다. 소비 환자들에게 지방을 적게 소비하라는 실현불가능한 요구를 할 게 아니라, 양은 똑같지만 지방을 적게 하여 지속적으로 유지될 수 있는 새로운 관계를 말한다. 이러한 조치는 생산자와 상인, 고객 모두에게 유익하다. 비약적으로 발전하고 있는 미국 내 적은 제품 시장에서 레모네이드 펩시 바닐라(12개월에 1억 2500만 달러)는 레모네이드 맛이 나는 코카콜라(1억 1900만 달러)를 근소한 차로 제치고 2위로 뛰어올랐다.

　식생활 태도를 바꾸지 못하는 의존적인 사람들을 위해서도 적은 제품은 계속 등장한다. 이런 제품들은 여전히 달콤한 맛을 유지하며, 행복 호르몬은 예전의 달콤한 맛에 길들여졌던 소비자들이 추구하는 만족감을 제공한다. 물론 이러한 제품들이 전달하는 메시지는 더 이상 속임수는 아니다. 맛을 즐긴 결과에 대해 더 이상 고객을 속이지는 않는다. 그것은 만족감을 더욱 고조시키고, 어쩌면 후속 결과를 초래하지 않는 음료수와 과자류의 소비량도 증가시킬지 모른다. 그러나 치료법으로 다가왔지만 마지막엔 생산자들과 상인들에게만 더 많은 이익을 가져다주고, 소비 환자들에게는 또 하나의 새로운 자기 기만을 안겨줄지도 모른다.

　식품 연구가들의 주장처럼 이러한 풍조가 더 많은 제품으로 확산된다면 위험은 쉽게 드러난다. '조금 덜 해로운 지방과 더 많은 섬유질'이 내일의 처방이 된다. 지금도 상점의 진열장들은 고객들에게 바로 이런 신호를 주는 제품들로 넘쳐 난다. 더 좋은 식물성 기름과 저지방이 고객을 유혹하는 암호로 권장되고, 여기서는 0.1퍼센트, 또는 0.2퍼센트 함유가 소비 금욕주의자들의 가슴을 더 빨리 뛰게 하는 약속이 된다. 이러한 제품들이 호황을 누리는 독일의 신문에서도 유사한 수치가 보인다. 신문에서는 순전히 복음으로만 묘사된다. 전쟁 세대들이 비상시에 유용하게 쓰일 비축품을 남기듯이 모든 제품이 거의 0에 가까워져야 한다. 갈비뼈에 붙은 적당한 지방층, 배를 둘러싸는 따뜻한 쿠션처럼. 그러나 새천년 초기에 새로운 비상시를 살아가는 우리는 풍요의 해악을 완전히 다른 처방으로 극복하고자 한다. 그것은 욕심을 줄이는 것이다. 반면 움직임이 적은 직장에서 점차 사라져버린, 즉 움직임과 육체적 부담을 더 많이 늘리는 것이다.

유럽에서도 적게 함유한 식품들을 구매하는 경향은 더욱 강화되었다. 유니레버Unilever와 프록터 앤 갬블Proctor & Gamble 같은 대기업들이 미국에서 일으킨 붐을 유럽으로 전파했기 때문이다. 미국의 시장 연구가는—유럽은 처음에 그와 같은 연구를 진행하지 않았다—소비자를 시장의 유행을 결정하는 주체로 보았다. 식품 생산자들은 소비자의 요구에 따라야 한다. 어쨌든 소비자들은 소비 동기들의 새로운 조화를 추구했고, 다양한 업체들이 열심히 거기에 동조했다. 점점 더 많은 고객들이 식품, 아름다움, 건강, 운동, 피트니스를 하나로 결합시켰다. 따라서 어떤 물건을 구입하든 이 모든 목표에 일치해야 한다. 복지의 소용돌이 속에서 흔히 볼 수 있었듯이, 하나의 소비 약속에 유혹되어 물건을 구입했는데, 그로 인해 다른 목표들 중 하나를 해치는 모순은 더 이상 발생하지 않았다.

공급자들은 드럭스토어와 약국, 슈퍼마켓과 패션의 조화로운 공급을 꾀하는 업체간 경계 허물기에 박차를 가한다. 적게는 일차적으로 불필요한 일을 줄였고, 이는 다시 말해 잘못된 결정을 줄였다는 뜻이다. 구매에서 허탕을 치는 일은 더 이상 허용되지 않는다. 과거에는 그저 어깨를 한번 으쓱해 보이는 것으로 끝났겠지만, 이제는 그와 같은 실책은 용납되지 않는다. 따라서 그런 일은 없다.

물론 우리는 고객으로서 제품 뒤에 있는 그 무엇, 제품을 뛰어넘어 정신적인 감흥을 주는 무엇인가를 찾는다는 것을 이미 알고 있었다. 우리는 물질적인 소유를 넘어 비물질적 지대로 나아가기를 원한다. 표면적인 소비와 소유자로서의 긍지가 아니라, 상품의 소용돌이에서 해방되는 것이 중요한 지대로 나아가기를 원한다. 점점 더 많은 까다로운 소비자들이 사치를 매우 제한적인 의미에서만 물질적인 수단과 관련해 인식한다. 특정 품목에 주력하는 기업들의 사치 품목들은 특별한 장해 없이 여전히 효력을 유지한다. 물론 여기서도 그러한 것들을 배척함으로써 불안감이 발생한다. 이는 정신적 지주와도 같은 주도적인 인물들이 예전보다 훨씬 자주 자리를 바꾸기 때문이다.

적음에 대한 기쁨은 새로운 소망의 문화를 만들어낸다. 여기서는 사치가 어제까지는 보이지 않는 강요 속에서 반드시 소유해야 하는 것으로 기록했던 모든 신분적 특징들까지도 버리는 것으로 등장한다. 더 적음을 원하는 고객은 최고의 디자이너들이 만들어낸 생활방식에서 등을 돌리지 않은 채, 제품에 구애받지 않고 생활방식을 연구하기 시작했다. 그렇기 때문에 그는 예전에는 엄청난 부자들이나 절대적으로 욕구가 없는 사람들이 아니라면 감히 요구하지 못했던 메시지에 자신의 삶의 철학을 적용시켰다.

탐욕의 시대에 사람들은, 부자들은 부족함의 낭만을 즐기는 것이 쉬울 거라고 생각했다. 그들은 언제든지 황금 잔으로 샴페인을 마시는 생활로 돌아갈 수 있기 때문이다. 그러나 적음에 대한 기쁨을 추구하는 선구자들은 풍요로움 속에서 생활하는 사람이 상품들 뒤의 세계, 어떤 제품도 더 이상 하늘을 가로막지 못하는 세계로 들어가기가 더 어렵다는 사실을 잘 안다. 뜬금없이 왜 하늘일까? 탐욕의 정원으로부터 벗어난 사람은 그것을 어디서도 사지 못하고, 누구에게도 결코 팔지 않을 자신만의 자유로운 생각이라고 말한다. 그것은 시장에서 만들어낸 영상들을 몰아내고, 유년 시절의 상들과 삶의 꿈들을 다시 나타나게 해주는 나만의 감정이라고 말한다. 느끼고 생각하는 것을 위해 대량 판매 상품들을 줄이는 일, 그것이 점점 더 많은 사람들이 발견하는 새로운 차원이다.

신화를 이용한 상품 포장

거추장스러운 짐을 줄이고자 하는 욕구의 세계에서 공급자로서 영향력을 행사하고자 하는 사람은 자신이 만드는 제품에 고객이 자기만의 자취를 드러낼 수 있는 '열린 자리'를 가꾸어야 한다. 고객이 궁극적으로 제품에 안착하는 것을 막으려면 생산자와 상인들에게 소리쳐 알려야 한다. 고객이 끼워 넣고자 하는 체험의 공간을 만들라! 신화를 통한 '제품의 초월'을 제공하라! 제품 중독자들로서 안심하고 더 적은 제품을 원하는 고객의 요구를 원칙으로 삼아라! 많은 제품은 방해만 될 뿐이다.

그 대신 신화와 개인적인 초월을 위한 동기는 더 많이 제공한다. 즉 제품은 본질적인 모습으로 다가가기 위한 통행증이다. 예전에는 '제품의 유용성'으로 불렸지만 이제는 일상 세계의 미화에 대한 요구를 충족시키는 '신화'의 방향으로 바뀌었다.

복지의 스트레스 속에는 이러한 미화를 위한 공간은 없었다. 사람들은 오로지 고객으로서만 관심 대상이었기 때문에 상품을 궁극적인 해결책으로 제시하는 완전히 다른 시도가 적용되었다. 그렇게 해서 사람들은 소비에 묶여 버렸다. 그들은 아무도 약속하지 않았지만, 결코 포기하고 싶지 않은 그 무엇을 찾아 사고 또 사면서 탐욕스럽게 소비했다. 그들이 찾으려 했던 것은 상품 뒤의 공간으로서, 그곳은 자신만의 꿈과 생각의 하늘이 열리기 때문에 욕망이 잠

❋ 마침내 상품 뒤의 하늘이 다시 열렸다.

❋ 욕구하는 존재로서의 고객은 어제의 희생자다. 그는 이제 회복을 도와주는 파트너에게 자신의 은총을 새롭게 나누어준다.

❋ 식품업체들이 중독 치료사가 되고, 고객과의 유대감은 지식을 교환하는 파트너 관계로 발전했다. 이제 식품은 의학적으로 증명되어야 한다.

❋ 어제의 소비자는 유행을 결정하는 사람이 되었다. 그는 단순한 제품 이상의 것을 원한다. 그가 느끼는 적음에 대한 기쁨은 새로운 신분적 특징들을 창조한다. '새로운 복지'는 과거의 척도를 중단할 뿐 아니라 뛰어넘는다. 단순히 제품 자체에만 안착하는 일은 더 이상 없다. 더 멀리 날고, 더 지혜롭게 소비한다.

잠해지는 곳이다. 그러나 온갖 상품들의 세계에 손발이 묶인 수많은 사람들은 그 세계에 대한 희미한 기억만을 가졌을 뿐이었다. 탐욕의 사원지기를 침묵하게 할 모든 것이 가능해 보이는 세계를 어렴풋이 기억할 뿐이었다. 복지 이후에야 우리는 비로소 상품들이 물질적 가치를 훨씬 뛰어넘는 세계로 접근이 가능했다. 최선의 경우 이러한 가치의 광채는 다시 상품으로 되돌아가 그 상품을 고귀하게 해준다. 적음의 세계에서의 구매 동기는 바로 이렇다.

복지는 더 이상 산더미처럼 쌓인 상품들 사이의 감옥이 아니라, 정신적 편안함과 정서적 피트니스, 물질적 편리함이 제대로 조화를 이루는 균형이다. 이 새로운 세계에서 상품은 단순히 물질적 특징으로만 제한되어서는 안 된다. 상품들이 실제로 신화로의 전이를 통해 경쟁의 유리한 지점에 도달할 때, 공급자의 수익과 새롭게 일어선 고객들의 대담한 비전은 서로 이상적으로 맞아떨어진다. 그것은 어쨌든 이 사회의 고집 센 이상주의자들이 수십 년간 꿈꾸어왔던 아름다운 꿈의 실현이다.

우리의 복지 역사상 가장 강력한 신화들 중 하나는 인간을 애상적이면서 행복하게 하고, 그리움을 느끼게 하는 모든 요소를 담고 있는 말보로Marlboro 스토리였다. 사람의 발길이 닿지 않은 거친 풍경, 모든 생명체와의 연합, 저녁노을과 아침의 떠오르는 태양, 유유히 흐르는 강물, 안개 속에 솟아 있는 산, 광활함, 모험에 대한 억제할 수 없는 동경. 말보로 스토리는 이 모든 요소를 함께 녹여 놓았다. 하지만 사실 이 신화에 들어맞는 적합한 상품은 오늘날까지도 존재하지 않는다. 왜냐하면 그러한 모든 메시지들은 중독자들의 강압적인 세계에서 유래하지 않았기 때문이다. 그들은 그처럼 매혹적인 풍경의 강한 향기를 더 이상 맛보지 못하는 사람들이다. 말보로 신화가 저항하지 못할 정도의 영상을 동원한 이유는 상품이 주는 약속과 중독에 빠지는 운명 사이에서 발생하는 엄청난 오해로 인한 충격을 몰아내기 위함이었다.

신화는 상품을 숨기기도 한다. 그러나 그 해로움을 감추지는 못한다. 신화는 단순히 미화시키는 역할만 하지 않는다. 신화는 우리가 우리에 대해 알고 있는 것, 그리고 비슷한 상황에서 과거의 유형을 재인식하도록 도와주는 것을 하나로 통합시켜준다. 신화는 우리가 처한 상황의 일회성에만 빠져 있을 때 결코 성공하지 못할 올바른 결정을 내리게 도와준다.

더 높은 평가를 받고 싶은 고객

바로 이러한 근본적인 의미 때문에 우리의 이성을 제압하고 우리의 가슴을 얻고자 하는 사람들은 누구나 신화를 부여잡는다. 유혹의 세계와 필요를 넘어서는 필요를 일깨우는 세계는 우리 역사의 모든 신화를 동원해 우리를 매료시켰다. "어른은 아이를 돕는다. 아이는 그저 믿고 의지만 하면 된다. 순간을 잡아라. 그것은 순식간에 사라진다. 지금 이 순간을 즐겨라. 나중에는 누군가가 그것을 방해한다. 다른 사람이 선수를 치기 전에 너의 이익을 찾아라. 모든 약속에 주의를 경계하라. 단 우리의 약속만 제외하고." 이것은 단순히 신화적으로 꾸며진 현실적 경험의 세계가 아니라 광고의 세계이기도 하다. 복지로 인한 피해자들은 그것을 잘 안다. 광고는 우리에게 앞선다는 체험을 선사하기 위해 이미 알았던 내용을 연상시킨다. 그러면 우리는 "난 벌써 알아!"라며 환호한다. 광고는 또 우리의 저항감을 불러일으키지 않으면서 우리가 안 내용을 교묘하게 바꿔놓는다. "당신의 이웃을 아주 조금만 사랑하고, 그들을 우리에게 데려오라. 하지만 당신 자신을 잊지 마라. 당신의 이익에 관한 한 다른 사람이 그것을 차지하지 못하게 하라. 약한 사람에게 힘을 낭비하지 마라. 그러면 당신 자신이 약해진다. 자리를 지키고 앉아라. 자기 일은 자기 스스로 돌봐야 한다."

이 모든 호소들은 우리의 좋은 자아가 아닌 나쁜 자아에게 아첨한다. 그들은 우리의 허영심과 이기심을 부추기고, 우리 자신에 대한 시련으로 느껴 억제하는 이기주의를 찬양한다.

소비사회의 신화들은 우리의 강점이 아닌 약점을 자극한다. 그러나 탐욕의 정원을 떠난 이후 감각은 다시 확고해졌다. 이제는 온갖 유혹과 과오와의 싸움에서 우리를 격려하는 뛰어난 신화들이 찾아온다. 하늘의 별들을 보고 길을 찾으면서 대양을 방랑하던 오디세우스가 그 하나의 예다. 오디세우스는 자신의 장점을 과대평가하면서 자만에 빠지지 않았고, 동료들에 대한 책임감을 결코 저버리지 않았다. 그는 우리와 마찬가지로 모험가이자 추구하는 자였다. 물론 그는 뛰어난 사람이었기에 그의 이야기를 잘 안다. 이러한 신화의 생명력은 인간에게는 의지할 만한 기둥을 찾기 위해 위대한 신화가 필요하다는 사실을 보여준다. 인간은 찬탄하고, 용기를 내기 위해 우월한 본보기를 원한다. 스스로 결정하도록 맡겨두면, 그는 결연함으로 우월함을 드러내는 사람을 질투가 아닌 충성심으로 대한다.

탐욕과 인색함, 질투의 후유증을 남긴 복지병을 극복한 이후, 많

✽ 마침내 신화가 돌아왔다. 신화를 통해 제품의 초월을 제공하라! 제품은 본질로 들어가는 통행증이다.

✽ 시장에서의 신화. 복지 마케팅에서 말하는 '제품의 유익성'은 제품 신화 속에서 형이상학적 차원을 갖는다. 신화는 일상세계의 미화에 대한 요구를 만족시켜준다.

✽ 복지는 더 이상 상품창고 속의 감옥이 아니라 상품들을 훨씬 뛰어넘는 꿈과 소원들을 위한 투명한 자유의 공간이 된다.

✽ 고객은 더 많은 오디세우스와 더 많은 프란츠 폰 아시시, 더 많은 오르페우스를 원한다. 고객은 마침내 더 높은 평가를 받고 싶어 한다.

은 사람에게 귀속감과 확고한 형상에 대한 즐거움을 주는 뛰어난 사람들에 대해 충성심을 보여줄 자유를 되찾았다. 우리가 자유롭다면 더 이상 희생자의 역할을 구실로 변명하지 못한다. 우리는 더 이상 반감을 통해 우리 자신을 구할 수 없다. 지도층의 속성은 그것으로부터 어떠한 자극도 받지 못하기 때문이다. 우리의 미래는 우리 자신의 문제다. 우리는 언제나 삼류밖에 안 되는 것을 일류 자리에 올려놓는 민주주의의 의식 뒤로도 더 이상 숨을 수 없다.

우리는 우리가 발전시킨 '날씬한' 소비 이상을 투실투실하게 살찐 공공기관과 관청으로 이행해야 한다. 날씬하다는 것은 저렴한 가격과 신속함, 투명성을 나타낸다. 우리들 중 누구도 아무런 영향력이 없는 사람은 없다. 알 만한 사람은 자신의 행동반경이 매우 좁다고 느낀다. 그러나 각자가 자신의 행동반경을 채운다면, 우리는 지금과는 다른 나라를 갖게 되지 않을까? 오늘부터 그것을 시도한다면 내일은 해낼까?

* 고객의 눈으로 바라보는 사람은 재빨리 파악했다. 더 적은 것은 이미 제품으로 쏟아지고 있다. 어제의 유혹자는 정화된 상태로 무대 위로 오르고, 그의 고객들은 그 위에서 자신들의 적은 것을 즐겁게 찾는다. 어제 달콤했던 것은 오늘도 달콤하지만, 그것은 달콤한 맛에 길들여진 고객에게 필요한 달콤한 속임수를 제공한다. 펩시 바닐라와 다이어트 콜라는 이전의 제품보다 훨씬 달콤하지만 더 이상 뚱뚱하게 하지는 않는다.

* 소비자는 소비 동기의 새로운 조화를 추구하고, 공급자는 거기에 열심히 발맞춘다. 고객은 식품과 아름다움, 건강, 운동, 피트니스는 하나에 속한다고 가르친다. 적음에 대한 기쁨은 새로운 소망의 문화를 만든다. 신분적 특징들을 버리는 곳에서 사치가 시작된다.

* 풍요로움 속에서는 상품 뒤에 존재하는 유혹하는 세계로 들어가기가 매우 어렵다. 탐욕의 자식들을 그것을 안다.

* 자신이 만든 제품으로 성공하고자 하는 사람은 제품 속에 '열린 자리'를 가꾸어야 한다. 고객은 이곳에 자신의 흔적을 그려 넣는다. 공급자에게는 이런 말을 한다. 신화를 통한 '제품의 초월'을 제공하라. 좀더 극단적으로 말한다면 이렇다. 많은 제품은 방해가 되니 제품은 더 적게 만들어라. 제품은 본질로 들어가는 통행증에 불과하다. 이러한 통행 가능성을 제공하는 사람만이 고객들과 새로운 종류의 연대를 형성한다.

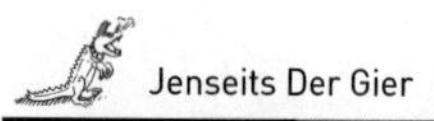

06 면역 훈련 — 스트레스 줄이기

적음에 대한 기쁨은 적은 스트레스에 대한 기쁨이다. 정신과 의사들은 스트레스를 '통제 상실'이라고 말한다. 탐욕도 통제 상실이다. 식욕이 통제되지 않는 탐욕스러운 사람들의 공동체에서는 통제 상실을 정상적인 상태라고 설명한다. 기본 선율로서의 욕망은 긴장 완화가 아닌 스트레스를 제공한다. 소비에의 강압은 자유를 빼앗기는 상태로, 이러한 예속성이 바로 스트레스다.

탐욕 공동체의 심장은 항상 조금 빨리 뛴다. 심장은 시장을 싸움터로 공표한 탐욕스러운 사람들의 두뇌 프로그램에 의해 소모된다. 이곳은 경쟁자는 없고, 오로지 적들만이 존재한다. 공정함이 아닌 증오심이 지배한다. 그와 같은 두뇌 프로그램이 사회의 심장을 소모시킬 때, 그 공동체는 지속적인 스트레스 속에서 살아간다.

지속적인 스트레스는 증오심을 불러일으킨다. 모두가 모두에게 서로의 안녕을 해치는 적이다. 모두가 자신들이 손에 넣은 것을 꽉 움켜쥐어야 하고, 모두를 상대로 지켜내야만 한다. 모두가 손을 놓으면 생명이 위태롭다는 확신 속에서 살아간다. 모두가 자신들을 구별 짓는 모든 면에서 일치된 생각을 공유한다. 자유롭지 못하고, 경직된 편가르기 풍토가 탐욕스러운 사회를 그처럼 험악한 곳으로 내몬다.

스트레스를 줄여라

'적은 스트레스'는 모두를 결합시키면서도 거의 모두가 실현 불가능하게 만든다. 물질주의적인 사냥 사회에 동참하고자 하는 사람은 스스로 스트레스를 받는 쪽으로 결정한다. 스트레스에 단련된 직원들은 그렇게 말한다. 그들은 아직도 기꺼이 고통을 감내한 자신들에게 돌아올 보상을 기다린다. 저 먼 뒤쪽 어딘가, 터널의 끝에 있을지도 모르는 보상을. 여성보다는 남성이 더 순종적인 스트레스의 희생자다. 남성이 주도하는 수많은 회의는 약속이나 한듯 스트레스를 증가시킨다. 밤늦게까지 업무에 시달리고 또다시 이른 아침에 개최되는 회의, 빈틈없이 빡빡한 하루 일정, 정신없이 바쁜 와중에 점심 시간에 잠시 짬을 내 섭취하는 고칼로리 음식. 회의 종결 시간은 당연히 미정이다. 이러한 회의 이외의 삶을 누리는 사람은 아무도 없다.

영웅들 사이에 치러지는 제식은 스트레스를 증가시킨다. 수면 박탈과 운동 금지, 모든 자연스런 욕망에 대한 경시, 회의가 종결된 이후에 찾아오는 과로는 승리의 확실한 표시들이다. 그들은 고문 형리의 일을 떠맡아주는 고문 희생자처럼 극심한 스트레스와 고도의 만족감을 안고 싸움터를 떠난다. 제식화된 스트레스가 협상의 대상들에 유익했는지에 대해서는 아무도 묻지 않는다.

자신들의 스트레스 예산을 스스로 체결하고, 그것을 자신들의 용맹함에 대한 시험으로 치르고자 하는 사람들에게 '적은 스트레스'에 대한 기쁨을 일깨우기란 결코 쉽지 않다.

이처럼 혹사를 즐기는 경영자들의 실상은 복지에서 발생하는 질병의 특수한 변형에 불과하다. 이로써 스트레스는 스스로 연출한 악덕이 되고, 사람들은 거기서 빠져나오려 하지 않는다. 그들의 자기 가치 의식이 자신의 정신적, 육체적 자산의 남용과 결합되었기 때문이다. 이처럼 자산의 무분별 다루기는 정치인들 사이에서도 자질을 가늠하는 특징으로 간주된다. 그들은 서로가 서로의 자기 착취에 힘을 실어주고, 자신의 힘을 조금 덜 남용함으로써 더 좋은 결과를 얻을 수도 있다고 생각하지 않는다.

아리스토텔레스와 토마스 아퀴나스가 일상생활에서의 결정 상황을 위해 제기한 간결한 요구는 단순한 3단계로, 이는 스트레스 상황을 만들어내는 지침이 아니다. 바로 '신중하게 생각하기, 판단하기, 결정하기'다. 스트레스는 모두에게 해를 끼친다. 신중한 생각은 물론이고, 판단과 사려 깊은 결정에도 악영향을 준다. 아리스토텔레스의 요구를 계속 읽어보면, 스트레스에 빠지지 않고 일상의 지혜에 도움을 주는 또 다른 요소들을 발견하게 된다. 경험과 식견, 다른 사람의 조언을 받아들이는 개방성, 결과를 예측하는 상상력, 사려 깊음, 신중함 등이다. 스트레스가 선도하는 곳에서 이러한 요소들은 해를 입게 된다.

스트레스 연출은 대개 나중에 스트레스의 희생자로 불리게 되는

사람들이 떠맡게 된다. 스트레스가 중독의 모든 특징들을 드러낸다
는 점을 감안하다면 그리 놀라운 일은 아니다. 여러 가지 예에서 보
듯 스트레스는 지도층의 특권 가운데 하나다.

따라서 적은 스트레스에 대한 소원은 자기 자신과 다른 사람에
게 지나치게 과도한 요구를 하는 중독증을 치료하는 기회가 된다.

이제 왜 많은 고위 정치가들이 작업량뿐 아니라 육체적인 부피
면에서도 균형을 상실했는지 쉽게 이해가 된다. 그것은 치명적인 착
각 때문이다. 성공과 명성은 자해 행위에 좌우되고, 임명권자와 대
중들이 자신들의 대변인에게 공공연한 자기 파괴를 기대할 거라는
착각 때문이다. 균형 감각을 유지하는 소수의 고위 공직자들은 자신
의 동료가 이러한 착각에서 벗어나도록 수고를 아끼지 말아야 한다.

이에 반해 경제 분야에서의 자해 행위는 대다수의 경영자가 따
르고자 하는 이상적인 이미지 때문에 제한을 받는다. 그들의 이상
적인 이미지에는 가능한 한 겉으로 드러날 정도로 뚱뚱해서는 안
되고, 최소한 운동선수의 활력처럼 위장이 필요하다. 경제계의 이
러한 불문율이 정치계로도 확대된다면 매우 바람직하다. 그것은 단
순히 외모만의 문제가 아니고 건강과 직접적으로 관련된 문제이기
때문이다.

최고의 스트레스 치료법

삶의 원칙들을 혁신하기 위한 수많은 선례처럼, 적은 스트레스를
요구하는 결정적인 신호도 젊은이들로부터 촉발되었다. 여성들도
거기에 박차를 가하는 역할이 가능했다. 그러나 그들은 여전히 모

방에 대한 압박감 속에서 싸운다. 그것은 남성보다 자신이 더 많이 만들어내는 압박감으로서, "남자처럼 스스로를 인정사정없이 대하면 남자들 틈에 합류할 수 있다"고 말한다. 그러한 생각은 남성에게도 그다지 달가운 일이 아니다. 여성이 명예욕에 사로잡힌 남자처럼 스스로를 인정사정없이 대한다면, 이들은 남자보다 훨씬 많은 피해를 입을 수 있기 때문이다. 그밖에도 남성에게는 자기 착취 성향을 바로잡아 주는 교정책으로서 새로운 여성이 필요하다. 여성은 남성의 영웅적 삶을 조장하는 이러한 게임의 규칙들을 벌에 대한 두려움 없이 위반하고 개선시킨다. 더 많은 신선한 공기를 부여하고, 틈틈이 휴식을 취하게 하고, 한밤중까지 지속되는 미팅을 중단하게 하고, 점심 식사로 비타민이 풍부한 음식을 선택하도록 한다. 또한 직장에서의 경력에 피해를 입지 않으면서도 남성의 스트레스 해방을 위해 더 많은 일을 해준다. 가령 똑같은 토론이 한 시간 이상 지루하게 반복되는 곳에서 가볍게 상냥한 웃음을 건넨다. 그러면 참석자들의 얼굴이 갑자기 환해지면서 전환점이 만들어진다.

적은 스트레스는 정말로 좋은 목표일까? 우리들 중 대부분은 자신에 대한 고문과 남용의 분위기, 자신의 욕구에 대한 등한시, 수면 박탈로 인한 지속적인 고통의 무시, 휴식의 거부, 문제를 파고드는 집요함, 가치를 손상시키는 시간 구상, 즉 스트레스가 남보다 뛰어난 사람을 만든다고 생각한다. 그는 굴욕스럽게 사느니 차라리 온갖 스트레스 속에서 자신의 꿈들을 없애버린다.

계획적으로 초래된 이러한 딜레마에서 체계적으로 빗나간 사항들은 우리가 몇몇 결정적인 요소를 수정하기만 하면 곧바로 취할 수 있다.

* 적음에 대한 기쁨. 적은 스트레스에 대한 기쁨. 스트레스는 통제 상실이다.

* 탐욕스런 자들의 공동체는 스트레스를 정상적인 상태라고 설명한다.

* 남성들은 여성들보다 더 순종적인 스트레스의 희생자들이다. 스트레스를 상승시키는 제식은 영웅들을 위한 약속이다.

* 스트레스를 줄이자! 이것이 젊은이들의 소원이다. 그들은 탈선한 삶의 행로에 대해서는 어떠한 보상도 주어지지 않는다고 느낀다.

* 신분적 특징으로서의 스트레스는 적음에 대한 기쁨 속에서 연기처럼 사라진다.

별을 향해 날기 위해서는 몸이 가벼워야 한다. 가벼움은 비전의 허용이다. 비전은 미래에 대해 낙관적으로 기대하는 사람들에게 찾아온다. 비전은 아직까지 퍼즐 몇 조각이 빠진 머릿속의 그림들이다. 그것은 꿈의 도움을 받아 추진력을 발전시킨다. 여기서는 지적인 생활을 즐기는 일상의 인간이 배척하는 거친 꿈들을 마음껏 토로해야 한다. 그러면 동참자들의 머릿속 유년 시절의 기억들이 자유롭게 펼쳐지고, 그것은 학창 시절부터 금지되었던 가장 대범한 영상들을 다시 불러온다.

이처럼 가장 귀중한 자산들을 되찾은 팀 동료들은 성인으로서의 이성을 빼앗기는 게 아니다. 그들의 이성은 오히려 불가능을 가능하게 만드는 결연함을 통해 더욱 풍성해진다. 혁신은 오로지 이런 방법으로만 이룩된다. 결정권자들의 회합이 훈련된 지적 능력과 더불어 꿈속의 이상에 대한 자유로운 연상을 허용한다면, 스트레스에 대한 면역을 얻게 된다. 동시에 전혀 예상치 못했던 뛰어난 해결책도 기대된다. 그것은 자기 파괴를 위한 모임에서 벗어난 용기에 대한 보상이다. 그러한 모임이 별다른 성과를 불러오지 못하는 것을 깨달은 사람은 거기서 자유로워져야만 한다.

적은 스트레스에 대한 기쁨은 고령화되는 사회 속에서 이미 오래전부터 드러났다. 피곤에 지친 나이든 사람이 아니라, 자기 파괴라는 슬로건 아래 진행된, 탈선한 삶의 행로에 어떠한 보상도 주어지지 않는다는 사실을 깨닫기 시작한 젊은이로부터 촉발되었다. 부모 세대보다는 자기 자신의 문제에 더 많은 관심을 두는 이들은 직장 생활뿐 아니라, 어느 누구도 더 이상은 공짜로 보태주려고 하지 않는 자신의 행복까지 더욱 철저하게 계획한다.

정치는 전통적인 보호막을 제거함으로써 그들을 위협한다. 따라서 그들은 애초에 과잉보호를 받는 시민이 될 수 없고, 이는 뚜렷한 부담 경감을 뜻한다. 소비에의 탐욕은 얼마 전에 의사일정에서 삭제되었다. 인색함이 안간힘을 쓰고 있는데, 이것은 나이든 사람들이 소비에의 탐욕으로 인해 갖는, 거의 같은 수준의 스트레스를 유발한다. 부정적인 감정을 최대한 적게 허용하는 것이 대다수 젊은 이들의 생활 신조다. 이전 세대보다 자기 자신을 잘 돌보는 일, 그 것이 그들이 큰 소리로 떠벌리지 않으면서 말없이 실천하고 있는 생각이다.

그들은 외부에서 전해지는 부정적인 신호가 우세한 곳에서는 부정적인 감정의 사치도 중단된다고 생각한다. 삶은 위험해졌고, 무엇인가를 손에 넣기도 전에 모든 것을 잃기도 했다. 그러나 소수의 젊은이만이 이러한 발견에 굴복당하고 만다.

대다수의 젊은이는 그럼에도 불구하고 미래가 그들 자신이라는 사실을 잘 안다. 어쩌면 나이든 사람이 패배자의 역할을 하기 때문에 그만큼 더 확실할지도 모른다.

나이든 사람이 스트레스를 유발하는 동안 젊은 사람은 마음을 꼭 닫아버린다. 스트레스라는 악덕에 맞서 싸우는 데 그보다 더 강력한 근거는 없다. 우리가 스트레스를 계속 신분적 특징으로 이해하는 한, 우리는 가장 중요한 동지들인 젊은이를 쫓아낼 것이다. 젊은이에게 가까이 다가가고, 우리가 주고받는 것을 교대하는 것이 스트레스에서 벗어나는 최고의 치료법이다. 그렇게 해야만 스트레스로 고통 받는 사람, 사실은 고통을 당하기 위해 스스로에게 스트레스를 유발시킨 사람은 안정을 되찾는다. 젊은이는 그러한 영웅적 유형에 반응하지 않는다. 그렇기 때문에 그들은 나이든 사람에게 좋은 영향을 준다.

자가치료 과정의 첫 단계는 판단 유보다. 두 번째는 감정이입이다. 젊은이에게 다가가 그들의 입장이 되어라. 우리는 모든 부모들과 교육자들, 사장들처럼 지금까지 그들에게 준 그 무엇보다 훨씬 많은 관심을 보여야 할 책임이 있다.

✻ 스트레스는 통제 상실이다. 은밀한 살인자다. 탐욕도 통제 상실이다. 자신들의 식욕을 더 이상 통제할 수 없는 탐욕스러운 자들의 사회는 통제 상실을 정상적인 경우라고 설명한다.

✻ 탐욕 사회의 심장은 언제나 조금은 빠르게 뛴다. 그 심장은 시장을 싸움터로 선포하는 탐욕스러운 자의 명령에 의해 소모된다. 경쟁자는 없고 도처에 오로지 적들뿐이다.

✻ 적은 스트레스는 모든 사람들을 결합시키는 실현불가능한 소원이다. 남성은 여성보다 더 순종적인 스트레스의 희생자다. 그들은 스트레스를 어쩔 수 없이 감내해야 하는 희생이고, 그 뒤에 대가로서 승리가 등장한다고 생각한다. 터널 끝으로 보이는 빛이라고 생각한다. 스트레스 노예들은 서로를 몰아댄다.

✻ 적은 스트레스의 신호는 다른 무수한 혁신의 동기처럼 젊은이로부터 시작된다. 또한 여성으로부터 시작된다. 그들은 입장표에 쓰인 글귀 "너 자신을 인정사정없이 대하면 남자의 세계에 동참할 수 있다"가 없다는 사실을 마침내 깨달았다.

✻ 여성은 게임의 규칙을 위반하면서 그것을 개선시킨다. 비전은 스트레스에 시달리는 사람에게는 나타나지 않는다. 비전은 분주함을 피하고, 발이 가벼운 사람에게 내려앉아 그들에게 날개를 달아준다. 적은 스트레스에 대한 기쁨은 용기 없는 사회 속에 이미 오래 전부터 존재했다. 외부에서 전해지는 부정적인 신호가 우세한 곳에서는 부정적인 감정의 사치도 중단된다.

✻ 공인된 악덕으로서의 스트레스에 맞서는 가장 강력한 논거는 다음과 같다. 우리가 스트레스를 계속 신분적 특징으로 이해한다면, 우리는 가장 중요한 동지인 젊은이를 쫓아내게 된다.

PART **3**

시선을 돌리지 않는 사람들
—맹수 영역에서의 우성

우두머리들의 모호한 특징들
좋은 승리자를 위한 게임의 규칙들
승리자의 나직한 미소 – 지배자가 베푸는 친절함

탐욕은 탈선한 요구이다, 타락한 욕망이다.
복지 사회에서 살아가는 동안 우리는 우리의 욕망을 꿈틀거리게 하는 갖가지 호소에 둘러싸여 있다.
시장의 부름은 우리의 가장 대담한 꿈들인 사회적 인정과 아름다움,
행복을 받아들인다. 그리한 꿈들이 물질을 통해 실현될 수 있다는 것을
우리들에게 각인시키려고 한다. '당신이 원하는 것은 돈으로 살 수 있다.'
'당신은 욕망하는 존재로서 공급자들의 총아이다.' '그들이 당신을 받쳐줄 것이다.'
우리는 그들이 우리에게 일깨우고 고취시키려 하는 것과 똑같은 충동을 느낀다.
더 많은 것을 얻고자 치는 욕망을 느낀다. 공급자들도 똑같은 욕망에 따라 움직인다.
더 많은 고객, 더 많은 돈, 더 많은 성공. 성공은
물질을 획득함으로써 이룰 수 있다는 메시지가 그러한 욕망 속에 담겨 있다.
풍족한 복지 문화의 밑바탕에 흐르는 멜로디로서의
탐욕은 오래 전부터 부도덕의 고리에서 벗어났다. 탐욕이 그 고리의 모든 것을 결합시키기 때문이다.
모두가 견제를 잃어버리면, 탐욕이 규범이 된다. 무절제함에 대한 요구가 일상을 지배하기 때문이다.
성공이 오직 물질적으로만 규정되는 곳에서 탐욕은 정당한 충동으로 승격된다.
양쪽의 욕망하는 주체들은 돈과 물질에 대한 상호간의 탐욕, 오로지 돈과 물질을 통해서만 얻을 수 있는
관심과 영향력에 대한 탐욕을 서로 부추긴다.

07 우두머리들의 모호한 특징들

탐욕 저편의 땅에선 누가 지배할까? 소비의 정글에서 태어난 길들여진 맹수들일까? 탐욕에서 해방된 사회에서는 더 이상 우두머리가 필요하지 않을까?

또는 인간이 자신의 자리를 자발적으로 찾고 정하는 서열의 법칙이 이제야 비로소 공정함의 체험이 되었나? 약자들의 보호 세력이자 내일의 승리자에 대한 전형으로서 우성優性이 이제야 열등감 대신 존경심을 불러일으키는 승리를 축하하는 걸까?

2차 세계대전 이후 정기적으로 엄습했던 시련은 최초의 위기에서도 이미 드러났다. 그것은 한번은 좌파 진영으로부터, 다음에는 대안적 환경 그룹으로부터, 그 다음에는 다시 보수적 진영의 사회낭만주의자들로부터 나타났다. 다양한 변형 속에서 등장한 핵심적인 내용은 "모든 우두머리를 믿지 마라"다. 우세한 참가자는 방해가 된다. 그들은 권력을 독점하고 게임의 규칙을 혼자 결정하려고 한다.

그들은 열등감을 불러일으킨다. 어느 곳이든 그들이 등장하는 곳이면 사람들은 스스로를 어리석고 부족하다고 느낀다. 그들은 다른 사람들의 용기를 빼앗기 때문에 사라져야만 한다. 그들은 다른 모든 사람들의 가치를 깎아내리기 때문에 공동체에 해악을 끼친다.

전후 시대의 주도적 경향은 1970년 이후 이러한 내용을 밑바탕으로 한다. 즉 추진력이 강한 우월한 개인들은 허용할 수 없는 긴 그늘을 드리운다. 평범한 사람들은 위축당하며 다수의 권리를 주장한다. 능력이 뛰어난 사람이 자신보다 못한 사람에게 위압감을 주지 못하게 하는 것이 즉시 교육정책의 원칙이 된다. 능력 있는 사람이 지니고 있는 촉진제로서의 작용은 고려 대상이 아니다. 중요한 건 끌어내리는 것이다. 이러한 과오의 핵심은 다음의 단순한 멜로디를 따른다 ― "약한 사람들이 강하게 느끼도록 강한 사람을 약하게 만들어라."

오직 경제 분야에서만 강력한 우두머리들의 등장이 가능하다. 이는 비판하려는 마음보다는 욕망이 훨씬 강하기 때문이다. 물질에 대한 소비와 재산의 증식은 갖가지 옳고 그른 비판들을 온갖 상품들의 흐름 속에 그저 묻혀버리게 할 만큼 충분히 매혹적이었다. 더 부자가 되는 것은 허용하지만, 더 똑똑한 사람에게 최고의 자리를 허용하지 않는 것, 이것이 탐욕의 땅을 달콤하고도 씁쓸한 게으름뱅이의 천국으로 변하게 한 수십 년간의 후렴구였다. 게으름뱅이 천국의 해먹에 대해서 말하려면 징벌의 위험을 감수해야만 했다.

빈둥거리며 노는 사람들도 위압감을 좋아하지 않는다. 소비자로서 스스로 만들어낸 탐욕의 보호막 속에서 소비의 우두머리들은 자신들의 권력을 분배했다. 이익을 취하는 사람들의 인도 아래 '경쟁적으로 소비하기'는 수십 년간 어떤 방해도 받지 않고 순조롭게 이어졌다. 몇몇 사람들만이 경쟁의 배움에서 성공했고, 그것은 이데올로기의 집중적인 엄호 사격 속에 가려졌었다. 물론 오늘날까지도 마찬가지다.

욕구가 통제를 잠들게 할 때는 지배권을 얻는다. 탐욕을 일깨우고 제공하는 사람은 상당히 오랫동안 방해받지 않고 지배한다.

그러나 공급품이 불확실해지다가 결국 줄어들면, 즉시 권력자에 대한 반감이 다시 나타난다. 그 반감은 연출하는 세력, 즉 정치와 시장에서 복지를 제공하는 세력을 향한다. 성난 자식들은 아름다운 꿈에서 깨어난다. 그들의 분노는 점점 커진다. 모든 중독자들이 그렇듯이 박탈의 고통을 감수해야 하기 때문이다. 두려움과 갈망이 어제의 자선가들에 대한 적의에 찬 의심과 뒤섞인다. 돌이켜보니 그들의 우세함이 갑자기 사악하게 느껴진다. 중독에서 깨어난 탐욕의 자식들은 환멸로 끝나는 모든 통치는 사악하다고 생각한다.

그렇다면 다음 단계는 누가 이끌어야 할까? 어느 누구도 중독에 빠지게 하지 않는 새로운 형태의 우성이 존재할까? 자발적으로 따르는 사람들에 의해 명성을 갖게 되는 좋은 우성은 존재할까? 획일화시키지 않으면서 서로 다른 사람들을 하나로 모으는 우성이 있을까? 탐욕은 획일화다. 마침내 깨어난 탐욕의 자식들이 분노를 표출하는 이유도 바로 그 때문이다.

인간이 살아가는 곳, 또한 고도로 발달한 포유동물들이 함께 살아가는 곳에는 왜 어디서나 위계질서가 발전할까? 과학은 수백 년 전부터 비로소 생물학적 인자로서의 우성을 연구하기 시작했다. 우성은 특징이 다양하다.

우두머리의 상승과 몰락

인간들 사이에서는 우성의 특징들이 첫눈에 드러나는 경우가 매우 드물다. 대중사회는 우세한 경기자가 적들과 시기하고 질투하는 사람들 앞에서 자신을 보호할 위장을 요구한다. 그는 다른 수많은 사람들과 비슷한 사람으로 지하철을 타거나 커피숍에서 앉기 위해 옷만 갈아입으면 된다. 날카로운 시선을 가진 사람들만이 행동 속에서 그의 정체를 알아본다. 그는 보통 사람들과는 다르게 행동한다. 그의 시선은 수줍어하고 머뭇거리는 대신 지배적이고 강렬하다. 함께한 사람들은 그를 자신들과 비슷한 부류로 인식한다. 그러나 지배적인 경기자의 행동 유형을 집요하게 연구하는 추적자는 그의 정체를 즉시 밝혀낸다.

우성은 왜 사람들 사이에서 자신을 위장할까? 또한 위장을 하지 않아도 되는 자리, 즉 방금 전까지는 익명으로 다른 사람들 틈에 끼던 사람들이 사업상의 모임에 등장했을 때 우성은 분명한 감정을 불러일으킬까? 아니면 모순적인 감정을 불러일으킬까? 대중문화에서는 우두머리의 등장에 항상 불신이 따르는 걸까? 아니면 오히려 경탄이?

교황 요한 바오로 2세는 우두머리였다. 교황의 등장은 죽음을 넘어서까지 수많은 사람들의 경탄을 불러왔다. 이들은 교황의 교리에 서로 의견을 달리하는 사람들이었다. 교황에게 쏟아지는 존경은 그의 교리에 대한 반론을 간단히 배척하게 만들었다. 수많은 사람들을 설복시킨 건 교황의 행동이 보여준 명백함이었다. 모순이 없는 신뢰의 행동이었다. 바로 이것이 온갖 내용을 떠나 우성을 성공하게 만드는 요인이다.

　요한 바오로 2세는 현세를 위한 삶의 규칙들을 널리 알렸다. 그는 결코 내세를 위한 자격에만 제한하지 않았다. 그럼에도 불구하고 그처럼 사람을 끌어 모으는 힘을 발휘했던 것은 교황 개인의 강력한 영향력 때문이었다. 교황과 비슷한 예를 찾는다면, 기껏해야 신화 속에서나 개별적인 결정이나 행위와 상관없이 찬란한 빛을 발휘하는 인물들을 발견할 뿐이다. 그들은 영웅이라고 불렸다. 신화적으로 압축된 영향력을 발휘한 요한 바오로 2세는 역사를 통한 미화라는 거리감도 없이 현재에 벌써 그러한 영웅들과 어깨를 나란히 한다. 교황의 신봉자들은 그를 성자라고 부르고 싶어 한다. 성자로서, 또는 영웅으로서 인류의 기억에 남는 역사적 인물들의 특징들은 매우 비슷했다.

　그러나 우성이 이처럼 명백하게 존경스러운 형태로 나타나는 경우는 일반적인 예가 아니다. 질투와 욕망이 우두머리들에게 쏟아진다. 요한 바오로 2세의 경우 교황이라는 범접할 수 없는 직책 때문에 그 두 가지가 침묵했다. 성공한 사람을 추락시키는 즐거움과 그의 약해진 모습을 보는 즐거움도 침묵했다. 그러나 이러한 즐거움은 분명 인간들 사이의 흥망성쇠에 수반된다. 스스로 유명한 사람이 된 사람은 다시 하찮은 사람이 되어야 하고, 타인의 힘으로 중요한 위치에 오른 사람도 잠시 후면 다시 약하고 하찮은 사람이 되어야 한다. 인간들 사이의 우두머리 자리는 이처럼 위험한 자리다.

　진화에서 우리들의 형제인 고등 포유동물들 사이에서도 우성의 특징을 단번에 알아보기는 힘들다. 싸움에서 다른 경쟁자들을 모두 물리쳐 뚜렷한 우위를 드러낸 우두머리는 다른 적이 나타나기 전까

✳ 우두머리들의 모호한 특징.

✳ 전후 시대의 주도적 경향 : 뛰어난 개인들은 자신보다 능력이 부족한 사람들에게 위압감을 주지 말아야 한다.

✳ 우리는 계속 비슷해졌고, 계속 약해졌다. 다음 단계에 우리를 이끌 사람은 누구인가?

✳ 중독자를 만들지 않는 좋은 우성은 존재할까?

✳ 탐욕 사회는 우두머리들의 상승과 몰락을 원한다.

✳ 탐욕 사회는 가장 뛰어난 사람들을 소모시킨다. 탐욕 사회는 이상적인 인물, 즉 좋은 승리자를 계획하고 후원하는 일을 소홀히 했다. 그러나 좋은 승리자는 존재한다. 그는 위기의 순간에 꼭 필요한 인물이다.

지는 우성을 증명할 필요가 없다. 그는 존경어린 시선으로 거리를 유지하는 다른 동물들 사이를 유유히 움직인다. 우리는 이런 형태의 우성을 사람들 사이에서도 쉽게 인식한다. 우리는 이러한 거리를 권위라고 부르고, 우월함을 카리스마라고 부른다.

동물들 세계에도 자신의 승리를 체험하고픈 공격적인 우두머리가 존재한다. 팀 구성원들이 모두 좌절할 때 승리는 비로소 완전해진다. 인간 사회에서는 그처럼 공격적인 승리자가 추진력이 강한 사람이다. 두려움과 존경심이 뒤섞인 감정이 그들의 행동을 수반한다. 그들이 꼭대기에 있는 동안에는 남자들 중에서는 눈에 띄는 저항을 시도하는 사람은 거의 없다. 이러한 상황은 여성들의 수가 증가하면서 곧 달라진다.

동물도 무리의 우세한 구성원이 차지하는 명성을 안다. 동물은 침입자를 물리침으로써 존경을 한몸에 받게 된 이 특별한 구성원에게 항상 정중한 태도를 보인다. 인간 세계에서도 명성은 동일한 규칙을 따른다. 모든 사람의 눈이 항상 앞서가는 아이디어와 체계적인 결론을 제시하는 사람을 주시한다. 동물이나 인간이나 우두머리의 역할은 다른 팀 구성원이 충족시키지 못하는 요구를 포함하지는 않는다.

다른 동물을 지켜주며 마지막으로 먹이를 먹는 우두머리들의 우월한 태도도 마찬가지로 높은 정통성을 갖는다. 이들은 가장 약한 동물들에게 형제가 되어줌으로써 우월함을 나타낸다. 바로 여기서 자신의 욕구 충족을 지연하고, 탐욕을 물리치는 특성을 드러내는 '좋은 우성'의 일면이 등장한다. 그것은 이미 자연에서 증명되었다.

물론 자연계에도 예외는 존재한다. 위계질서가 너무나 뚜렷해 우두머리가 가장 먼저 먹이를 먹고, 가장 좋은 잠자리를 선택한다. 누구도 그러한 특권에 이의를 제기하지 않는다. 이 경우 싸움을 통해 쟁취하거나 당연한 대가로 획득된 결과이기 때문이다. 물론 내일이면 상황이 어찌될지 모른다. 우두머리의 자질을 가진 지배자가 바뀌고, 어제의 지배자는 다른 동물들 속에 뒤섞인다.

최상층에서 이루어지는 지배자의 교체는 종종 피비린내 나는 싸움에서 결정된다. 그러나 우월한 우두머리는 더 이상 공격할 의향을 드러내지 않는다. 심지어 무리 가운데 싸움이 일어날 때는 우두머리가 평화의 중재자 역할을 맡기도 한다.

미래의 우두머리 자리를 놓고 벌이는 싸움은 중간 집단에서 발생한다. 오랑우탄과 대장 늑대는 권력을 쟁취하기 위한 싸움에 전혀 간섭하지 않는다. 그러다가 언젠가 방어전을 벌이게 되거나 싸우지 않고 자리를 내주기도 한다. 결전의 날이 닥치면 싸움에 응할지 도주할지 결정한다. 인간 세계에서 정치가가 말하는 "저는 다시 한번 알고 싶습니다"라는 이상한 말은, 그들이 여전히 대장 늑대인지를 알아보고 싶다는 말이다. 물론 무리를 가장 잘 보호하는 가장 강하고 힘센 동물이 실제로 승리를 거머쥐는 유인원이나 늑대들과는 달리, 인간 사회에서는 훨씬 더 복잡한 의식이 치러진다. 여기서는 우두머리의 자질이 있는 것처럼 위장하는 전략이 도움이 된다. 대중들이 속임수에 넘어가는 것을 기꺼워하고, 후보자를 시험하기에는 너무 안일한 경우, 그는 자리에 대한 요구를 모두 충족시키지 않고도 쉽게 그 자리에 오르기도 한다. 따라서 지배자의 자리는 항상 동참자들의 잠재적인, 또는 명시적인 찬성에 따라 유지된다. 분명한 규칙이 없는 그룹에서는 평범한 지도자를 찾게 된다. 그러나

뚜렷한 목표나 모두를 결합시키는 비전이 존재하는 경우 우두머리
에 대한 요구도 당연히 높아진다.

나눔을 통해 얻어지는 우성

한 사회가 다음과 같은 경험을 얼마나 철저하게 다룰 수 있는가
의 여부는 최고의 자리를 분배하는 그들 자신의 결정에 좌우된다.
즉 사회 속에 존재하는 우세한 인물들에게 어떤 과제를 부여하고,
그들이 규칙에서 벗어나는 경우에는 어떤 반감을 표출할까? 사회
의 구성원들은 그들에게 얼마나 많은 존경심과 충성심을 보일 준비
가 되었나? 민주주의 사회는 누구를 선두로 보낼까? 다수의 시민들
은 누구를 통해 자신들의 안녕을 보장받을까? 이들 다수는 과연 '자
신들의 안녕'을 어떤 식으로 이해할까?

비록 누구도 기꺼이 인정하지 않겠지만 상호간의 책임감이 스며
든다. 이끄는 사람이나 이끌리는 사람이나 경우에 따라서는 다른
사람에게 — 유권자, 동료들, 경영자들, 정부 여당 — 책임을 전가하
기 위해 도주로를 열어놓고 싶어 한다. 우리는 인간의 가까운 동반
자인 개들의 세계에서 약한 동물이 옆을 지나갈 때 우두머리가 당
당하면서도 아량 있는 태도를 보이는 진화의 유산을 종종 본다. 필
자가 몇 년 동안 관찰했던 힘센 레온베르거는 물에서 멀리 떨어진
풀밭에서 길을 잃은 어린 개구리를 부드러운 혀로 밀어 물가로 데
려다주는 태도를 보이기도 했다. 저녁에는 자신의 우유를 빼앗아
먹는 고슴도치 옆에서도 참을성을 발휘한다. 이런 경우는 자신의
우위를 증명하기 위한 순간이 아니다. 여기서는 누가 주인이고, 모

든 것이 누구에게 속하는지 너무도 분명하기 때문에 스스로 힘을 드러내길 거부한다. 인간 사회에서는 이런 현상이 좀체 드물다. 반면 야생에서는 지극히 일상적인 일이다.

탐욕의 시대를 떠난 사람은 곧 우성에 대한 우리의 이해, 우리 자신이나 다른 사람의 몫으로 돌아오는 우두머리의 역할에 대한 인식이 변하게 되리라는 확신을 얻는다. 우리는 지금까지 '좋은 실패자'에 대한 이야기만 너무 많이 해왔다. 우리는 그런 사람이고 싶어 했고, 다른 사람도 그래야만 한다고 생각했다. 그러나 이제는 우리가 바라는 좋은 우성 즉 '좋은 승리자'로 관심을 돌려야 한다. 우리는 우리 자신보다는 다른 사람이 좋은 실패자의 역할을 맡도록 적극적으로 나서서 그 역할을 분명하게 기술한다. 그러나 지배적인 인물과 좋은, 또는 나쁜 승리자를 규정하는 문제에 대해서는 여러 가지 모순을 드러낸다.

인간 사회에서의 우성은 모호한 특성이다. 지배적인 자리를 확실하게 차지하는 열할 수행자나 그들의 관찰자나 우성과 권력, 승리가 불러일으키는 모순을 털어버리지 못한다.

쇠약해져서 죽음에 임박한 요한 바오로 2세의 마지막을 보기 위해 로마로 몰려든 사람들은 그동안 감춰졌던 우성에 대한 우리의 인식을 드러냈다. 권력자의 자리는 필연적으로 더 힘없는 사람들의 축적된 불신이 따른다고 생각하는 사람이라면, 여기서 지금까지 통용되던 규칙에서 벗어나는 이상한 예외를 경험하게 된다. 전 세계 가톨릭의 수장이었던 교황이 실제로는 조언을 위한 특별한 공간만 부여받은 무기력한 사람이었기에 모든 의심을 뒤로 미루겠다는 대중들의 각오가 그토록 강렬하지는 않았다. 요한 바오로 2세는 지난

25년간 매우 지배적인 흔적을 남겼다. 그는 자신의 계명을 통해 사람들의 생각이 아닌 양심을 건드려야 한다는 점을 알았다. 그는 정치 권력자들이 도달하지 못하는 감수성이 가장 예민한 지대에서 권력을 장악했다.

요한 바오로 2세는 사적인 이익 추구와 치부, 다른 사람에 대한 무시, 자만 등에 대한 모든 혐의에서 벗어난 새로운 형태의 우성에 도달했다. 여기서 나열한 행태는 우리가 우두머리들을 관찰하면서 느끼는 불쾌감의 몇 가지 원인에 불과하다. 요한 바오로 2세는 유언장에 "그는 일체의 사유재산을 남기지 않았다"고 썼다.

교황은 빈털터리였지만 막대한 권위 속에서 세상을 떠났다. 이상적인 경우 좋은 승리자의 모습 그대로다. 우리가 꿈꾸는 이상적인 경우처럼 나눔을 통해 얻어지는 우성은 바로 그런 모습이다.

교황이 생전에 가톨릭교도들에게 지나치게 무리한 요구를 했다는 사실은 마지막에 이르러서는 아무런 문제도 되지 않았다. 마지막 결산은 신뢰성이었다.

권력의 유혹에 빠지지 않으면서 권력을 행사하는 사람은 다른 사람들이 우성과 함께 있을 때 느끼는 불쾌감을 침묵하게 한다. 우성이 단지 필요악이고, 근절시키기 어렵고, 이롭기보다는 해악만 끼쳤다면, 우리는 좋은 승리자에 대한 추구를 포기했을지 모른다. 또한 단순히 자기가 가진 것을 나누어주기 때문이 아니라 구성원 모두를 최선의 가능성으로 이끌어주기 때문에 공동체에 꼭 필요한 강력한 우두머리에 대한 이념도 단념했을 가능성이 크다.

＊ 우리는 우두머리 없이 약속의 땅으로 가는 걸까? 시민들 각자가 연출자로서 자신의 삶을 스스로 연출하는 조용한 혁명은 더 이상 위계질서를 허용하지 않는 걸까?

＊ 인간은 위계질서 없이 살고 싶어 하지 않는다. 약한 사람들은 강한 사람들 곁에서 보호를 받으려 하고, 강한 사람들 또한 그러기를 원한다. 복지의 오만은 강한 사람들을 약하게 만드는 실험을 즐겼고, 뒤늦게 약한 사람들이 그것으로 강해지지 않는다는 사실을 깨달았다. 권력자들에 대한 반감은 과잉 속에서 느끼는 오만의 산물이었다. 정치 지도자들은 실패했고, 수많은 경영자들은 이제야 탐욕의 땅에 도착한 듯하다.

＊ 누가 다음 단계로 이끌까? 중독자들을 만들지 않는 우성은 존재할까? 환멸과 불신을 무력화시킬 우두머리들은 존재할까? 요한 바오로 2세는 그런 우두머리였다. 그가 대변했던 사랑받지 못한 교리들과는 상관없이, 그는 수많은 사람들의 열광적인 신뢰를 얻었다. 교황의 막강한 권력에 대해 아무도 이의를 제기하지 않았다. 그것은 그의 정체성이기도 했다. 좋은 우성의 비밀은 바로 신뢰성이다.

＊ 신뢰성 있는 우성은 명성이 필요하다. 명성은 관찰자들이 제공한다. 그것은 사들이는 게 아니라 선사받는다.

＊ 우성은 항상 동참자들의 잠재적인, 또는 명시적인 찬성에 의해 살아간다. 우리는 최근에 새로운 교훈을 배웠다. 우리는 좋은 실패자가 어떤 사람인지 이미 안다. 앞으로는 좋은 승리자에게 상을 선사한다. 그는 좋은 우성이 목표로 하는 인물이다. 게임의 규칙을 존중하고, 자신의 넘치는 힘을 다른 사람들과 나누고, 약한 사람들을 보호하는 사람이다.

＊ 강한 우두머리가 없는 공동체는 몰락한다.

＊ 모두가 그 사실을 잘 안다.

08 좋은 승리자를 위한 게임의 규칙들

우세하게 행동하는 사람은 지도자의 역할을 맡는다. 인류의 역사가 시작된 이래로 지도자의 역할에 대해서는 수많은 이견이 존재했다. 우세한 사람들은 모든 사람들이 지켜볼 뿐 아니라, 모두가 그들의 지시와 메시지를 들어야만 하는 눈에 띄는 자리로 차고 올라간다. 어떤 증명서나 학위도 우두머리를 대신하지 못한다. 그것은 바로 그들이 발산하는 영향력으로, 다음의 관찰에서 가장 쉽게 요약된다. 시선을 돌리지 않고 똑바로 쳐다보는 사람은 다른 사람의 시선을 돌리도록 한다. 그로써 그는 승리자가 된다. 다른 많은 관찰들도 주도권에 대한 빠르고 말없는 결정을 확인해준다. 시선을 피하는 사람은 종속된다. 때로 다음번에는 끝까지 견디겠다는 분노에 찬 결의를 다지기도 한다.

그러나 다음번에 우두머리와 두 번째 자리를 결정하는 것은 똑같은 시험이 아니다. 그것은 두 사람이 함께 참여하는 프로젝트가

될지도 모른다. 이번의 시험 대상은 당시에 패배한 사람이 견디지
못했던 시선이 아니라 논거가 된다. 이번에도 그는 자신감을 가지
고 우월한 태도로 자신의 논거를 더 빠르게 확신시킨다. 그가 제시
한 논거는 때론 수준이 떨어지기도 한다. 그러나 논거가 강력하기
때문에 아무도 이의를 제기하지 못하고, 결국 이번에도 승리자가
된다. 품위를 손상당한 사람의 반감은 뿌리깊이 박힌다. 그는 계산
할 수 없는 우월감, 끝까지 설명되지 않는 파워 앞에서 경탄을 표하
거나 괴로움에 떤다. 그에게 경의를 표하는 사람들은 싸우지 않고
다른 사람을 제압하는 능력을 신들의 재능인 카리스마라고 부른다.

패배한 사람들의 감정은 이처럼 뒤섞인다. 우월한 우두머리에
대해 그들은 활기찬 관심을 표명한다. 눈에 잘 드러나는 우두머리
들이 꼭 갖춰야 할 특징들에 대해 토론을 벌인다. 사람들이 원하든
원하지 않든 속성들이 스타를 만들고, 사장과 최고경영인, 최고위
직 정치가를 만들어낸다. 이것이 바로 논쟁을 활발하게 만드는 요
인이다. 힘이 넘치는 유형들의 긍정적인 것을 소비하기 위해 부정
적인 것을 얼마나 더 견뎌야 하는가에 대해서 당연히 끝없는 논쟁
이 이어져야 한다.

선두에 서서 다른 사람들에게 앞으로의 여정을 말하고자 하는
사람이 무엇을 갖춰야 할지 쉽게 말해야 한다. 강력한 지도자는 권
위와 추진력, 책임을 감당하는 능력을 지녀야 한다. 필요악처럼 밖
으로 드러나기 좋아하는 강력한 자아를 받아들여야 한다. 대다수의
동료들과 시민들은 신중하게 생각하는 분별력과 열광하는 능력, 전
략적인 능숙함을 원한다. 우세한 리더는 자기 일을 능숙하게 처리
해야 하고, 자기 주변의 사람들로부터 충성심을 얻어야 한다. 그것

은 어떻게 가능할까? 우리는 벌써 여기서부터 의견이 일치하지 않는다.

우두머리는 우리가 본받으려고 노력하는 사람인가? 그 사람처럼 되겠다는 뚜렷한 목표 아래서? 아니면 인간 사회에서의 우두머리 역할은 어느 누구도 감히 다가가지 못할 만큼 거리를 두어야 할까? 그런 생각을 간파한 우두머리는 잠재적인 공격자를 처음부터 무자비하게 봉쇄할까? 경쟁자를 초기에 알아보고 위해성을 제거하는 행위는 무리의 법칙이다. 물리칠 수 없는 경쟁자는 파멸적인 포옹으로 자기편으로 끌어들여야 한다. 이러한 예들을 찾기 위해 굳이 먼 과거를 되돌아볼 필요는 없다. 최근에도 독일의 한 수상이 이러한 전략의 효력을 입증해 보였다.

지도자적 품성의 갖가지 요소들은 결코 위험성이 없지는 않다. 그러나 우두머리의 역할을 위해서는 힘이 필요하고, 그렇기 때문에 강력한 영향력을 갖는다. 그러한 영향력은 의지할 곳을 제공하고 안도감을 선사한다.

확실한 거리 유지는 리더와 부하 직원들, 정치가와 유권자들의 공통된 의지인 듯하다. 경계 긋기의 의식은 분명 우두머리의 역할로 돌진한 비범한 사람들의 안전을 위한 조치다. 그러나 영역의 분리에 대한 욕구는 양측 모두의 일치된 생각이다. 동료 직원들은 누가 우두머리인지 알고 싶어 하고, 그것도 우두머리의 행동거지를 통해 알고 싶어 한다. 이때 그들은 좋은 우두머리와 나쁜 우두머리를 구별하지만, 나쁜 우두머리도 인내심을 갖고 견뎌낸다.

유권자들도 안전한 거리를 유지한 채 정치가들을 보길 원한다. 검정색 리무진의 어두운 차창을 통해, 또한 자동차 문을 오직 수행원들에 의해서만 여닫게 하는 엄격하게 단련된 신분적 의식을 통해. 여기에 동참하지 않는 사람은 서열에서 뒤로 밀려난다. 모두가 그 교훈을 배운다. 심지어는 자신들의 정당 강령이 바로 이 부분에서 정부 조직에 대한 시스템 비판을 제시하는 사람들까지도. 우두머리들의 그룹에 동참하고자 하는 유혹은 쉽사리 뿌리칠 수가 없다. 그것은 그들과 접촉하려고 하는 유혹과 함께 단계적으로 진행된다. 이때 이념적으로 완전히 면역성을 지녔다고 느끼는 사람이 가장 철저하게 휘말려 들어간다.

우리가 권력자들의 주위에 쌓는 것은 바로 강력한 힘의 기운이다. 그것은 우리가 그들이 가졌다고 믿고, 그들에게 요구하는 갖가지 능력의 혼합 세트다. 꼭대기에 있어서 모든 공격의 초점이 되는 자리에 수반되는 위험은 스스로 원해서 자청한 듯하다. 그것은 보는 사람들의 정신을 쏠리게 할 뿐 아니라 그들을 매료시키고, 부하 직원들과 사장들 사이의 긴장을 유지하게 하는 필수불가결한 요소다. 우두머리들은 '영향력과 효력'이 자신들에게는 자극제라고 간단하게 말한다. 그들은 위험을 보지 못한다. 그러나 위를 올려다보는 사람들은 누구나 그것을 본다. 바로 추락의 위험이다. 그들은 추락의 위험뿐 아니라 권력자의 상승과 추락에 끼치는 그들 자신의 영향력까지도 헤아린다. 모든 사람이 이처럼 뒤섞인 감정으로 관찰하지 않는 지배적인 우두머리를 찾기란 거의 불가능하다.

뛰어난 사람이 경험하는 경탄에는 거의 언제나 가벼운 한기가 뒤섞인다. 이상적인 경우 그가 자신의 동료들이나 부하들로부터 선사받는 권위에 대해 현대의 민주주의자들은 분열된 관계를 유지한다. 그것이 실제로 자발적인 신봉자들의 선물이라 하더라도 상황은

마찬가지다. 남용에 대한 의혹을 잠들게 하지 않기 위해 모두가 주
의를 기울인다.

강력한 사장이라도 부하직원들은 경의를 표하는 중에도 항상 숨
어서 기회를 엿본다. 그가 더 이상 찬탄을 받을 만한 상대가 아니라
는 사실을 인식한 사람들 틈에 때맞춰 합류하기 위해서다. 그 이유
는 무엇일까? 한편으로 우두머리의 자리는 그 자리를 차지하지 못
하는 사람들이 함께 어우러질 때만 도달하는 자리다. 결국 우두머
리의 역할은 원해서 생긴다. 다른 한편으로 모든 우두머리들은 사
람들에게 서열에 대한 의혹을 가져다준다. 권력이 그를 부패한 사
람으로 만들까? 그는 자기를 그 자리에 앉힌 사람들을 희생시키면
서 자신의 이익만을 챙기게 될까? 정의에 대한 그의 의지가 약해질
까? 그는 자신이 한 말을 실천할까? 그는 자신의 모든 직원들이 계
속 살아가야 할 현실로부터 서서히 멀어질까? 그는 사람들에게 관
심을 보이기나 할까?

여기서도 대답은 각양각색이다. 어떤 사람은 그가 사람들에게
전혀 관심이 없다고 말하고, 또 다른 사람은 그의 관심이 너무 적다
고 말한다. 세 번째 사람은 그는 그렇게 하고 싶어도 할 수 없다고
설명한다. 우두머리는 전략을 세운다. 그의 전략이 성공하면, 우리
는 내일도 그와 함께 한다. 선입견이 없는 사람들은 우두머리들에
대해서 항상 의구심을 가져야 한다고 말한다. 그러나 우두머리 없
이는 아무 일도 되지 않는다. 물론 그들은 우리와 달리 다른 별에
살지만, 꼭대기에 사는 사람들은 어쩔 수 없다고 생각한다.

물론 경탄의 대상이 되는 우두머리들도 존재한다. 주로 모든 사
람들이 우두머리와 가까이하는 중간 계층, 즉 친밀한 관계가 형성

되는 곳에서는 가능하다. 그런데 우두머리의 분위기는 친밀함이 아니라 거리감이다. 모두가 더 좋은 것을 생각할 수 없기 때문에 거기에 만족하는 걸까? 어떤 사람은 이렇게 말한다. 우두머리가 아랫사람들을 위해 무슨 일을 한다고 해서 거리감이 좁혀지지는 않는다. 그것은 그가 마음이 따뜻한 사람이라는 점을 증명한다. 이런 말들은 그러한 체험, 즉 우두머리도 가슴이 뛰는 사람이라는 것을 경험할 수 있는 좁은 영역에서나 가능하다.

그의 심장은 한기를 일으키는 사회의 도피 어휘집에 나오는 표현대로 그저 아무렇게나 쿵쿵거리지 않는, 그 이상이다. 그는 결국엔 자기 사람들을 좋아하게 될까? 그에게 그들이 필요한 건 분명하지만, 그들을 좋아하기까지 해야 하는 걸까? 어떤 사람이 냉정하게 되묻는다. 누구나 아는 사실이지만 모두가 사랑받길 원한다. 그러나 대부분의 사람들이 그것은 불가능하다고 생각한다. 모두가 사랑받길 원한다고? 우두머리도 그럴까? 이것 역시 지배 관계 저편의 세계에서 나온 말이다. 해빙 과정을 작동시키는 부드러운 말이다. 전체 빙하가 녹을 염려가 있으니 조심해야 한다.

베풂과 경탄

우리는 왜 이처럼 핑계를 댈까? 대기업에서는 대부분이 익명성을 용맹함으로의 초대라고 생각한다. '생각해 봐. 우두머리들은 아주 멀리 떨어져 있어서 너를 알아보지 못해. 게다가 그들은 회사가 잘 돌아가게 해야 하기 때문에 다른 할 일이 많아. 그들은 너의 번영을 위해 꼭 너를 돌보는 일 말고 다른 일에 매달리지. 네 주위에는 너보다 그렇게 강하진 않지만, 어쨌든 승진한 작은 우두머리들만이 있을 뿐이야. 너는 그 사람들을 따라야 해. 그들은 올바른 방향을 알아. 또한 그들은 더 강한 우두머리들을 더 잘 알지.'

이것은 우리가 생각하는 목표들보다는 다소 불분명하게 들린다. 우리의 목표는 사람들의 의욕을 일깨우고, 단순히 자기가 간직한 무엇이 아니라 최고를 주려는 마음가짐을 일깨우는 일이다.

그렇다면 지도자들도 자신들이 가진 가장 좋은 것을 줄까? 그들은 그것을 우리, 또는 회사에 줄까? 아니면 탐욕스럽게 먹이를 요구하는 굶주린 자신의 자아에 줄까?

또 다른 누군가 말한다. 충성심이 우두머리의 특징을 나타내는 모든 우위를 구축하는 거라고. 그러나 한 가지가 빠지면 충성심은 사라진다. 그것은 바로 경탄이다. 경탄은 존경 이상의 감정이다. 경탄은 합리적인 이유들과 함께 우세함에 대해 느끼는 시기심 없는 놀라움까지 확보한다. 따라서 질투가 침묵할 때만 경탄을 얻는다.

경탄은 우월한 사람을 본보기로 만든다. 사람들은 그보다 부족하지만 그를 따르고자 한다. "내 영향력은 결코 그보다 강력하지 않아. 하지만 바로 그 때문에 그의 영향력이 미치는 곳에 가까이 가고 싶어."

자신이 간직한 가장 좋은 것을 주는 사람은 본보기가 된다. 기업들의 자화상에서는 이런 결론을 끌어내기 어렵다. 기업의 경영 원칙에서는 어디서도 경영진에 대한 요구를 찾지 못한다. 가장 좋은 것을 주어야 하는 쪽은 기껏해야 직원들이다. 사장들은 이미 그 직책을 통해 회사를 위한 최선이 되었다. 그들이 추가로 또 어떤 것을 주어야 하고, 심지어 최고의 자리에 걸맞은 아주 특별한 것을 주어야

✱ 주는 것을 통해 우위를 획득한다. 이것이 좋은 승리자의 경기 규칙이다. 모두가 그를 좋아하고 그의 주변에서 일하고 싶어 한다. 모두가 주의를 기울인다.

✱ 가장 중요한 것, 자신의 가장 좋은 것을 베풀 때 그는 모범이 된다. 요구가 아니라 베푸는 것을 자신의 주요 과제로 삼을 때, 그는 결코 물리칠 수 없는 승리자가 된다.

✱ 좋은 승리자는 나눔이 약점을 만든다는 오해를 반박한다. 그는 자신의 지식과 능력을 마음껏 나누어준다.

✱ 그는 상처를 입는 사람이고, 그의 동료들도 마찬가지다.

✱ 좋은 승리자가 모두를 자신의 사고 세계로 데려갈 때, 비전과 전략은 모두의 것이 된다. 이제 각자 최선을 다한다.

한다는 요구는 어디에도 없다. 꼭대기에 오름으로써 충분히 증명되었다. 그는 이 자리에 오르기 위해 어쩌면 자신의 모든 것을 소모했을지도 모른다. 그런데 공기도 희박한 이 꼭대기에서 또다시 가장 좋은 것을 내주어야 한다는 사실이 지나치다는 생각이다.

우두머리들은 더 많은 추진력과 관철 능력, 성공적인 추월 전략을 통해 매 단계마다 위로 올라간 사람들이다. 그렇기 때문에 지도층의 주요 과제를 베푼다면, 그것은 일반적인 생각이 아니다. 하지만 그런 생각이 드는 건 당연하지 않을까? 더 많은 능력과 자신감, 우세하다는 증명을 통해 위로 올라갔고, 이제 모두에게 잘 보이는 자리에 있는 사람은 자신의 풍요로움을 나누어야만 한다. 이 땅의 위대한 사람들이 그것을 실천했고, 오늘날까지 경쟁적으로 보여주고 있다. 빌 게이츠, 테드 터너, 루퍼트 머독이 그들이다. 심지어 독일 수상은 국고가 비어 있어도 쓰나미 피해를 입은 사람들에게 돈을 나누어주었다. 그것이 비록 국고라 해도 누구나 쉽게 흉내낼 수는 없다. 그들 모두는 자신들이 스스로 불러일으킨 지속적인 경쟁을 치른다. 그들의 좌우명은 뚜렷하다. 누가 가장 많이 주고, 누가 첫 번째 하나? 또 이처럼 베푸는 행위로 누가 가장 밝게 빛날까? 베푸는 것에서 누가 본래의 우월한 영웅인가?

이렇게 해서 고객들과 주주들의 주머니에서 어마어마한 액수가 다시 분배된다. 그것이 그들의 주머니에서 나온다는 사실을 잊게 하기 위해서다. 대부호들의 넉넉한 아량은 자신들의 양심을 깨끗하게 씻어내는 역할을 한다. 그들의 자선행위는 수혜자들을 위하지는 않는다. 그들은 시기심과 착취자의 이미지에서 벗어나기 위해서 가난한 사람들을 이용할 뿐이다. 특권을 누리는 사람이 느끼는 고독함을 두려워하기 때문에 반감을 품은 채 자신들에게 거리를 두고 있는 사람들에게 다가가려고 애쓴다.

물론 대기업의 우두머리 자리는 경제와 정치 분야의 자잘한 우두머리 자리들과는 비교가 되지 않는다. 그러나 도달한 정상에서 돌아오는 영향이 이미 쟁취한 승리를 안전하게 지키는 것에 국한될 수 없다는 점에 대해서는 최소한 최고 우두머리를 제외한 다른 참가자들 사이에서는 논란의 여지가 없다. 그들은 우두머리의 승리로부터 자신들도 이익을 얻어야 한다고 확신한다.

그들은 우두머리를 자신들이 위로 올라가도록 허락한 대리인이라고 생각하고, 그가 승리에 대한 자부심뿐 아니라 자신들에 대한 의무감도 느끼길 바란다. 후위에 머무른 대다수의 동행자들은 스스로를 '킹메이커'라고 생각하고, 왕 자신도 그들에게 믿음을 주어야 한다. 우두머리는 그들 덕분에 통치자의 자리에 올랐다. 따라서 그가 비록 자신을 이미 오래 전에 추월한 다른 참가자들의 대리인으로 생각하고 싶지 않을 때라도, 그 사실은 그의 메시지가 되어야 한다.

우두머리는 자신의 승리를 관대하게 베풀 때, 승리자의 우월한 역할을 가장 오래 유지한다. 그것이 수뇌부의 재산 분할이 아니라면, 우세한 대장 늑대가 부하들에게 나누어야 한다는 말이 무엇을 뜻할까?

그는 자신의 우위로부터 무엇이든 나누는 것을 당장 시작해야 한다. 그것도 아주 흔쾌히. 그는 단순히 정보를 소유해서가 아니라, 그러한 정보를 적절하게 이용해 발신자들과 능숙하게 연결시키는 능력을 통해 위로 올라갔다. 따라서 정보의 우위를 다른 사람들에게 마음껏 나누어준다고 해서 손해를 입지는 않는다. 정보 자체는 대부분 별다른 가치가 없다. 그것이 발신자의 손을 떠나 전혀 새로운 연관성으로 편입되었을 때, 비로소 진가를 얻는다.

공동체를 위한 신뢰 구축

대부분의 우두머리들이 나눔의 기쁨에서 느끼는 좌절은 바로 그런 착각 때문이다. 소유한 정보를 마음껏 나누어주면, 자신들이 상처를 받는다고 생각한다. 그런 착각은 기업 내에 값비싼 통제 관료주의를 낳고, 회사 전체를 마비시킨다. 왜냐하면 지도자의 태도, 대리인으로서의 태도는 모방을 야기하기 때문이다. 인색하게 굴고 통제를 하는 사람은 정보에 인색한 감시꾼들을 길러낸다. 우두머리의 머리에서라면 뛰어난 전략을 탄생시켰을 정보가 엉뚱한 사람에게 돌아갔을 때 발생하는 일을 한 번이라도 관찰한 사람, 그러한 정보들이 잘못된 맥락에 편입되어 붕괴하고, 탈선하고, 부서지는 모습을 본 사람은 자신의 경영에 더 많은 템포와 느긋함, 개방성을 허용한다. 거기에 덤으로 따라오는 비용절감 효과는 거의 간과될 정도다.

베푸는 것은 지도층의 전략적 비전을 위한 좌우명이기도 하다. 나누어주고 열광하게 한다. 사람들은 자기 자신의 생각보다는 성공한 사람들의 생각을 알고 싶어 한다. 직원들은 수뇌부에 있는 지배적인 인물들이 가장 좋은 것을 차지하지 않는다고 느낄 때, 기업의 전략을 위한 메시지들을 더 잘 만들어낸다. 모두가 성공에 기여해야 한다면, 그것은 모두가 열광의 원천인 비전과 전략에 접근할 때만 가능하다. 직원들은 자신의 가치를 높이 평가받고 싶어 하지만, 여기서 중요한 건 전략적인 과대평가다. 우리는 최고의 양식을 제공할 때, 사람들이 가진 최고의 힘을 일깨운다.

직원들은 자기만의 영역을 뛰어넘기 위해 지도층의 지식이 필요하다. 거기에는 프로젝트와 계획 수립에 관한 지식, 회사에 대한 깊고 넓은 시야를 제공하는 모든 게 포함된다. 수뇌부들은 대개 직원들이 대규모 수준과 전체적인 조망에 대한 욕구가 없을 거라는 착각 때문에 실패한다. 그들에게는 매일매일의 지시가 필요한 자잘한 규모로도 충분히 동기부여가 된다고 생각한다. 그러나 전체적인 관련성 속에서 자기 몫을 해내도 좋다는 허락을 받은 사람만이 자기 능력의 한계를 뛰어넘는다. 대부분의 최고경영자들은 그런 일을 경험하지 못한다. 사람들에 대한 그들의 관심이 극히 제한적이기 때문이다. 제한적인 관심이 지배하는 곳에서는 인습적인 능력의 한계가 극복될 수 없다.

자신의 자원을 나누는 것은 직원들 사이에 형성된 자신의 이미지에 결정적인 새로운 특징을 그려 넣고, 그들과의 차가운 관계를 어느 정도 따뜻하게 한다는 뜻이다. 그렇게 해야만 의혹과 과소평가의 고질적인 악순환에서 양측을 벗어나게 해주는 선의의 진심어린 경탄이 저절로 가능해진다.

그것은 더 큰 영역에도 똑같이 적용된다. 다른 선진 문화권에서 살아가는 사람들처럼 독일의 일반 대중들 사이에도 경제 분야의 지도층들을 악의와 과소평가, 거부의 태도로 관찰하는 의구심이 팽배하다. 복지의 위기에 이처럼 강력하고 부정적인 역풍이 나라 전체에 깊은 흔적을 남기는 것은 어찌 보면 당연한 일이다. 복지의 발전기였던 경제는 시민들을 실망시켰다. 어려운 시기에 구원자로서의 역할을 제대로 수행하지 못했기 때문이다. 복지의 권력인 경제가 마찬가지로 실망을 안겨준 정치와 힘을 모아도, 또는 정치에 반하면서 시민들을 도울 수 없다. 독일의 기적은 경제 기적이었고, 따라서 기적이 죽어버리면 책임자가 빨리 드러날 뿐이다.

나아가서 기업가와 경영자의 전통적인 상에도 균열이 생겼다. 실망한 관중들은 즉시 실패자와 파산자, 수익자들을 최고경영자들 집단과 동일하게 취급하기 때문이다. 부패는 위기의 '일상적'인 반주 음악이 되었다. 그러나 그 음악은 삶의 토대가 흔들리게 된 사람들을 두렵게 하고, 분노하게 한다. 전체 엘리트 지도층은 관대한 나눔에 바탕을 둔 확신의 지배가 없음을 아쉬워한다. 국가가 지난 수년간 실천했던 빈 주머니에서 나누어 주기는 어느 가정에서나 간파할 수 있는 위장술로 드러났기 때문이다.

최근 몇 년간 국가 지도층이 했듯이 주었다가 다시 빼앗으려는 사람은 신뢰성의 문제에 부닥치게 된다. 시민들은 선물을 제공하는 정치가를 베푸는 사람으로 재인식하지만, 동시에 그의 파기된 약속을 두려워하기 때문이다. 또한 그를 오늘 주머니에 채웠다가 내일이면 다시 빼앗아가는 노상강도로 인식하기 때문이다. 게다가 정치와 경제 사이에 이루어지던 친밀한 분업도 더 이상 작동하지 않는다. 시민들은 그렇게 체험한다. 경제는 세금을 내는 시민들과 똑같은 처지에 놓였다. 시민 사회에서는 제대로 돌아가는 것이 더 이상 아무것도 없다. 이런 상황에 비추어 볼 때, 시민들은 놀라울 정도로 침착한 태도를 보인다. 나눔의 지배가 지도자의 성공 공식이라면, 주머니가 텅 빈 지도층은 무엇을 주어야 한단 말인가? 나눔을 물질적으로만 이해하는 나라에서는 그렇게 되묻는다.

경제와 정치 분야의 우두머리들이 사람들에게 무엇을 주어야 하

✱ 베풂을 통한 우위. 우두머리들이 제공해야 하는 요소들
- 그들이 아는 만큼의 진실
- 그들의 과오와 실패에 대한 고백
- 물질이 아닌 자산들에 대한 새로운 지지
- 신뢰성과 진실성
- 정보 공유에 대한 마음가짐과 성취욕
- 관심과 애정

✱ 실수와 실패에 대한 고통까지도 서로 나누겠다는 약속

는가의 문제는 모든 문제들 중 가장 중요하다. 그것은 더 이상 미루어져서는 안 되는 문제이고, 때로 최고위층들이 불필요하다고 생각하는 시민들 없이는 절대 성공할 수 없기 때문이다. 그렇다고 우두머리를 제외한 2등들로만 구성된 똑똑한 위원회가 위기를 극복할까? 오직 각계각층의 지도자들이 베푸는 자로서 거의 잊혀진 차원에서 행동하겠다는 결의를 다질 때, 우리는 비로소 위기를 극복한다. 그들이 풍성하게 베풀어야 할 것은 그들이 알고 있는 만큼의 진실, 그들의 실패와 과오에 대한 고백, 물질적으로 규정될 수 없는 자산들에 대한 새로운 고백이다.

시민들과 지도자들 사이의 단결력을 회복시키는 자산으로는 다음과 같은 요소를 꼽는다.

- 신뢰성과 진실성
- 정보 공유의 마음가짐과 성취욕
- 실수와 실패에 대한 고통까지도 서로 나누겠다는 약속과 관심

우리 모두를 단치시켜야 한다는 맹세는 위의 요소들을 통해서만 가능하다. 서로에 대해 적대적으로 행동한다면 우리는 해낼 수 없다. 분열된 상태로는 우리가 얻었던 모든 것들을 다시 잃게 된다. 결정권자의 자리에 앉은 사람들부터 시작해야 한다. 그들은 이제야말로 사람들을 멋대로 다루는 대신 그들에게 관심과 애정을 보여야만 한다.

그들에게 다른 선택의 여지는 없다. 정치가와 경영자, 시민들은 다시 서로를 믿기 시작해야 한다. 그들은 약속을 다시 배워야만 한

다. 사람들에게는 약속이 필요하기 때문이다. 그들은 약속을 지키는 것도 배워야 한다. 사람들이 우두머리를 향해 방벽을 쌓는다면 그 자리는 아무런 가치가 없다.

함께하는 사람들과 자원이 없으면 우두머리 자체로는 힘을 쓸 수 없다. 하나의 공동체가 몰락할 위기에 처하고, 스스로에 대한 믿음을 상실할 위기에 처하는 것은 단순히 물질세계의 자원들이 부족하기 때문만은 아니다. 이것이 우리가 방금 급하게 배운 포스트 복지 시대의 교훈이다. 정치 지도자들은 늦장을 부린다. 사람들의 허기는 오래 전부터 정치가들의 상상 속에는 아직 도달하지 않은 잠재적인 자산을 갈망하는데, 그들은 여전히 구질서의 물건들을 소비하라고 독촉한다.

결정을 내리고 이끌어 가는 모든 사람들에게 위기는 그들의 능력을 시험하는 커다란 시련기다. 아직도 시민들을 현혹시켜야 한다고 생각한다면, 그는 우리를 새롭게 이해하는 기회를 놓치게 된다. 여기서 중요한 건 고독한 결단이 아니라 모두의 결연한 태도다.

시민들은 기다린다. 지도자들은 이제 그들의 은신처에서 나와야 한다.

＊ 우월한 사람들은 눈에 띄는 자리로 밀고 들어온다. 호기심에 찬 관객들은 그들을 따르고 후원하고, 그들의 상승에 힘을 보태거나 멈추게 한다. 충분히 가파른 상승이 이루어지면, 추락을 연출하려는 즐거움이 등장한다.

＊ 다른 사람들이 위로 올라가도록 허용하는 사람은 어떤 사람이어야 할까? 그의 비약적인 상승은 다른 사람들을 거스르면서는 이루어질 수 없고, 오로지 그들의 승인 아래에서만 성공할 수 있다. 그는 어떤 점에서 그가 물리친 다른 모든 사람들과 다른 것일까?

＊ 누군가를 꼭대기로 이끄는 성품은 결코 순진하거나 사랑스러운 특징들이 아니다. 우두머리의 행동은 전적으로 환영을 받는다. 강력한 우두머리에 대한 경탄에는 약간의 한기가 뒤섞인다. 또한 거리감은 많은 추측을 허용하기 때문에 감시의 눈이 항상 깨 있다. 우두머리의 분위기는 친밀함이 아니다. 모두가 거리를 요구한다. 동료 직원들의 화제가 떨어지지 않도록 문제의 여지를 남겨둔다. 속을 완전히 보인 우두머리는 더 이상 우두머리가 아니다.

＊ 우두머리는 자기에게 있는 가장 좋은 것을 줄까? 이 물음은 항상 울려 퍼진다.

＊ 우두머리의 자리를 가능한 한 오랫동안 유지하고 싶은 사람은 자신의 우위와는 상관없이 좋은 승리자의 품성들을 보여야 한다. 그는 자신이 간직한 정보를 아낌없이 나누어야 한다. 베풀고 나누어야 한다. 내일을 위한 비전까지도. 사람들을 얻고 자기편으로 끌어들이는 것에 심혈을 기울여야 한다. 그렇게 해서 거리감은 사라지지 않지만, 관계의 온도는 올라간다. 신뢰성은 그렇게 생긴다. 이제야 약한 사람들도 보호받는다.

＊ 우리에게 선택의 여지는 없다. 정치가와 경영자, 시민들은 다시 서로를 신뢰해야 한다. 그것은 그들이 약속을 지키는 법을 다시 배워야만 비로소 가능하다. 아무것도 주지 않으면 우리를 구할 수는 없다. 사람들에겐 약속이 필요하다. 그것도 아주 큰 약속이 가장 좋다.

＊ 이를테면 행복에 대한 약속.

09 승리자의 나직한 미소—
지배자가 베푸는 친절함

친절함은 구식으로 사는 사람들이 모인 보호구역에서나 어울리는 말처럼 들린다. "좀 친절하게 대해주세요!"라는 말은 무리한 요구처럼 보인다. 그런 말을 꺼낸 사람은 "지금 절 비난하나요?"라는 상대방의 선전포고를 각오해야 한다. 상대방의 위협적인 어투는 차라리 물러서는 게 더 낫다는 표시다. 친절한 사회는 단순히 위기의 사회가 제시하는 대범한 비전이 아니다. 우리가 진지하게 다시 위로 올라가고 싶다면, 그 외에 다른 대안은 없다. 우리가 자신에 대해서 그렇게 이야기해본 적이 없고, 상황이 좋은 시절에도 마찬가지였다. 기껏해야 유쾌한 정도였지 친절하지는 않았다. 친절을 받으려면 안간힘을 써야 한다. 그러나 대부분의 사람들에게서는 결코 기대할 수 없다. 우리 중 많은 사람들은 경제 기적의 시대에 이미 생각을 바꿨다. 친절한 나라로 여행할 수 있으니 집에서는 조금 냉정해도 괜찮겠다. 그 대신 남보다 오를 수 있으니까.

프로들은 자신들의 의구심을 근거로 친절함을 비전문적이라고 말한다. 상술이 뛰어난 판매원들은 고객에게 친절하게 대한다. 풍족하던 시절에는 고객은 왕이었고, 당시에는 고객이 친절을 원한다고 생각했다. 그는 여러 개를 놓고 비교해야 하기 때문에 물건을 팔기 위해서는 그럴듯한 말로 속여야 했다. 왕의 전설은 바로 그런 속임수였다. 복지 시대에 풍미한 대다수의 마케팅 속임수들처럼, 지금은 그것 역시 더 이상 통용되지 않는다. 친절함은 맹수들의 시장에서 비정상적으로 떠돌아다니는 고객들에게는 이르지 못하는 소시민의 미덕이다.

우리는 공급자와 고객이 아닌 곳에서도 서로에 대한 관계를 전혀 새롭게 발전시킬 유례없는 기회를 맞고 있다. 사회의 밑바탕을 흐르는 멜로디로서의 친절함은 위기를 극복하는 뛰어난 치료법이 된다. 위대한 사고의 전환 과정이 모두 그렇듯이 이 치료법도 지도층에서부터 시작되어야만 했다. 지도자의 멜로디로서의 친절함? 유권자와 시민들과 친절한 관계를 유지하는 수상을 생각할 수 있을까? 어려운 시기에 드러나는 지도층의 실패는 불가피한 듯하다. 그들은 여러 전선에서 싸움을 펼쳤고, 그렇기 때문에 곧 위협적인 방식을 선택한다. 어려운 상황을 초래한 장본인으로 고발당한 그들은 자기 잘못을 잘 아는 사장이 자기에게 맞지 않는 것을 단호하게 거부하는 것처럼, 방어하기 위해 불친절하고 무뚝뚝한 기본 어조를 선택한다. 동시에 위기의 관리자로 임명된 그들은 위기에는 친절함으로 성공할 수 없다고 생각하기 때문에 역시 거친 어투를 선택한다.

그런데 시민들과 유권자, 회사의 직원들의 생각도 역시 똑같다. 친절한 사람들은 순진한 사람들이고, 파워는 친절함과 함께 할 수 없다고 생각한다. 그러면서도 그들은 하나같이 좀더 친절한 어투를 요구한다. 상실에 대한 두려움이 그들을 하나로 결합시키기 때문이다. 그러나 연대는 이루어지지 않는다. 자연스러운 위기 극복의 전략인 단결은 성사되지 않는다. 친밀함이 불신에 밀려난다. 친절함은 무력하게 만들고, 그저 내맡겨졌을 뿐이다. 이것이 사람들이 느끼는 근본적인 감정이다. 그들은 서로 가까이 앉지 않고 멀리 떨어져 앉는다. 우리는 매일 서로를 떼어놓는 거리감의 증가에 대해 의견을 주고받는다.

복지의 모든 전략은 우리가 지금 걸어야 할 노정에는 맞지 않는다. 포스트 복지 사회에 발을 들여놓고, 그 사회를 형성해나가는 일은 모두 함께가 아니면 결코 성공하지 못한다.

탐욕의 시대의 잘못된 전략들 중 하나는 최고의 자리를 놓고 벌인 투실투실한 전사들끼리의 경쟁에서 합리화 조치라는 미명 아래 친절함을 없애버린 일이다. 결국 친절함은 패배자를 만든다는 확신이 확산되었다. 먼저 웃는 사람은 결국에는 최후에 웃는 사람에 의해 패배한다. 패배자의 사회로 넘어가는 문턱을 이미 넘어섰고, 소수만이 그 사실을 예감한 복지 시대의 마지막 단계에 우리는 집단적으로 친절함 쪽으로 살짝 방향을 틀었다. 독일에서는 지난 수년간 미국의 계산대에 있는 친절한 점원들과 물건을 봉투에 담아주는 사랑스런 점원들, 그리고 스칸디나비아 항공사 여승무원들의 경쾌한 목소리에 대해 줄기차게 이야기해 왔다. 그러나 별다른 성과는 없었다. 그러다가 아무런 사전 협약도 없이 갑자기 온 나라를 휩쓰는 대규모 실험이 시작되었다. 그러나 그것은 아직 미소의 공격은 아니었다. 그것은 계산대의 점원이 계산대에 대고, 고객은 자신의 시장바구니나 봉투에 대고 낮은 소리로 중얼거리는 "좋은 하루 보내세요"라는 세 마디 말이었다. 서로 시선을 마주보지 않은 채, 익숙하지 않은 곳에 들어선 사람들처럼 어색한 부끄러움 속에서, 그것도 이미 등을 돌리고 나가면서 우리는 서로에게 친절한 인사를 건넨다. 계산대의 점원은 이미 다른 고객의 물건을 계산하고, 고객은 봉투와 시장바구니를 들고 돌아섰다. 이제 거의 늦었지만, 사실은 처음부터 그렇게 되길 바라면서 마지막에 두 사람은 서로에게 재빨리 말한다. "좋은 하루 보내세요."

그로써 우리는 이미 거의 새로운 지대에 들어섰다. 우리가 정말 성공할까에 대한 의구심들도 벌써 등장했다. 그러나 시민들만의 힘으로 친절한 나라를 세울 수는 없다. 모든 혁신들처럼 그것 역시 지도층에 의해 강력하게 뒷받침되어야 한다. 시민들을 손아귀에 쥔 정치와 경제가 지도자의 미덕으로서의 친절함은 몰락의 광경을 연출하거나 위협적인 분석보다 더 많은 충성심을 불러일으킨다는 사실을 확신할 때 비로소 가능해진다. 하지만 우월함과 권력, 최고 경영, 통치를 말하는 사람이 누가 친절함을 생각하겠는가? 친절함은 권력자들의 분위기에는 맞지 않는다.

그렇다면 친절함은 전능한 신의 특권일까? 지배자의 특징으로서 자신이 등장할 때 친절함을 자연스럽게 드러내는 것이 신적인 사치란 말인가? 새로운 교황에 대한 관심이 높은 시기에 그것은 아주 중요한 단서다. 마르틴 루터는 히브리 어와 그리스 어를 번역하면서 신을 '친절한' 신으로 표현했다. 그러한 신의 대리인인 교황에게는 선택의 여지가 없다. 그는 친절함으로 사람들을 대한다. 요한 바오로 2세가 보여주었듯이 교황이 지닌 권력의 완전함은 사람들에 대한 관심과 따스함에서 가장 인상적으로 나타난다. 교황의 친절한 미소에서는 그 어떤 통치자가 행하는 전달보다는 강한 위엄을 읽는다. 일에 자신감이 넘치는 사람은 자유로이 친절함을 펼쳐 보인다.

2005년 초, 자신의 모든 권력의 상징과 함께 세상에 모습을 드러낸 두 교황은 친절함과 위엄을 동시에 발산했다. 그들의 미소는 격려이자 연대감의 표시였다. 그렇다고 그들의 위엄을 인식하기 위해 필요한 거리감이 없어지지는 않았다.

교황들의 흔들리지 않는 미소는 실제로 예수 그리스도를 따르는 행위다. 친절함에 저항하는 최고경영자들이 생각하듯이, 친절함은 권력자들의 말단 어딘가에 있지 않다. 말없는 메시지인 미소로써 드러나는 친절함은 완전한 권력의 특권이다. 친절함은 신적인 섬광으로서의 친절함이다. 『구약성서』나 『신약성서』나 전능하신 신을 친절하고 온유한 지배자로 나타낸다. 신적인 술어로서의 친절함은 신의 고귀함을 나타낼 뿐 아니라 사랑의 동반자이기도 하다. 사도 바울은 "사랑은 오래 참고 온유하다"(「고린도전서」 13장 4절)고 말했다. 온유한 신은 인간들에게 "서로를 친절하고 상냥하게 대하라"(「에베소서」 4장 32절)고 명령한다. 다른 사람을 지배하는 권력을 가진 사람은 친절해야 할까? 그렇지 않다. 우리는 처음에 그렇게 생각하지 않았다.

지배는 냉기를 야기한다. 우리의 경험은 그렇게 말한다. 우두머리들은 원래 약간 차가운 사람들이기 때문에 냉정함을 잃지 않는다. 권력에 대해 회의적인 사람들까지도 따스함과 부드러운 성품은 유약하게 만든다고 말한다. 지도자들이 냉정해야 한다면, 그들은 어떻게 열광할까? 열광은 필연적으로 공동체 내의 온도를 끌어올려야 한다. 물론 맞는 말이다. 뜨거운 가슴과 차가운 머리를 가진 사람들이 나타났다. 그러나 지도자로서가 아니라 팀의 구성원들로서.

우두머리들과 공동체의 다른 모든 구성원들이 자신들의 상황을 스스로 그렇게 묘사한다면, 애정과 관심과 친절함이 넘치는 따뜻한 세계는 열리지 않는다. 따스함은 적이다. 따스함은 전문성을 파괴한다. 친밀감은 유약하게 만든다. 감정은 불길 속에 있는 말처럼 갑자기 자제력을 잃게 된다. 그리고 친절함은 이성을 사랑하는 팀 동료들이 감정을 통제하는 힘을 잃을 정도로 너무 많은 온기를 가져다준다는 의심을 받는다.

친절함 ― 권력자가 지녀야 할 미덕

경제 분야의 리더와 그의 직원들은 과거의 적자 프로그램을 선택한다. 그 프로그램은 영원히 푸르른 복지의 하늘 아래 넘치는 주문서와 상승하는 주가 속에서 현재 우리가 느끼고 있는 심적인 부담감을 불러일으키지 않았다. 경제가 성공을 거두었기 때문에 정치가들도 성공한 것으로 간주되었다. 그들은 꼭 친절한 사람이 되어야 할 필요는 없다고 생각했다. 그들은 복지 시대의 거물들로서 하필이면 친절한 신의 역할을 선택하느니 그보다는 훨씬 인상적인 역할을 보이고 싶어 했다.

힘 있는 사람들 중에서 매우 진지하고도 확신에 찬 신념 속에서 친절함을 시도하고자 했던 사람이 하나 있었다. 그는 자그마한 중소기업을 운영하는 부드러운 사장이 아니라, 매우 이지적이고, 고상하고, 많은 사람들의 경탄의 대상이었던 도이치 뱅크의 대변인

✽ 친절함은 권력자들 사이에선 낯선 단어일까? 친절함은 강한 자의 분위기를 파괴할까? 우위는 친절함이 없을 때만 가능할까? 심부름꾼들만 친절할까?

✽ 교황들의 미소−최고경영자들의 미소는 불가능한가?

✽ 우위는 냉정함을 요구한다고 말한다. 권력자들의 곁에서 느끼는 한기가 거기에 포함된다. 그러나 우두머리들 중에서도 가장 강력한 우두머리들만이 미소를 짓는다. 그들의 친절함은 권력의 상징이다. 오직 친절함만이 힘없는 사람들을 그들과 분리시키는 간극을 극복한다.

알프레드 헤르하우젠이었다. 그는 1980년대 말, 도이치 뱅크를 대표하는 변화된 상징 문구를 '친절한 은행'으로 하자는 비전을 발표했다. 그는 "우리는 사람들에게 친절한 은행으로 인식되어야 하고, 우리는 친절한 은행이 되고 싶다"고 강조했다. 시장 연구에 따르면 당시에는 은행을 '남자 기수'로 인식하는 것이 지배적이었고, 헤르하우젠의 이상과는 상당히 거리가 멀었다. 결국 그의 제안은 다른 동료들에게 전달되지 않았다.

은행의 권력은 당시에도 벌써 공개적인 테마였다. 권력과 친절함은 강력한 권력을 지닌 최고 은행가들의 자화상과도 어울리지 않았다. 이방인이었던 헤르하우젠과 함께 그 개념도 결국 논의에서 배제되었다. 자부심이 강한 동료들은 자신들이 대변해야 할 고상한 기품에 비추어 친절함은 너무 서민적이라고 생각했다. 귀족의 저택이 아닌 마구간의 느낌이 더 강하다는 얘기다. 엘리트들은 생각할 수 있는 모든 미덕들을 대변하고, 그 점에 대해서는 동의했다. 그러나 친절함은 그들이 덧붙이고 싶어 하는 고귀한 품성에는 포함되지 않았다.

루터 이후 어느 때부터인가, 아니, 그리스도 사후 2000년이 지나는 동안 친절함은 신의 보호를 받는 명예로운 자리를 잃어버리게 되었다. 친절함은 심부름꾼들, 주인들의 명령을 받아들이는 사람들의 차지가 되었다. 주인들 자신이 모범을 보여야 할 친절은 이미 오래 전에 잊혀졌다. 경쟁 사회에서는 친절한 사장이 아니라 친절한 직원이 테마다. 직원의 친절함은 고객들을 위해 필요하고, 그때에만 의미를 갖는다. 그렇다면 친절한 팀은 어떨까? 이국적으로 들린다. 친절한 관청은? 그들은 다른 것이나 제대로 하면 된다고 생각한다. 친절한 교사는? 그것은 핵심적인 자격 요건이 아니라고 말한다.

조언자들도 친절한 사람으로 발전하지 않는다고 충고한다. 우성은 친절함을 드러내지 못한다. 그러나 이러한 메시지는 한마디로 잘못되었다.

잠시 가까이에, 혹은 멀리 있는 사람들 중에 당신이 감탄하는 사람을 한번 떠올려 보라. 그들은 불친절한 사람들인가? 당신은 그들이 배타적이고, 불손하고, 폐쇄적이고, 적대적으로 행동하기 때문에 그들에게 감탄하나? 그들은 뚜렷한 우월함과 무시할 수 없는 뛰어남, 강인함, 지적 능력, 미래를 예시하는 에너지에도 불구하고 자신의 주변 세계와 친절하게 교류한다. 그것이 바로 우리가 그들에게 감탄하는 이유다. 감탄의 대상이 된 본보기가 발산하는 광채는 저항할 수 없고, 매번 당혹감을 불러일으키는 그러한 혼합에 근거한다. 우리보다 훨씬 앞쪽에 있는 이 사람들은 자신들의 등장을 통해 친밀감을 만들어낸다. 우리는 거리를 유지한 채 오한을 느끼지 않고, 우리의 감탄을 생생하게 해주는 간격을 즐긴다. 그것은 우리들 자신에 의해서가 아니라 우월한 사람이 보여주는 친절함 때문에 가능하다.

친절함은 지도자들이 지녀야 할 가장 중요한 미덕들 중 하나다. 그런데 지도자들을 위한 교훈에는 어디서도 발견되지 않는다. 친절함은 오직 판매를 위한 속임수로만 유지될 뿐이다. 하위직 사람들, 서비스를 행하는 사람들은 친절해야 한다. 사장들은 친절을 요구한다. 하지만 그 자신은 친절할까?

친절함을 행하는 몸짓은 선함과 호의와 인자함을 감춘다. 친절함은 지배자에 대한 공격성을 지워버린다. 친절함의 외투는 용서를 품는다. 그것은 권력자가 힘없는 사람들의 상황을 바꾸기 위해서 그들에게 관심을 보이는 곳이면 어디서든 되돌아오는 몸짓이다. 권력자들의 친절함은 그들이 지닌 권력의 암호다. 그것만이 힘없는 사람들을 그들과 분리시키는 간극을 극복할 수 있다.

역사의 친절한 위인들이 증명했듯이, 친절함으로 권력을 잃는 것이 아니라 권력에 매혹적인 얼굴을 부여하는 것이다. 『구약성서』의 신도 인간에게 벌을 주는 동시에 그를 구원한다. 그는 이스라엘 백성들에게 계율 위반을 허용하지 않음을 느끼게 해주었고, 동시에 자신이 선택한 민족이었기 때문에 '이들에게 친절하게 말씀하셨다'(「호세아서」 2장).

친절한 백성과 친절한 지배자는 세계화된 세계에는 더 이상 맞지 않는 유토피아일까? 수많은 관찰자들은 성공하려는 사람이면 누구나 순응해야 할 얼굴 없는 지배자는 무한경쟁이라고 말한다.

분석가들은 또 무한 경쟁은 싸움이라고 덧붙인다. 거기에는 친절함이라곤 찾아볼 수 없다고 한다. 그러나 거기에 구애받지 않고 자신들의 행복을 계속 추구하는 사람들도 존재한다. 어떤 사람들은 뜨거운 가슴으로 솔직하게, 또 어떤 사람들은 차가운 이성으로 수수께끼처럼. 권력자들의 친절함은 항상 예속된 사람들 사이의 간격을 줄이는 권력의 부산물, 변덕스런 감정에 불과할까?

좋은 우성은 항상 두 가지 얼굴을 가진다. 친절함과 확고함이다. 정체성이다. 권력자의 신뢰성은 자신이 책임을 진 공동체의 명성을 먹고 산다. 그것이 신앙인들의 공동체이든 회사의 직원이든 마찬가지다. 지도자의 친절함은 충성스런 연대로 가는 길을 열어주는 문이다. 더 강한 자는 친절한 관심을 통해 신뢰를 얻는다.

✱ 친절한 사회는 유토피아일까? 친절한 시민을 위한 친절한 지배자는? 친절함 없이는 아무것도 이루어지지 않는다.

✱ 친절함은 용기를 북돋워준다.

✱ 친절함은 나눔을 통해 배가된다. 친절함은 스트레스를 몰아낸다.

✱ 친절함은 위대한 사람의 영향력과 약한 사람들의 안전을 보장한다.

✱ 친절함은 날카로운 무기다. 친절함은 조용히 무장을 해제시킨다.

✱ 친절함은 전염을 통해 승리한다. 진화의 선물이다.

친절함은 권력의 탁월한 상징

친절한 사회는 절대 다수의 사람들이 원하는 분위기를 제공하기 때문에 결코 유토피아일 수 없다. 그러한 소원은 소비 시대의 혼란 속에서는 거의 들리지 않았다. 시끌벅적한 파티에서 수줍어하는 아이가 던지는 나직한 질문처럼. 그러나 복지의 회전목마가 더 조용하고 천천히 돌아가는 지금, 친절함에 대한 요구는 다시 들려오기 시작했다. 일상생활의 멜로디로서의 친절함은 우리가 혼자가 아니라는 사실을 우리 모두에게 느끼게 해준다. 그로써 우리가 새로운 강점을 찾는 동안, 때로 싸움을 독려하는 말로 악용되었던 연대감은 마음을 안정시키는 삶의 감정이 된다.

친절함은 친절함을 베푸는 사람과 받는 사람에게 용기를 준다. 친절함은 나눔을 통해서 더 많아지는 자산이다. 이 게임에서 손해를 보는 사람은 아무도 없다. 친절함을 베푸는 사람은 누구나 친절함을 돌려받는다. 친절함은 우리에게 "중요한 건 바로 너야. 넌 네가 생각하는 것보다 훨씬 더 잘해. 다른 사람들에게는 네가 필요해. 우리에게 네 힘을 보태줘"라고 말한다.

친절한 사회는 무기력한 상황에 빠진 정치가들이 주지 못하는 용기와 격려를 만들어낸다. 그러한 프로그램으로서의 친절함은 그 자체로 개혁이 되고, 또 다른 개혁을 위한 힘들을 창출한다. 친절한 사회는 오직 친절함이라는 로비만을 필요로 한다. 싸우려는 본능적인 충동에 저항하도록 용기를 북돋워주는 친절함을. 우리가 위기에 대한 책임이 있는 사람들만 찾는 한, 새로운 시작을 위한 힘을 얻을 수 없다.

우리는 무디거나 날카로운 무기에 대한 생각을 새롭게 조절해야 한다. 친절함은 부드러운 힘이 아니라 날카로운 무기다. 친절한 사람은 무장을 해제시키기 때문에 승리할 수 있다. 친절함의 무기는 조용하기 때문에 요란한 공격자들은 그 힘을 과소평가한다. 친절한 미소는 가장 요란한 공격자들까지도 굴복시킨다. 여기서는 두 개의 세계가 충돌한다. 보이지 않는 힘을 가진 쪽이 다른 쪽의 폭력적인 공격보다 훨씬 강하다. 친절한 사회는 더 나은 미래에서 산다는 희망이다. 미소를 짓는 사람에게는 그의 뇌 속에 황홀경이라는 칵테일을 선사한다. 그것은 그에게 자신감이라는 보상을 주고, 미소의 증인을 전염시킨다. 비전을 움켜잡는 사람만이 그것을 현실로 바꾼다. 큰소리로 호통을 치던 사람은 부끄러워 침묵하거나 달아난다. 미소가 승리한다.

친절함은 위기에 빠진 사회 속에서도 살아남는다. 친절함의 무기는 보이지 않기 때문이다. 친절함을 악의 없는 것으로 생각하고, 순진한 사람들의 행동으로 평가절하하는 것이 바로 친절함을 살아남게 하는 보증서다. 우리가 위기에 익숙해진 지금 친절함은 다시 무대 위로 올라왔다. 인색함의 공격은 이미 지나갔다. 적개심의 상대를 찾는 행위가 아직 진행되고 있지만, 친절한 만남에 대한 요구도 똑같이 증가한다. 격렬하게 갈망하는 사람들은 그들 자신이 신호를 보내는 것이 가장 좋다는 사실을 곧 깨닫게 된다. 폭풍 속에서 미소 짓고, 실존에 대한 불안감이 우리를 갈라놓으려고 하는 곳에서 포용한다.

＊ 우두머리를 묘사하려는 사람은 결코 '친절하다'라는 단어를 사용하지 않는다. 그것은 파워가 없는 단어라고 생각한다. 매우 뛰어난 결과들은 친절함으로 얻어지지 않고, 친절함은 서비스의 꿈들을 실현시켜주던 세계의 잔유물이라고 생각한다. 우리는 시대가 각박해졌기 때문에 그 세계의 문을 닫아버렸다.

＊ 우리는 미덕으로서의 친절함을 최고의 자리에 앉은 사람들의 품성과 결합시키지 않는다. 그럼에도 불구하고 누구나 친절함을 동경한다. 상처입고, 스트레스의 위협을 받는 상황에서 우리는 때로 친절한 말 한 마디 외에는 더 이상 아무것도 바라지 않기도 한다.

＊ 모든 것이 잘 돌아갔을 때 우리는 책임을 감당한다. 지금은 우리가 만들어내는 분위기가 우리가 이끌어내는 결말을 결정한다. 다른 이웃 나라들과 비교할 때, 친절한 나라에 대한 비전은 독일의 일상을 지배하는 우중충한 잿빛을 환하게 밝혀줄 부담을 덜어주는 비전으로 보인다.

＊ 전 세계적인 감탄의 대상이 되는 본보기들은 친절한 관심을 통해 우리의 존경을 얻고, 매혹시킨다. 그들은 우리가 감탄을 하기 위해 필요로 하는 간격을 없애지 않으면서 친밀감을 만들어낸다. 사실 친절함은 지도자의 가장 중요한 미덕들 가운데 하나다. 친절한 사람들에 의해 통치를 받는 사람만이 다른 사람에게도 친절함을 베푼다. 친절함은 권력의 탁월한 상징이다.

＊ 친절함은 권력자만이 스스로 극복할 수 있는 간격을 뛰어넘는다. 친절한 사회는 결코 유토피아가 아니다. 모두가 그것을 바라기 때문이다. 친절함은 날카로운 무기다. 주체적으로 친절함을 보이는 사람은 가장 강한 공격자까지도 굴복시킨다. 공격에 대한 즐거움보다는 미소에 훨씬 전염성이 강한 힘을 부여하는 진화의 유산이다.

＊ 승리를 원한다면 독일은 일상의 의식부터 전환해야 한다.

PART

4

탐욕 저편의 새로운 자유

사치 – 위대한 감정으로부터 벗어나지 않기
더 대담하게 꿈꾸고, 용기 있게 행동하기 – 혁신은 지도자의 일이 아니다
단순성 – 진리는 단순하다

탐욕은 탈선한 요구이다. 타락한 욕망이다.
복지 사회에서 살아가는 동안 우리는 우리의 욕망을 꿈틀거리게 하는 갖가지 호소에 둘러싸여 있다.
시장의 부류은 우리의 가장 대단한 꿈들인 사회적 인정과 아름다움,
행복을 받아들인다. 그러한 꿈들이 불길을 통해 실현될 수 있다는 것을
우리들에게 각인시키려고 한다. '당신이 원하는 것은 돈으로 살 수 있다.'
'당신은 욕망하는 존재로서 공급자들의 총아이다.' '그들이 당신을 받쳐줄 것이다.'
우리는 그들이 우리에게 일깨우고 고취시키려 하는 것과 똑같은 충동을 느낀다.
더 많은 것을 얻고자 하는 욕망을 느낀다. 공급자들도 똑같은 욕망에 따라 움직인다.
더 많은 고객, 더 많은 돈, 더 많은 성공. 성공은
물질을 획득함으로써 이룰 수 있다는 메시지가 그러한 욕망 속에 담겨 있다
충족한 복지 문화의 밑바탕에 흐르는 멜로디로서의
탐욕은 오래 전부터 부도덕의 고리에서 벗어난다. 탐욕이 그 고리의 모든 것을 결합시키기 때문이다.
모두가 절제를 잃어버리면, 탐욕이 규범이 된다. 부절제함에 대한 요구가 일상을 지배하기 때문이다.
성공이 오직 물질적으로만 규정되는 곳에서 탐욕은 정당한 충동으로 승격된다.
양쪽의 욕망하는 주체들은 돈과 물건에 대한 상호간의 탐욕, 오로지 돈과 물건을 통해서만 얻을 수 있는
관심과 영향력에 대한 탐욕을 서로 부추긴다.

10 사치 –
위대한 감정으로부터 벗어나지 않기

이제 사치라고? 과잉의 시대가 다 지나간 지금? 무절제를 뜻하는 사치는 시기하는 사람들의 땅에는 진정 어울리지 않는다. 우리에게는 부족하지만 여전히 헤프게 쓰는 사람들이 너무 많다. 사람들은 항상 사치는 남이 한다고 말한다. 사치는 나쁜 말이 되어버렸고, 거기에는 비난과 경멸의 뜻이 담겼다. 사치는 날이 갈수록 대변하기가 점점 더 어려워지는 방탕한 삶에 속하게 되었다.

중간을 넘어서는 모든 것은 중간의 척도에 빠진 사람들에게 불안감을 야기한다. 탐욕이 다른 사람에게 속하듯이 사치도 마찬가지다. 그러나 시기심이 남는다. 시기심은 독처럼 끈질기게 머릿속에서 소요를 일으킨다. 그래서 타인에 대해 나쁜 이미지를 만들 수밖에 없다. 사치 혐의자들이 게으름뱅이의 천국에서 어떤 기분으로 살아가는지에 대해 모른다고 해도 상관없다.

물질에 치중한 복지의 시민들은 사치를 무분별하게 먹고 마시는 행위와 넘치도록 꽉 찬 배 때문에 무기력함이 지배하는 게으름뱅이들의 천국으로만 생각한다. 시기심에 괴로운 사람들은 사치를 탈선한 소비라고 험담한다. 너무 많이 소유한 나머지 모든 것을 하찮게 생각한다는 뜻이다. 소비하는 것보다 훨씬 더 많이 소유했다면 낭비는 어쩔 수 없는 임시 해결책이다. 불쾌함을 느끼는 관찰자들은 사치는 권태롭게 만든다고 말한다. 언제나 모든 것을 소유한 사람은 그것을 누리지 못한다.

시기하는 사람들이 말하는 곳에서는 사치가 지옥으로 변한다. 그럼에도 불구하고 그들의 시기는 가라앉지 않는다. 의혹이 있다. 왜냐하면 그들 역시 한번쯤 과잉 속에서 살고 싶어 하는 실현불가능한 소망을 간직하기 때문이다. 그것은 대부분의 사람들이 갈구하는 꿈이고, 충족될 수 없는 갈망이기에 종교의 힘을 빌려 어두운 의혹들의 감옥 속에 가두어두는 비전이다. 게으름뱅이의 천국에 사는 사람들은 아직 진정한 사치를 알지 못한다. 진정한 사치는 활기 없고 태만한 것이 아니라, 생생하게 깨어 있게 하고 행복하게 해준다.

그런데 사치를 신성불가침한 동경의 공간(천국)으로 가져가려는 사람은 왜 아무도 없을까? 사치는 언제나 부도덕한 것일까? 그래서 사치에는 천국의 문이 닫혀 있는 걸까? 수천 년 동안 사람들이 해왔던 말처럼 천국도 모든 것이 넘치도록 풍부한 곳이다. 즉 사치가 지배하는 곳이다.

그렇다면 그 차이는 무엇일까? 룩수리아Luxuria(사치)는 원래 풍성한 열매를 뜻한다. 그것은 오히려 천국을 연상시키는 말이다. 유럽의 거의 모든 언어로 유입된 이 말에는 그 무엇도 넘치도록 소유한 것이 없는 관찰자들의 의혹이 가득찼다. 이러한 의혹이 어떤 내용이든 상관없이, 그들의 반감은 사치스럽게 살아가는 사람을 향했다.

탐욕의 영향권 속에서 사치의 비밀은 소유와 소비로 줄어든다. 사치는 오로지 너무 많은 돈과 옷, 자동차, 요트, 경주에서 승리했을 때처럼 곳곳에서 샴페인 병들이 터지는 많은 집들을 의미할 뿐이다. 반감으로 가득 찬 복지의 뇌 속에서는 사치가 퇴폐이자 천박한 탐욕을 의미할 수밖에 없다. 탐욕스러운 사람은 자신의 장래 목표를 더 많은 탐욕으로만 묘사하기 때문이다.

중독자는 도취한 상태에서 더 많은 중독물에 대해 말하고, 그것을 가진 다른 중독자들을 경멸한다. 이처럼 오직 물질로만 규정된 사치에는 천국이 소유한 것과 같은 분위기는 전혀 없다. 즉 활짝 핀 꽃과 열매를 가득 단 무성한 나무의 분위기는 아니다. 천국의 사치는 시기를 침묵하게 만든다. 모든 것이 충분하기 때문이다.

충분하다고? 탐욕의 자식들은 바로 충분하다는 말로 기준을 잃어버렸다. 그들은 어떤 경우라도 언제나 충분하지 않고 더 많이 갖고 싶어 한다. 충분한 것을 넘어서면서 그들의 중독과 시기와 탐욕이 시작된다. 더 이상 맛이 없어도 계속 먹으려고 하는 고통스런 식욕이 시작된다. 또한 더 많은 것을 먹어치우는 사람들, 즉 사치의 자식들에 대한 증오도 시작된다.

사회의 의미

사치는 복지 사회라는 이름의 부도덕할 정도로 탐욕스럽게 먹어치우는 공동체의 머릿속에서 시커먼 악습으로 변한다. 이들은 물질적인 향유를 넘어선 지대에 존재하는 사치는 전혀 상상도 하지 못

Point

✻ 사치

✻ 룩수리아Luxuria는 풍성한 열매를 뜻한다.

✻ 그것은 천국일까?

✻ 지옥?

✻ 아니면 온갖 허영심의 대목장?

✻ 탐욕의 자식들은 사치를 돈으로 사는 물건들을 통해서 나타낸다. 소비 환자들은 사치를 더 많은 소비라고 말한다.

✻ 시기와 탐욕이 삶을 결정하는 곳에서 사치는 달아난다.

한다. 더 많은 돈이 없어도 되는 지대가 존재할까? 돈으로 산 더 많은 물건들과, 먹고 입는 것으로 드러나는 사치가 아닌 지대가 존재할까? 시기하는 사람이 가장 열렬하게 갈망하는 것은 다른 사람에게 시기심을 불러일으키는 것이다. 그 자신처럼 부정적인 감정에 얽매이도록 말이다.

오직 소비 환자들만이 사치를 더 많은 소비라고 생각한다. 굶주림과 추위에 떤 사람은 풍성하게 차려진 상과 따뜻한 털, 불이 있는 침대가 주는 사치를 꿈꾼다. 그러나 그것은 가장 대담한 꿈속에서만 가능하다. 그는 처음에 자신의 빈곤을 넘어서는 바로 다음 단계를 꿈꾼다. 즉 빵 한 조각과 따뜻한 이불이다. 사치는 통상적인 정도를 뛰어넘는다. 그러나 그 기준은 한 사회의 풍요의 정도에 좌우된다.

복지의 자식들은 그들의 부모와 조부모가 소수만의 사치로 체험했던 요구와 습관들을 향유한다. 장롱에 쌓인 갖가지 다양한 옷과 내키는 대로 구입하고 소비하는 음료수와 식품들, 삶의 새로운 감정을 시험하기 위해 실내 장식을 완전히 교체하는 따위 등이 거기에 속한다. 그 중 어떤 것도 필요에 의해서가 아니라, 필요를 넘어 상승을 드러내기 위해 기분 좋게 연출되는 것이다. 점점 더 빨라지는 경쟁 속에서 점점 더 많은 사람들에 의해 물질적으로 연출되는 물질적인 곤궁으로부터의 상승을 나타낸다.

점점 더 많은 사람들이 이러한 경쟁에 뛰어들었고, 사치스러운 생활로의 상승에서 느껴지는 만족감은 점점 더 줄어든다. 가장 중요한 요소인 독점이 사라지기 때문이다. 부유한 사회는 사치로 골머리를 썩는다. 더 많은 낭비와 사치를 통해 앞으로 달아나는 것은 오로지 외적인 효과에만 기여할 뿐이다.

더 많은 사치를 통해 차이를 드러내려는 사람은 메아리를 즐기고 싶어 한다. 따라서 메아리를 들으면서 즐기고 싶으면, 다른 사람들로부터 너무 멀리 떨어져서는 안 된다. 결국 다른 사람들에게 그들이 필요하지 않다는 것을 보여주려는 꿈은 어떤 경우라도 다른 사람들이 꼭 있어야 하기 때문에 결코 이루어지지 못한다.

사치를 영향력과 명성을 쟁취하려는 싸움에서 하나의 권력 수단으로 연출하는 사람은 과잉의 다른 면을 결코 경험하지 못한다. 그것은 오로지 물질적인 종류의 우위를 드러내는 것으로만 이용될까? 적게 소유한 사람을 보잘것없는 사람으로 보이게 하고, 물질적인 재산을 소유한 모든 사람을 더 위대하게 보이게 하는 우월함의 증거로만 이용되는 것일까?

복지 속에서는 심지어 사치도 그 매력을 상실한다. 포만감에 쌓인 게으름뱅이들은 더 이상 지고한 행복을 누리는 사람들의 섬, 아무런 근심걱정 없는 정원에 대한 꿈을 꾸지 않는다. 최고의 소비자 자리를 차지하려는 경쟁의 불안감은 끊임없이 자신의 권력을 증명하라고 그들을 몰아댄다. 체면을 차리기 위한 소비는 사치를 떠올릴 때의 생각처럼 즐겁지 않고, 스트레스가 된다.

20세기의 사회적 상승은 선두 자리를 차지하기 위한 경쟁에서 점점 더 많은 사람들을 체면을 위해 소비하는 사람들의 앞자리로 데려다주었다. 사치는 점점 더 많은 사람들이 이용하는 자기주장의 수단이 되었다. 이렇게 집단적으로 밀려드는 상황에서는 사치를 악습이라고 부르는 사람은 아무도 없다. 오히려 그 반대다. 나날이 발전하는 산업사회는 사치를 이상으로 끌어올렸다. 이제 마침내 누구나 과거의 지배자들이 누리던 영역으로 밀고 들어가게 되었고, 그들의 특권을 소유하게 되었다. 예를 들면 과잉을 누릴 수 있게 되었다.

대중들이 주변으로 몰려들기 시작하자 배타적 기운을 발산하는 사치는 곧 달아났다. 소비사회의 후기에 이르면서 집단적인 쇄도에서 빠져나온 몇몇 사람들이 사치를 비물질적인 가치로 기술하기 시작했다. 이제 더 많이 소비하는 사람은 더는 사치의 땅으로 들어가지 못하고, 섬세하게 일탈을 연주하는 사람, 사이사이의 음들을 인지하고 그것으로부터 자기만의 멜로디를 만들어내는 사람이 그곳으로 들어가게 된다.

이제 갑자기 사치의 원래 의미가 다시 분명해졌다. 사치는 그것을 누리는 사람을 다른 많은 사람들로부터 멀어지게 해 거리감을 만들어내는 힘과 찬란함의 과시다. 물질적인 부는 이와 같은 거리감과 우월함의 연출과는 거의 관련이 없다.

우리들이 연구하기 시작한 탐욕 이후의 시대에 사치는 놀랍게도 자신의 특별한 기운을 되찾았다. 사치는 소비에 지쳐 행복을 추구하는 사람들에게 전혀 새로운 얼굴을 드러낸다. 소유를 통한 차이는 더는 매력을 발휘하지 못한다. 이제는 행동과 느낌, 태도를 통한 다름이 중요해졌다. 거의 아무도 알지 못했던 사치의 새로운 얼굴이 아주 쉽게 만들어졌다. 똑같아야 한다는 강압이 모든 사람을 몰아댈 때는 일탈하는 행위가 사치다. 모든 사람이 반드시 해야 하는 상황에 둘러싸일 때, 자신이 하고 싶은 일을 스스로 결정하는 일은 사치스런 체험이 된다. 획일화에서 벗어나는 것이 바로 사치다. 예를 들면 풀밭에 눕기, 맨발로 걷기, 버터를 바르지 않은 곡식빵 먹기, 햇빛의 기운을 담고 있는 체리들이야말로 사치 그 자체다.

사치는 부유한 사회의 척도를 무력화시킨다. 잉여 재산 역시 대부분의 사람들을 아직 불안하게 한다. 한동안은 어제의 사치 추종자들이 연출하는 대로 샴페인을 곁들인 아침 식사와 바다가재 요리에 대한 기억은 그대로 유지될 듯싶다. 그러나 점점 더 많은 사람들이 그것을 지루하거나 우울한 눈으로 바라본다. 사치는 오래 전에 이미 그들을 앞질러 지극히 특별한 소수만의 특권이 되었다는 예감이 미식가들을 엄습한다. 사치는 그들이 위풍당당하게 지키고 있는 땅의 높은 담벼락 뒤에서, 오래된 나무 아래에서, 나무들의 그림자가 어른거리는 좁은 오솔길에서 벌써 시작되었다. 사유와 감정이 우월함의 의식을 뛰어넘는 모든 곳에서 사치는 시작된다. 사치는 자유와 관계된다. 획일적인 소비 공원에서 추구하던 사치가 패배한 후 사치의 감춰진 피난처를 발견한 사람들은 그 사실을 잘 안다.

세계적인 디자이너 조로지오 아르마니는 사치를 이렇게 말했다 ―"사치는 내게 독립성을 뜻한다. 생각을 말하고, 꿈을 실현시키는 독립성." 복지에 빠진 사람의 귀에는 부유함으로 들린다. 반감이 인다. 시기하는 사람들은 모든 것을 소유한다면, '꿈의 실현'은 쉬운 일이라고 말한다. 그러나 아르마니는 '소유한다'거나 '산다'고 말하지 않았고, '실현한다'고 말했다. '생각을 말한다'는 '갖고 싶은 것을 사는 것'과는 다르다. 시기하는 사람들은 누구나 그런 생각은 할 수 있다고 말한다. 맞는 말이다. 실제 그런 생각을 한다. 누구나 그런 목표를 세운다. 소유를 통한 동참이 더는 만족을 주지 못하는 상황에서는 더욱 그러하다. 그것을 좋아하는 사람은 점점 줄어든다. 박수를 치고, 경탄하고, 시기하는 등의 보충하는 역할을 하려는 사람이 점점 줄어들기 때문이다. 그들은 어제까지만 해도 그 세 가지 역할을 모두 수행했던 관객들이었다. 그들은 이제 뿔뿔이 흩어졌다. 그들 중 몇몇은 새로운 형태의 사치를 발견했다. 그것은 그동안 거의 잃어버렸던 감정 영역의 재발견과 관련된다.

예를 들면 바라보는 것이다. 다른 감각들이 따라오도록 눈을 내리뜨고 바라본다. 우리는 가장 사소한 것으로부터 시작할 수 있다. 플라타너스 줄기, 꽃받침, 나무 꼭대기 위로 방울방울 떨어져 내리는 하늘의 푸른 빛, 밤의 나뭇잎 속에 걸린 별들. 태양이 사라지면 날씬하게 변하는 나무 탁자 위에 놓인 유리잔의 그림자. 가벼운 바람에 하늘거리는 갈대. 대도시에서라면 사람들의 얼굴을 볼 수 있다. 아이들의 얼굴, 두 눈, 수많은 사람들의 눈. 그들이 부인하는 동경. 그들의 광채. 그들의 희망. 그들의 오만함. 수많은 사람들 틈에서 외치는 그들의 소리 없는 절규. 나를 좋아하나요?

이러한 것들이 사치란 말인가? 그렇다. 그것은 일상의 기준을 넘어서기 때문이다. 돈으로 지불할 수 없는 것에 몰두하고, 투자와 가격의 사슬을 벗어던지기 때문이다. 물질적인 의미에서는 쓸데없는 것이지만, 즐겁고 돈이 들지 않는 순수한 충만함이기 때문이다. 모든 '유익한' 활동들을 멈추는 총체적인 휴지기이기 때문에 사치다. 팔 수 없는 것으로 더 부자로 만들어주기 때문에 사치다. 그 누구에게도 거리를 유지하기 위해 눈을 내리뜨고 바라보는 사람의 자유를 구할 필요가 없기 때문에 사치다. 무엇인가를 제공할 필요 없이 기준을 벗어나 자신의 길을 가기 때문에 사치다.

이러한 것들은 해방된 사회가 누리는 기쁨들이다. 대부분의 사람들이 사치는 이제 완전히 도달할 수 없다라고 생각하는 동안, 사치의 제국은 화려하게 성장한다. 소유의 사치에서 존재의 사치로,

✻ 풍요 속에서 사치는 자신의 매력을 상실한다. 사치는 자기주장의 도구가 된다. 독점은 대중사회에서는 죽어버린다.

✻ 탐욕의 저편에서 사치는 다시 자신의 기운을 발현한다. 사들이고 낚아채는 것, 소유를 통한 우위는 더 이상 유혹하지 못한다.

✻ 사치는 돈이 들지 않게 행한다. 풀밭에 눕고, 맨발로 걷고, 나뭇잎 사이로 별 보기가 사치다.

✻ 사치는 나에게 어울리는 것을 생각하고, 느끼고, 보는 자유다.

✻ 사치는 '반드시 해야 한다'는 강압의 해방이다.

✻ 사치는 돈으로 사고팔 수 없는 모든 것에 대한 헌신이다.

재물의 사치에서 감정과 사유와 이념의 사치로 변한다. 우리는 이제야 마침내 돈으로 계산되지 않는 것이 사치라는 사실을 다시 인식하게 되었다. 사치는 경제적인 강압과는 상극이고, 진정한 과잉은 가격으로 제시되는 세계를 벗어난다는 사실을 깨닫게 되었다. 독립성은 결코 돈으로 계산되지 않는다. 그것은 사치와 행복의 세계로 들어가게 해주는 입장표다. 우리를 소득과 소유의 기준에 묶어두었던 사슬이 갑자기 풀어진다. 우리는 스스로 자유롭다는 사실을 깨닫는다. 나만의 고유한 생각과 이념과 계획이라는 사치가 우리를 압도한다. 그 사이 우리는 무엇이 중요한지 잊는다. 당신 자신의 생각을 가꾸고, 당신의 감정을 이해하라. 당신 자신을 중요하게 생각하라. 당신의 행복을 추구하라. 더는 중요하지 않다고 생각하지 마라. 오로지 그것만이 중요하다. 당신은 자신의 일회성을 대하는 이런 사치스런 태도를 통해서만 다른 사람들에게도 당신의 가장 좋은 것을 줄 수 있다. 당신 자신을 사치스럽게 대할 준비가 되어 있지 않다면, 당신은 자신의 최고 장점도 결코 발견할 수 없다.

소유의 사회에서 행동의 사회로

그렇다면 사치는 원래 모든 사람에게 속하는 걸까? 아니, 좀더 정확하게 표현해 보자.

원래는 우리 모두에게 해당하는, 즉 우리 자신을 사랑하고, 우리 자신의 감정과 사유를 부드럽고 섬세하게 다루는 것은 유행에 뒤처지는 것으로 여겨졌다. 그래서 누구나 그것을 사치라고 생각했다. 그러나 중요한 건 우리가 이제 그 사실을 깨달았다는 점이다.

이제 이처럼 전혀 새로운 방법으로 사치스럽게 살아가는 사람은 자신의 과잉을 나누고 싶어 한다. 그로써 소비의 바보들에게 전혀 돈이 들어가지 않는 비물질적 향유의 세계가 열린다. 이른 아침과 해질 무렵에 지저귀는 지빠귀의 울음소리, 낯선 정원의 울타리 뒤로 보이는 장미의 숲과 마지막 빗방울이 무겁게 걸려 있는 꽃잎, 그 곁을 지나가는 사람에게 불어오는 은은한 향기. 여기서는 경쟁이 침묵하고, 내적인 불안감이 가라앉는다. 동시에 일에서의 경쟁을 위한 힘은 솟구친다. 인위적인 세계에 갇혀 지내는 사람에게 지빠귀의 울음소리를 알고, 낯선 정원에서 불어오는 장미 향기를 그와 나누고 싶어 하는 친구가 있다면, 그는 곧 유년 시절의 사치스러운 내면의 정원으로 다시 들어가게 된다. 또한 그곳에서 돈으로 산 가치와는 전혀 다른, 감정과 생각의 풍요로움을 다시 발견하게 된다.

유년기의 생각과 감정들을 닫아버리지 않은 사람을 친구로 둔 행복한 사람은 사치의 최초의 세계로 되돌아가는 놀라운 기회를 얻게 된다. 그곳은 우리 모두가 어린아이였을 때 몸담았던 곳이다. 그곳에선 나눔이 일상적인 사치의 가장 아름다운 체험이었다. 아이들은 자신들이 누리는 행복을 마음껏 베풀기 때문이다. 아이들은 아직도 나눔을 통해 더 많아진다고 생각한다. 그러나 환멸을 느끼게 하는 어른들의 세계에 단련되면서 그들의 관대한 생각은 차츰차츰 사라진다. 아이는 자신의 카드를 보여주지 않는 경쟁자로 성장해야 하기 때문이다. 아이는 자신의 패를 보여주는 사람이 가장 성공적인 경쟁자가 된다는 사실을 나중에는 결코 경험할 수 없을지도 모른다.

그사이 자신의 패를 보여주면서 게임에 참가하는 것도 사치가 되었다. 이처럼 사치스런 솔직함을 통해 대부분 승리자가 되기 때문에 그것은 다른 참가자들을 몹시 당혹스럽게 한다. 편협하고 인색한 사람들의 게임 규칙을 존중하지 않는 사치스런 사람들은 종국엔 모두 승리자가 된다. 진실성의 사치를 누리는 사람, 솔직함의 사치를 누리는 사람, 자신들의 약속을 지키는 사치를 누리는 사람은 모두 승리자다.

이러한 승리자가 되고자 하는 사람은 나눔의 즐거움을 신뢰해야 한다. 우리가 복지의 소용돌이 속에서 거의 잃어버릴 뻔 했던 가치들이 그러한 방법으로, 익명으로 우리들에게 되돌아올 때, 모두가 거기서 이익을 얻기 때문이다.

＊ 시기심에 괴로워하는 사람들의 험담에 따르면, 사치는 탈선한 소비다. 시기하는 사람들이 말하는 곳에서 사치는 지옥이 된다.

＊ 그러나 한번쯤 과잉 속에서 살고 싶다는 꿈이 끈질기게 파고든다. 게으름뱅이들은 그 꿈을 이루지 못한다. 그런데 그 꿈을 동경의 공간 자체로, 즉 천국으로 옮기려는 사람은 왜 아무도 없을까? 사치는 부도덕일까?

＊ 사치는 풍부한 결실을 뜻한다. 악의 나라에 속하고, 무절제한 탐욕과 퇴폐로 여겨지는 사치는 복지 사회에 사는 사람들의 반감일까? 사치는 천박한가? 복지 환자들은 사치에 대한 탐욕을 그것에 대한 경멸을 전파하면서 극복하려고 한다. 그들은 사치가 강박관념이 될 정도로 엄청난 식욕을 부추긴다고 생각한다. 풍요의 상승을 물질로만 생각하기 때문이다. 사치스런 수준에 이를 정도로 위신을 얻기 위한 싸움을 지속하는 것은 비난을 받아 마땅하다. 그것은 관찰자들을 시기의 고통으로 내몰기 때문이다.

＊ 복지 속에서 사치는 자신의 매력을 잃어버린다. 대중들이 주변으로 몰려들자마자 사치는 달아난다. 대다수가 독점적으로 사는 것은 불가능하다.

＊ 우리들이 탐구하고 있는 탐욕 이후의 시대에 사치는 자신의 특별한 기운을 되찾는다. 사치는 기준을 무력화시키고, 온갖 유행과 반드시 해야 하는 일에서 해방되는 것이다. 사치는 정통함이고, 평생에 걸쳐 배워야 하는 독자적인 스타일이다. 사치는 독립성이다. 사치는 거의 잃어버린 감정 영역의 재발견이다. 사치는 관심과 디테일에 대한 기쁨이다.

＊ 소유의 사치에서 행동의 사치로. 유행을 거슬리는 이념을 추구하고, 쓸모를 따지지 않고 자신의 생각과 감정을 따르는 것이 사치다. 사치는 우리의 가장 좋은 생각과 가장 아름다운 감정을 다른 사람들과 나눈다. 자신의 패를 보여주면서 게임에 임하고, 바로 그것 때문에 다른 사람들보다 성공한다. 사치는 유년 시절의 위대한 감정에 결코 작별을 고하지 않는다. 그러한 감정은 바로 우리의 소망에 날개를 달아주는 격이다.

11 더 대담하게 꿈꾸고, 용기 있게 행동하기 – 혁신은 지도자의 일이 아니다

우리의 더 나은, 새로운 현실에 대한 비전은 어떤 모습일까? 우리는 다른 사람들을 기다릴 필요가 없다. 혁신가는 우리들 자신이다. 언제나 그래왔다. 지도층이 혁신을 추진하지는 않는다. 그들은 거기에 대해 말만 할 뿐이다. 개혁가들이 고위층이었던 경우는 거의 없다. 아주 운이 좋을 때 정치나 경제 분야의 지도자들이 개혁가들의 구상을 실험하도록 시험장을 제공한다.

정치 지도자들이 공장과 실험실만 응시하고 있는 동안, 사회는 오래 전에 미래의 실험실이 되어버렸다. 시민들은 그 안에서 겉으로 드러나지 않는 자기 실험을 통해 새로운 규범을 시험한다. 물질의 소비 규범은 물론이고 그보다 더 중요한 정서적 강인함과 심리적 상태를 위한 규범, 마음의 평정과 자유로운 관심, 주의, 사치와 유사한 쾌활함을 위한 새로운 규범을 시험한다. 아니, 이러한 순간에 사치는 이미 존재한다.

시민이 바로 혁신가다. 그가 따를 수 있는 선각자는 더는 존재하지 않는다. 그 대신 그는 다른 사람들과의 대화를 통해 여기저기서 같은 생각을 가진 혁신가들의 공동체를 발견했다. 이 공동체는 그에게 "당신이 찾는 것을 우리도 찾는다"는 것을 보여준다. 우리는 더 이상 방향을 지시하는 사람을 기다리지 않는다. 그런 사람은 과거에나 존재했다. 지금은 다르다. 마침내 이런 사실을 깨달은 사람은 잠시도 시간을 허비할 수 없다.

혁신은 정부의 일이 아니다. 그러나 정치 지도자들은 그렇게 행동한다. 그들은 새로운 것을 탄생시키는 성공의 규칙들을 자신들의 권력에 대한 공격으로 이해한다. 권력자들이 길을 열어줄 때, 자신들은 그런 길을 그려낼 만한 능력이 없어서 길을 열어줄 때, 혁신은 저절로 자기 길을 간다. 정치 지도자들과 온갖 분야의 수뇌부들이 혁신을 후원하기 위한 모임을 개최하는 곳에서 우리는 한 가지 사실만큼은 분명히 확신할 수 있다. 이곳에는 파괴와 개혁의 정신은 불지 않는다. 권력에 대한 의지가 강한 혁신의 동지들 사이에서 모두에게 이렇게 소리치는 사람이 있더라도 마찬가지다.

"동지들이여! 지금은 우리의 단호한 고백과 이례적인 겸손함이 필요한 시기입니다. 우리는 길을 열어주고, 통제를 멈추고, 온갖 규제의 숲에 좁은 길을 내 권력의 정신이 아닌 혁신의 정신이 모험을 시작하도록 해야 합니다. 우리는 더 이상 그러한 모험의 조직원들처럼 행동하지 말아야 합니다. 그것은 우리의 것이 아닙니다. 창조적인 호기심과 만족할 줄 모르는 인식욕을 위해 자유로운 활동 영역을 열어둡시다. 그것은 우리의 일이 아닙니다. 우리의 권력을 이번 한번만은 올바르게 사용한다면, 우리의 권력을 철회합시다. 우리가 하는 일에는 전권 위임도 포함됩니다. 그 일을 가장 잘 하는 사람들에게 맡깁시다. 이런 의미에서 국가가 하는 혁신의 후원은 권력의 포기입니다. 국가는 창조적인 파괴에서는 결코 성공하지 못합니다. 국가는 그것을 기껏해야 필요로 인식할 뿐 결코 실현시킬 수 없습니다."

정부가 국가의 창조적인 두뇌들로부터 야기되는 폭발력을 두려워한다면, 정부는 지금까지와 똑같은 상태로 남게 된다. 즉 혁신의 후원자라는 옷을 입은 혁신의 제동자로 남는다.

지배층에 속한 어떤 사람이 놀이터로 가는 문을 활짝 열어젖히기 위해 자신의 동료들에게 그와 비슷한 이야기를 한다. 위기에는 지배층에게도 상상력이 없어진다. 그들의 상상력은 새로운 세금이나 계급투쟁의 슬로건 같은 어리석은 기만 전술로 나아간다. 그로 인해 우리의 사고와 생활 환경을 위한 혁신은 계속 지연된다. 자신의 능력을 믿지 못하는 사람은 용기를 내기 위해 잘못된 도구를 고르게 마련이다.

시민들의 일상에 온갖 규제와 덫을 놓는 지배자들이 혁신가들에게 시험장을 제공하지 않으면, 혁신적 에너지는 일상생활의 수많은 좁은 개천들로 분산된다. 새로운 현실을 위한 실험은 오래 전부터 사유화되었다. 수많은 사람들이 스스로를 위해 새로운 형태의 향유와 새로운 종류의 만족을 발견한다. 위기 이후의 새로운 세계에 대한 구상들이 권력자들에게 도달하기까지는 우리가 가진 것보다 더 많은 시간이 지나야 한다.

어쩌면 지도층에 속한 사람들 중에서 혁신의 후원이 성공할 수 있는 방법을 제때에 깨닫는 사람이 있을지도 모른다. 그것은 한 발

짝 뒤로 물러서고, 지시하고 규정을 정하는 대신 자유롭게 내버려
둘 뿐이다.

개혁을 위한 전제조건들은 머릿속에서만 좋지 않게 보인다. 우
리의 머리를 둘러싼 현실 속에서는 우리가 성공해야 할 조건이 아
닌 완전히 다른 이상적인 조건들이 지배한다. 우리는 파괴 한가운
데 살면서, 그것을 감행하겠다고 결심할 필요도 없었다. 그런데 우
리는 가능한 한 그것을 뒤로 미루었고, 결국 파괴는 그만큼 더 철저
하게 진행되었다. 소비를 즐기는 복지 문화의 규칙들은 막 효력을
상실하게 되었다.

우리는 위기를 느끼고, 습관의 변화를 두려워한다. 우리는 한동
안 거기에 꼭 매달렸지만, 이제는 변화의 대양 위에서 상당히 멀리
까지 나오고 말았다. 그러면서도 우리는 계속 두려워한다. 유화책
을 쓰던 지배자들도 두려워하기는 마찬가지다. 그들은 직무상 혁신
자로는 쓸모가 없기 때문에 개혁은 우리의 손에 달렸다.

그래도 우리에게 용기를 주는 것이 있다. 우리는 혁신적 기운이
유례없이 왕성한 시기를 살아간다. 새로운 발견과 질적인 성장의
속도가 지난 200년처럼 빨랐던 적은 일찍이 없었다. 따라서 우리는
해낼 수 있다. 소심함은 근거가 없다. 너무 지쳤고, 용기 없음은 당
연히 그럴 만하다는 평계도 더는 통용되지 않는다. 이제 실현은 단
순히 기계 시대의 제10장 또는 제20장이 아니라, 새로운 시대의 제
1장이다. 이 새로운 장에서 일어나야 할 일은 복지 시대의 가치에
대한 재평가다. 탐욕스러운 사람들이 보잘것없게 여기던 것이 갑자
기 도취시키는 에너지로 충전되었다. 모두가 새로운 질적 가치를

지닌 사치에 도달하고자 한다. 나눔은 성장의 원천이고, 단순함은 모든 감각을 묶는다.

새로운 질서의 혁신이 기다린다. 그것은 사고와 감각과 행동의 질서로, 통치자들은 그것을 가장 늦게 이해한다. 따라서 그들이 우리에게 자유로운 활동 영역을 열어주는 것은 매우 중요하다. 우리가 그것으로 무엇을 할지는 모른다 해도.

혁신가는 우리다

복지의 위기는 손실의 측면이 아니라, 막대한 잠재성을 방출하는 폐허로서 관심의 대상이라는 사실을 이해했다면, 우리는 더 이상 황량한 황무지에 서 있지 않다. 우리는 많은 것을 약속하는 혁신의 한가운데 있다. 지난 수십 년간의 과정들은 개혁을 실행하는 동안 우리 스스로는 결코 관철하지 못했을 바로 그 부분을 함께 가져갔다. 바로 집단적인 착각으로, 우리는 그동안 기둥이 없는 진공상태에 펼쳐진 사회적 그물망 속에 안주하리라고 생각했었다. 우리의 착각은 스스로를 불사신으로 여겼던 모든 성공한 사람들의 과오였다.

우리에게는 최상의 전제조건이 주어졌다. 더 이상 유지되지 않는 것을 먼저 파괴해야 할 필요가 없어졌기 때문이다. 정치 엘리트들에게도 자신들이 전능하다는 상상을 포기하는 한, 혁신의 후원자가 될 수 있는 최고의 전제조건은 마련되었다. 모든 위기 상황에서 정치 지도자들에게 닥치는 신분 상실의 위험은 통제권의 상실을 감추기 위해 위압적인 행동을 하게끔 그들을 유혹한다. 그러나 우리는 그 단계를 거의 극복했다.

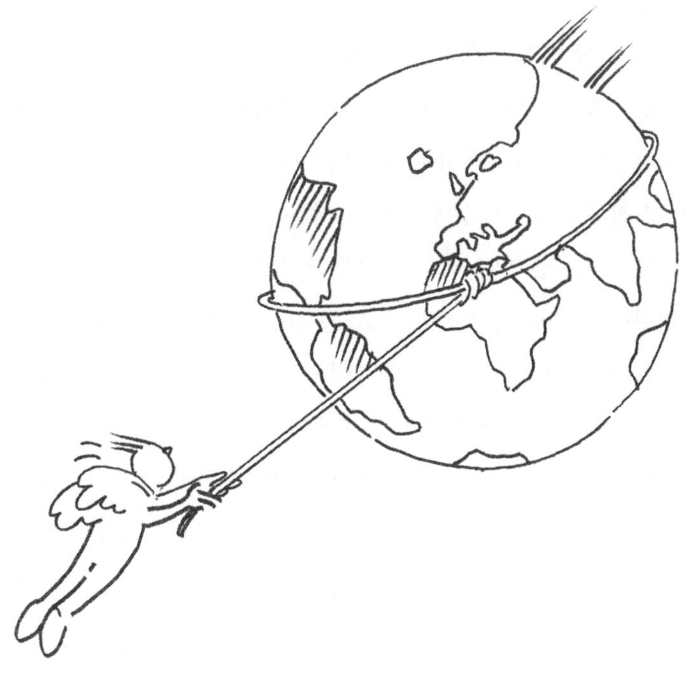

✻ 혁신은 지도자의 일이 아니다. 우리가 바로 혁신가들이다.

✻ 정부는 길을 열어주어야 한다. 혁신의 후원이 성공하기 위해서는 권력을 포기해야 한다. 창의적인 두뇌의 폭발력을 두려워하는 사람은 혁신에 제동을 거는 사람이 된다.

✻ 혁신은 우리가 가진 것을 필요로 한다. 성공의 옛 풍경들을 파괴하는 것이 필요하다. 혁신은 야생성을 필요로 한다.

✻ 새로운 생각을 가진 사람들이 존경받고 존중받는 존재가 아닌 곳에서는 운명을 바꾸는 모든 착상들이 지연된다. 과도한 규제를 받는 사회는 창조적인 일꾼들을 마비시킨다.

공상가들과 꿈꾸는 사람들의 혁신 욕구는 날개를 달게 된다. 그들은 더 이상 배부르게 포식한 사람들이 아니기 때문이다. 외적인 상황의 궁핍함은 대담한 사고를 일깨운다. 비전을 구성하는 성분은 높이 비상하기 위해 가벼운 양식이 필요하다. 그렇기 때문에 공직자들의 집무실에는 혁신에 대한 허기가 들어설 자리가 없다.

높은 실업률은 단순히 관공서들만의 일이 아니고, 그것은 혁신의 명백한 지연을 증명한다. 그들은 잘못된 행정과 쓸데없는 규정들로 인해 우리의 추락을 제때에 막을 수 없다. 앞서가는 생각을 가진 사람들이 존경받고 존중받는 존재가 아닌 곳에서는 운명을 바꾸는 모든 착상들은 지연된다. 그로써 바로 다음에 이어지는 과오도 이미 정해졌다. 정치 관료주의의 훼방꾼들은 자신들의 잘못을 인식하자마자 전능한 보호자로서 새로운 생각을 가진 사람들 주위로 몰려든다. 그리고는 질서정연한 혁신 과정을 위한 후원 프로그램과 온갖 신청서를 동원해 혁신가들의 잠재성을 또다시 질식시킨다. 그러나 혁신은 질서의 정반대를 필요로 한다. 혁신은 새로운 질서를 만들어내기 때문에 무질서가 필요하다.

혁신은 모험이고, 관료주의가 아닌 황무지를 필요로 한다. 과도하게 규제된 사회는 그 사회의 창의적인 두뇌들을 체계적으로 마비시킨다. 황무지와 모험은 유치원과 학교에서 가르치고자 하는 목표가 아니기 때문이다. 이런 환경에서는 온갖 기발한 생각이 풍부한 아이들이 견디기 힘들어 한다. 다수를 변호하는 교사는 그들의 혼란을 부정적으로 평가하기 때문이다. 그런 아이들이 지루해한다는 것을 이해하는 교육자는 거의 없다. 결국 자신의 재능을 제대로 발휘하지 못하고 별다른 도전 의식을 갖지 못하는 창조적인 젊은 인재들은 곧 스스로를 훼방꾼으로 인식하게 되고, 그들의 자신감은 사라진다.

독일의 혁신 부족은 바로 이런 이유 때문이다. 혁신을 갑자기 지도자들의 문제로 만드는 것은 이러한 결핍 상황을 더욱 첨예하게 할 뿐이다. 계획을 다지는 것은 호기심의 영역을 닫아버린다. 말 뜻 그대로 모든 것을 평평하게 만들기 때문이다. 창조적인 카오스가 시작을 알려야 하는 곳에 검은 양복을 입은 관리들이 서 있고, 그들은 발의자로서 갈채를 받고 싶어 한다.

그들이 황무지로 나가는 문을 열어젖혔다면, 그들의 일은 그것으로 충분하다. 그 이상으로 하는 모든 행동은 이제 막 하려는 출발에 제동을 걸고 방향을 틀어놓는다.

이러한 일들은 마치 놀이 같고, 바로 놀이이기도 하다. 비전은 놀이를 할 수 없는 곳에서는 죽어버린다. 놀이의 재료는 비이성적인 생각들이고, 결코 굴하지 않는 인재들만이 성인이 되어서도 그러한 생각을 가진다. 따라서 환멸을 느낀 복지의 자식들이 서 있는 혁신에 굶주린 사막은 개척지다. 많은 관료주의의 공중누각들이 무너졌기 때문이다. 바닥이 흔들리고, 불가능과 허용되지 않는 것에서 가능과 허용된 것을 구별하는 경계가 무너졌기 때문에 혁신의 약속이 그 어느 때보다 큰 시기다. 추진력이 강한 몽상가들을 곧장 새로운 사슬로 묶지만 않는다면 말이다.

나이든 사람들이 많은 곳에서는 혁신은 거의 이루어지지 않는다. 갖가지 기억과 이별의 고통이 그들의 출발 의지를 마비시키기 때문이다. 전쟁을 겪은 세대들은 또다시 신천지를 추구하는 건 너무 힘든 일이라고 말한다. 그들은 독일의 기적을 가져온 사람들이다. 그러나 그것은 지금 죽었다. 다시 한번 기적을 믿는 것은 그들에게는 불가능하다. 그러나 그들은 기적이 가능하다고 그들의 자식들에게 이야기한다.

젊은이들은 그러한 격려가 없어도 혁신을 추진하는 사람들이다. 그들에게는 과보호로 인한 피해가 그다지 심각하지 않다. 그들은 습득된 무력감에 이를 만큼 오랫동안 과보호 상태에 있지 않았다. 그들은 신경제의 열광 속에서 이미 희망을 보았다. 그 희망은 자신의 운명을 국가의 복지 시스템에 맡기는 것이 위험하다는 의혹이었다. 국가에 위임하지 않고 자기 스스로 시험하고, 조직하고, 개선하는 삶이 젊은 세대의 낙천주의자들이 계획하는 삶이다.

한 젊은이는 이렇게 말한다.

"내가 계속해서 국가가 제공하는 복지 시스템에 의지한다면, 국가가 나에게 예고했듯이 즉 내 상황은 점점 나빠진다. 그러나 그 때문에 내게 부양자가 필요하지는 않다. 나는 상황을 더 좋게 만드는 것은 스스로 해야 할 일임을 똑똑히 안다."

그러면 나이든 사람들은 믿을 수 없다는 듯이 고개를 젓는다. 그들은 자유로운 활동 영역을 인식하지 못한다. 그들의 뇌는 다르게 분류된다. 그러나 젊은 개혁가는 완전히 다른 대답을 안다.

"국가가 뒤로 물러나는 곳이라면 당신은 어디서든 자유로운 활동 영역을 얻습니다. 국가가 당신을 마비시키는 과보호부터 부담을 덜어주었기 때문에 당신은 이제야말로 스스로 구상할 수 있습니다. 당신 자신을 믿고 돌이켜 생각해 보세요! 당신은 기적을 만든 사람들과 함께 했습니다. 그것은 당신이 기적이 이루어질 거라는 사실을 알았기 때문이 아니라 그것을 믿었기 때문이었습니다. 당신은 언제나 그런 사실들을 열성적으로 말했습니다. 아무것도 정해지지 않았고, 전쟁 전의 모든 세계가 온통 폐허더미가 되었다고 말입니다. 그러나 당신의 꿈은 분명했다고 말했지요. 두려움을 극복하고, 부족한 것을 없애고, 안전함을 이루는 것이라고요. 지금 우리는 그 당시 당신이 가졌던 똑같은 목표를 가졌습니다. 그러나 폐허는 우리의 발 앞에 없고, 우리의 머릿속에 쌓였습니다. 환멸과 두려움과 상실의 고통이죠. 국가가 손을 거둔 텅 빈 곳에서 우리를 유혹하는 활동 공간을 보세요! 지금은 개척의 시대입니다! 당신들, 나이 든 사람들은 불가능한 것이 가능하다고 보여준 우리의 보증인이었습니다. 이제 우리에게서 당신들의 힘을 앗아가지 마세요. 믿을 수 없다는 듯이 우리를 바라보지 말고 믿음을 가지고 봐주세요. 우리는 그것이 필요합니다. 우리와 함께 당신들이 결코 보지 못했던 새로운 것이 찾아옵니다. 우리 역시 본 적이 없습니다. 그러나 우리의 머릿속에는 거기에 대한 비전이 있습니다. 당신들 부모와 교사와 사장들이여, 제발 우리의 구상을 방해하지 마십시오. 우리는 당신들의 격려로 살아갑니다. 우리는 당신들을 그렇게 높은 곳까지 오르게 했던 그 용기를 먹고 삽니다. 우리는 우리의 닻인 당신들의 뿌리에 의지하고 싶습니다. 당신들이 그처럼 많은 세월 공들여 일궈낸 나라를 끌어내리는 말은 이제 하지 마세요. 당신들은 스스로 이룩한 삶의 업적을 지워버릴 수는 없습니다. 우리는 당신들을 믿습니다. 당신들은 그 사실을 알아야 합니다. 우리는 당신들로부터 버림을 받고 싶지 않습니다. 무엇보다 우리 자신의 확신 외에도 더 많은 것이 필요한 이 시점에."

용기와 자부심이 혁신을 이끈다

독일의 혁신 정체는 계획된 파국의 특징을 나타낸다. 젊은이의 감소는 모험에 대한 용기와 상상의 축소고, 새로움에 대한 모험의 욕구가 줄어드는 일이다. 그러는 사이 수뇌부의 시선은 어린이의 감소가 부양의 감소로 나타나는 인구 통계학적 지표만을 바라본다. 그러나 동시에 위협적인 혁신 감소를 가리킨다는 사실에는 아무도 관심을 보이지 않는다.

개혁 의지는 매우 제한적이다. 방향을 제시하는 사람들도 이어져야 할 개혁보다는 손실에 대해 더욱 목청을 높인다. 젊은이라는 자원이 부족해진다면, 이 소중한 소수는 당연히 나이든 다수의 모든 관심과 후원을 받아야 한다. 젊은이들의 에너지 증가가 우리의 목표가 되어야 한다. 그들의 생각에 귀를 기울이고, 계획과 구상을 실험하여 우리의 미래를 준비해야 한다. 우리에게 비전을 제공할 수 있는 소수를 변방으로 몰아낸다면 개혁의 강은 보잘것없는 실개천으로 변한다. 그들이 지휘권을 행사할 수 있는 자리에 오를 때까지 젊은 낙천주의자들의 갖가지 착상들은 공중으로 사라져버린다.

우리가 젊음으로부터 많은 것을 기대하지 않기 때문에 젊은이들은 점점 줄어든다. 아이들은 어른의 성공적인 경력을 위협하는 존재로 철저히 오인되었다. 이러한 오해는 냉정한 논리적 귀결과 함께 성공에 취한 어른들도 더 이상 나아가지 못하는 막다른 골목을 만들어냈다. 우리는 여기에 갇혔고, 그것이 우리의 딜레마다.

이렇게 볼 때 자신의 성공의 기반을 이해하지 못한 사회가 그 성공을 충실히 유지하지 못하는 것은 전혀 놀라운 일이 아니다. 이런 사회는 혁신의 진공상태로 몰고 갈 뿐 아니라, 결국에는 스스로를 제거해버린다.

그렇게 많은 지식에도 불구하고 그토록 많은 어리석음이 저질러진다는 것은 전혀 있을 수 없는 일일까? 늦어도 지금 이 시점에서 우리는 지식 사회에서도 지식보다 더 강한 힘이 존재한다는 사실을 인식한다. 계획과 결정을 조절하는 힘이 있다는 사실을.

복지의 잘못은 알려졌지만, 그것을 수정하는 데는 수십 년이 걸린다. 그 시간은 강한 혁신의 동력 없이는 앞으로 나아가지 못한다. 우리에게 필요한 개혁은 기술 주도적인 학문과 경제와 정치의 화합이 허용하는 것보다 훨씬 더 광범해야 한다. 진보의 지능이 저절로 우리의 균형을 되찾아줄 내면의 변화를 이끌지 않는다. 이성은 좋은 정서적 상태에 의한 도움이 필요하고, 문화 민족의 운명을 느끼는 영혼은 안전한 피난처를 필요로 한다. 젊은이들도 되돌아갈 수 있는 곳이 있을 때만 미지의 곳, 불확실한 곳으로의 출발을 감행한다. 그들은 약속을 지키는 어른들이 편이 되어줄 때, 더 나은 세계를 위해 자신의 모든 것을 건다. 일은 이처럼 단순하다. 젊은이들은 우리가 보장해주는 안전함을 혁신에 대한 용기와 충만한 자신감으로 보답한다.

혁신은 피할 수 없다

우리는 매일매일 혁신의 약속을 던져버리려는 유혹을 극복해야 한다. 그 약속은 놀라운 신선함이지만, 우리의 제한된 인원 때문에 검증하는 일은 어렵다. 우리는 나이든 사람들이 젊은이들의 아무런 근심 없는 대담무쌍함을 보면서 느끼는 질투심을 이겨내야만 한다. 온갖 경고로 방해하기 전에 창조적 비이성이 차례차례 돌파구를 찾아나가는 과정을 말없이 지켜보아야 한다. 우리에게 그럴 준비가 되어 있지 않다면, 우리를 막다른 골목으로 이끈 것과 똑같은 관료주의적 이성에 부딪혀 좌절하게 된다. 나이든 사람들의 유혹은 개선이고, 젊은 사람들의 요구는 혁신이다.

하지만 무엇 때문에 반드시 혁신이어야만 하는 걸까? 어쨌든 변화가 우리를 재촉하고, 세계화가 우리를 몰아대고, 우리의 발명품들이 무효화되는 날이 점점 더 빨라지고 있다. 그것으로 변화는 충분하지 않을까? 무엇 때문에 어디로 향할지도 모르는 목표를 추구하는 혁신이 필요하단 말인가?

호기심은 이미 오래 전에 사라졌을까? 우리가 원치 않았지만, 저항할 수도 없는 새로운 요구들이 끊임없이 밀려오는 상황에서 누가 또 다른 무엇인가를 시험하려 들까? 결국 혁신에 대한 외침도 도전을 제공하지 않는 일상 때문에 실험을 하도록 자극하는 낙천주의적 시대의 유물은 아닐까?

물론 우리는 소비와 이윤, 어린이와 노인, 부와 빈곤, 건강과 질병에 대한 우리의 생각을 바꿔야만 한다. 우리는 이미 그것을 시작했다. 그러나 그것이 혁신일까? 변화된 생활 환경과 쓸모없이 변해버린 전략들, 자신의 태도를 새로운 요구에 맞추려는 시도. 혁신은 바로 이렇게 시작된다. 누군가는 끊임없이 발맞추어 나가는 일이 적응 과정이라고 이의를 제기한다. 그러나 혁신은 더 많은 것을 요구한다. 혁신은 경쟁 관계에서 발생하는 압박을 필요로 한다.

혁신은 또 겉으로 드러나게 실행되기도 전에 우리를 매혹시킨

Point

✱ 혁신.

✱ 계획 수립은 호기심의 영역을 닫아버린다. 그것은 유치원과 학교에서부터 시작된다. 그들은 아이들을 계획을 세울 수 있는 대상으로 만들기 위해 창조적인 에너지를 평평하게 만든다.

✱ 비이성적인 생각을 무시하는 사람은 혁신에 제동을 건다. 창조적인 혼돈을 두려워하는 사람은 새로운 착상으로 가득한 인재들을 추방한다.

✱ 나이든 사람들이 점점 더 많아지는 곳에서는 혁신이 지연된다. 나이든 사람들은 자신들의 그림자를 뛰어넘을 만큼 충분한 활기를 지녀야 한다. 자기들만의 흔적을 그리고 싶어 하는 젊은이들에게 다가가야 한다.

다. 낡은 것의 자리에 새로운 것을 세우겠다는 약속이기 때문이다. 모든 세대는 단순히 아버지 세대의 흔적 연장이 아닌 자신들만의 발자취를 남기고 싶어 한다. 그 세대의 가장 호기심 많은 대변자들은 그들의 선행자들이 이루지 못했거나 생각조차 하지 못했던 것을 시험하고자 한다. 새로운 것은 추진력에 박차를 가하게 위해 삶의 매 단계마다 꼭 필요로 하는 핵심이다. 다른 사람들이 했던 일을 반복하면 활력이 솟구치지 않는다. 능력이 뛰어난 사람들은 그것으로는 아무것도 하지 못한다. 그들은 아직 발견할 것이 남아 있고, 발견한 사람의 명성을 얻을 수 있는 전인미답의 지역으로 나아간다.

모든 젊은이들이 살아가면서 꿈꾸는 재료는 한번도 존재하지 않은 전대미문의 것이다. 삶에 참여하려는 그들의 마음가짐은 이러한 꿈과 밀접하게 결합된다. 즉 그들은 선행자들이 이룩한 것을 단순한 모방이 아니라 뛰어넘으려고 한다. 혁신은 호모 사피엔스의 지칠 줄 모르는 요구다. 그는 단순히 오래 전에 수립된 계획들의 실행자가 아니라, 아버지들은 갈망 속에서 그저 건너다보기만 했던 수평선 너머의 섬들을 처음으로 정찰하는 혁신가가 되고자 한다.

일반적으로 사회 또는 국가가 필요로 하는 혁신은 특히 자신들의 업적을 추구하는 젊은 동참자들이 좋아하는 계획이다. 가능한 한 아버지들보다 더 많이 이루고자 하는 욕구를 충족시킬 수 있는 영역을 발견한다면, 그들은 자신들에게 그처럼 호의를 베푼 문화에 최선의 능력을 발휘한다. 그들의 개혁은 그들이 반대했던 사람들에게도 유익하다. 혁신은 이처럼 세대간의 경쟁을 보장하고, 그 결과를 통해 서로를 화해시킨다.

혁신 없이는 나이든 사람들은 자신들의 발자취에서 벗어나지 못하고, 젊은이들은 새로운 흔적을 발견하지 못한다. 우리는 혁신을 필수불가결한 것이라고 부르고, 혁신에 대해 말할 때는 마치 우리가 혁신의 생존을 걱정해야 하는 것처럼 경고하는 목소리로 말한다. 그러나 혁신은 사실 우리의 내면적 동기의 중심에 깊숙이 뿌리박혔기 때문에 그 근처에 모습을 드러내고자 하는 모든 것들보다 더 끈질기다. 혁신은 피할 수 없다.

＊언제나 그랬다. 지도층은 혁신을 이루지 못한다. 그들은 단지 거기에 대한 말을 할 뿐이다. 혁신가는 바로 우리다. 국가는 오래 전에 미래의 실험실이 되었다. 시민은 그 안에서 눈에 띄지 않게, 혼자만의 시도 속에서 새로운 규범을 시험한다. 소비의 규범, 정서적 강인함, 심리적 상태, 마음의 평정, 새로운 질적 가치를 지닌 사치의 규범을.

＊정부가 국가의 창조적인 두뇌로부터 분출하는 폭발력을 두려워한다면, 정부는 현재의 모습 그대로 남게 된다. 즉 혁신의 후원자라는 옷을 입은 채 혁신을 멈추게 한다. 우리의 실현은 단순히 기계 시대의 제10장이나 제20장이 아니라, 새로운 시기의 제1장이다. 이 시기에 할 일은 바로 복지의 가치에 대한 재평가다.

＊새로운 질서의 혁신이 기다린다. 그것은 통치자들은 가장 늦게 깨닫게 될 사고와 감각과 행동의 질서다.

＊복지의 위기는 폐허를 제공하고, 그것은 혁신의 이상적인 무대다.

＊새로운 생각을 하는 사람이 존경받고 보호받지 못하는 존재인 곳에서는 운명을 바꾸는 모든 이념은 지연된다.

＊바닥이 흔들리고 경계가 무너지기 때문에 이 시기는 혁신을 약속하는 엄청난 기회를 제공한다.

＊독일의 혁신 정체는 계획된 파국의 특징을 지닌다. 젊은이들의 감소는 모험에 대한 용기와 상상의 축소다. 복지의 과오는 이미 알려졌다. 그것을 바로잡기 위해서는 수십 년이 필요하다. 그 세월은 강한 혁신의 충동 없이는 앞으로 나아갈 수 없다.

＊젊은이들도 물러서는 지역이 있을 때 비로소 미지의 것, 불확실한 것으로의 모험을 감행할 수 있다. 그들은 약속을 지키는 어른들이 편이 되어 줄 때, 더 나은 세계를 위해 모든 것을 건다.

12 단순성 – 진리는 단순하다

탐욕의 제국에서 배울 수 없는 것, 그것은 단순성이다.

그러나 선두에 동참하고 싶어 하는 사람은 속도와 복잡함을 더 좋아한다. 단순한 것은 가치를 잃어버렸다. 이제 망설이지 않고 그것을 표현할 수 있는 사람은 거의 없다. 안타깝지만 거기에 대한 설문조사도 없었다. 단순함은 무엇인가? 예를 들어보시오! 당신도 간혹 그것을 대한 적이 있나? 당신은 그것을 어떻게 생각하나? 당신은 단순함이 성공하게 한다고 믿나? 때때로 그런 이야기를 듣기도 한다.

우리는 그 대답을 알지 못한다. 거기에 대한 설문조사는 없었다. 그러나 단순함이 마치 이국적인 꿈과 같다는 것을 누구나 한번쯤은 들어보았을 터다. 우리 문화에서는 단순함이 사치의 한 변형으로 실현된다. 과잉 속에서 살아가는 사람들이 자신들의 향유 능력을 상승시키는 풍부함과 대조를 이루게 하려는 수단으로.

영리한 사람들은 단순함은 허구라고 말한다. 모든 것이 증대되는 다양성 속에서 사는 사람은 오만한 마음으로 단순함에 대해 말한다. 무지한 사람들의 특권에 대해 말하듯이. 이는 시골의 초라한 거처와 궁색하게 차려 입은 사람들의 매력이 문명화된 감정 생활에서 확고한 자리를 차지하기 때문이다.

은둔자와 고행자들은 우리가 놀라움과 경외심으로 존경을 표하는 보호구역 안에서 생활한다. 그러나 그들은 우리에게도 통용되어야 할 약속으로서의 단순함을 대변하지는 않는다. 그들은 오히려 대행자들이다. 그들은 우리에게는 너무 힘든 것을 대신 행하는 사람들이다.

우리의 일상생활에 대한 약속으로서의 단순함은 광고를 통해 쉽게 제공된다. 광고는 우리에게 복잡한 기계를 단순하게 다루는 방법이 있다고 약속한다. 우리가 복잡한 것을 싫어하기 때문이다. 동시에 모든 관련성과 해결책의 복잡함은 우리 시대가 좋아하는 이념이기도 하다.

복잡함은 전문적이라는 인상을 주려는 사람이 선택하는 단어다. 이 말은 전문가들의 일종의 돌려차기다. 그들은 모든 것은 모든 것과 관련되지만, 수많은 모순이 존재한다고 믿는다. 이러한 모순들은 해결하기 어렵고, 모호한 상태로 온갖 사실들의 실뭉치와 자료들의 강 속에 단단히 묶여 버렸다. 단순함은 적이다. 성공에 굶주린 동참자들에게 그것은 명백한 실수, 위험한 착각, 치명적인 유혹이기 때문이다. 그것의 화신은 두려움을 일으키는 '무서운 단순화'다.

단순하게 살아라!

복잡한 세계에서 사는 사람은 단순함을 곧 하나의 전설 또는 이상향으로 여기게 된다. 복지 시민들을 마음대로 조종하는 힘들에 대한 일상적인 경험은 어떠한 의혹도 허용하지 않는다. 따라서 단순함은 우리의 꿈속으로, 이루어질 수 없는 또 다른 꿈들이 모인 곳으로 물러난다.

우리는 단순함의 경이로운 이념을 너무 빨리 포기했다. 그 이념은 새롭지 않으면서 인류 역사와 끈질기게 함께했다. 천국에 관한 모든 신화는 단순하며, 그늘이 전혀 없는 행복을 보여준다. 다만 그곳으로 들어가는 입구는 매우 복잡하다. 행복의 지대는 복잡한 세계의 모순으로부터 보호되어야 하기 때문이다. 고대 그리스의 낙원인 엘리시온은 온갖 모순의 소멸을 약속한다. 이곳에서는 모든 싸움이 종식되고, 방벽과 무덤, 구름 또는 물을 지나 이곳으로 들어오는 길을 발견한 모든 사람들은 승리한다. 이곳에 모인 사람들은 선택받은 사람들이다. 그들은 탐욕의 시장이 유혹하는 수많은 약속에서 해방된 사람들이다.

우리 세계보다 생각이 분산과 유혹이 훨씬 적었던 고대의 철학자들도 이미 단순함을 우월한 선택으로 기술했다. 파르메니데스(기원전 540~470)는 "단순함은 복잡하지 않고, 합쳐지지 않았기 때문에 좀더 가치가 있다"라고 말했다. 데모크리토스(기원전 460~380)도 "단순함은 나눌 수 없다"라고 했다. 합쳐지지 않으면 분해될 수도 없다. 영혼은 단순하다. 그것은 나눌 수 없기 때문이다. 단순함은 붕괴되지 않고, 융해되지 않고, 잃어버릴 수 없다. 그리스 철학자들이 기술한 내용들은 21세기까지 영향을 미쳤다. 그것은 모든 모순이 사라지는 명료함의 지대를 갈구하는 우리의 꿈과 일치하기 때문이다. 따라서 투명하고 명확한 삶에 대한 우리의 꿈은 단순히 위대한 역사를 가졌을 뿐 아니라, 우리가 결정하는 미래이기도 하다. 이상을 포기해야 하나? 아니면 우리의 선조들이 그랬던 것처럼 이상에 현실적인 공간을 열어 둘까? 단순함은 고대에서도 이미 진리의 봉인으로 여겨졌다.

모순은 생기가 충만하다. 다의적인 세계에서는 진리까지도 여러 가지 의미로 해석되어야 할까? 또는 그것을 찾을 수 없을까? 무엇보다 진리는 상대적이고, 대부분의 경우 진리가 아니라 성공과 이윤, 승리가 중요하게 여겨진다.

시스템이 복잡할수록 진리는 점점 더 감춰진다. 아마도 거의 모든 참가자들이 거기에 관심을 갖기 때문이리라. 진리는 경계심이 많은 야생동물이 되었다. 그럼에도 불구하고 수많은 장황한 협상들과 쟁점들의 핵심에서도 진리는 단순하다. 진리가 밖으로 드러나는 경우가 점점 드물어진다. 그러나 우리의 숭배나 무시와는 무관하게 진리는 계속 산다.

진리의 은폐에도 귀중한 역사가 있다. 나사렛 예수를 심판해야 했던 로마인 폰티우스 필라투스는 너무도 확신에 찬 고소인들에게 이렇게 묻는다.

"진리가 무엇이냐?" (「요한복음」 18장 38절)

진리는 단순하다. 그리고 단순함은 우리에게 확신을 준다. 우리의 관심을 끄는 모든 것을 넘어서는 진리에 더 가까워졌다는 확신을 준다.

단순함을 추구하는 과정에서 미덕은 부차적인 문제다. 중요한 것은 행복이다. 우리 인간을 끈질기게 따라다니는 좋은 태도에 대한 동경이 아니라 행복에 대한 갈망이다. 무수한 상품을 얻는 곳에서 꿈속을 방황하는 것은 충만함이다. 충만함은 양적인 것과는 아무 상관이 없다. 상품의 산이 높아질수록, 그 산이 한눈에 조망할 수 있는 단순한 풍경에 대한 시야를 활짝 열어주어야 한다는 꿈도 그만큼 강렬해진다.

우리의 갈망은 궁핍함의 낭만을 훨씬 뛰어넘는다. 다양성은 흥분을 일으키고 주의를 산만하게 한다. 그것은 또 자극을 주고, 긴장감과 더 많은 것에 대한 즐거움과 스트레스를 유발한다. 그러면서도 이러한 '참여하기'와 '함께하기'가 '배경 성취'를 미리 앞당기려는 울부짖음에 불과하지 않을까라는 의구심이 든다. '배경 성취'라는 개념은 사회 철학자이자 문화인류학자인 아르놀트 겔렌이 인간 영혼의 깊숙한 곳에 자리잡은, 미래를 준비하는 태도를 나타내는 말로 사용했다.

단순성─적은 것으로 많은 것을 포착하려고 시도해 보라. 단순한 것이 척도였던 결핍의 땅에서 살았던 사람들은 분명 우리들 사이에 존재한다. 그들은 세계대전의 자식들이고, 전후에 기적을 만들어낸 사람들이다. 그들은 왜 침묵하고 있을까? 그들의 자녀들과 손자들은 지금 산더미처럼 쌓인 상품들과 소비에 대한 약속이 전혀 없었던 시대의 메시지를 듣길 원하는데 말이다.

당시는 머릿속에서 온갖 방향과 진로가 솟아오르는 시기였다. 전후에 기적을 만들어내고, 생기가 넘치던 노인들은 세계를 여행하면서 말을 너무 적게 한다. 그들은 젊은이들이 미리 연습하지 않고도 배워야 할 것을 간직한 사람들이다. 즉 더 소박한 것을 꿈꾸고, 중요한 것을 선택하고, 거추장스러운 짐을 던져 버렸던 사람들이다. 그런데 이들은 이제 지쳤고, 기억의 고통을 꺼려한다. 그들은 젊은 세대를 교육하면서도 그것을 회피했다. 궁핍한 전후 시대의 매력은 무엇이었을까? 그것은 바로 활짝 열린 소망의 문화였다. 더 나이든 사람들이 들려주는 전쟁 이전 시대의 이야기와 젊은이들이 전후에 겪은 모험들의 혼합이었다.

혼란기의 무질서와 수많은 불법노동, 여러 가족이 얽혀 사는 건물과 구역에서 다양한 출신과 계층의 뒤섞임은 아이들의 삶을 흥미진진하게 만들어주었고, 어른들의 삶에도 수많은 희망을 안겨주었다. 그들은 모두 새로운 시대의 제1장을 쓴다는 사실을 잘 안다. 아이들에게는 절대적인 신천지였다. 아이들은 전쟁을 일상적인 상황으로 알면서 자랐다. 부모와 조부모들이 전쟁 이전에 가졌던 꿈들은 폐허로 쌓인 거리로 밀려들어갔다. 평화롭던 어린 시절의 세상을 다시 만들 수 있을까? 선택의 부족은 삶을 단순하고 명쾌하게 해주었다. 거의 모든 사람들이 욕구 피라미드의 1층에 머물렀다. 먹을 것과 석탄을 장만하고, 군복 천으로 아이들의 외투를 만들고, 양말을 짜는 게 전부였다.

탐욕의 모델, 단순함의 모델

선택의 여지는 적었지만 수많은 소원이 있었다. 이것이 전후의 기적을 불러온 혼합이었다. 고도로 복잡한 시스템을 위한 계획이 아니라 매일매일의 생존 기술이 위로 차고 올라가는 추진력을 제공

✹ 단순성! 단순하게 살아라! 단순함은 복잡한 세계 속의 이국적인 꿈이다.

✹ 고대의 철학자들은 진리는 단순하다고 말한다. 그러나 단순성의 측면에서 독일은 개발도상국의 수준에 지나지 않는다. 우리는 매일 실패에 대해 변명한다. 복잡한 상황 때문이라고.

✹ 단순함에 대한 꿈은 명확함과 분명함의 비전이다. 그것은 저절로 제시되지 않고, 우리가 만들어내야 하는 것이다. 다음의 선택과 구별을 통해서.

- 무엇이 중요한가?
- 너에게 정말로 필요한 것이 무엇인가?
- 그 밖의 모든 것은 던져버려라.

✹ 단순함을 선택하는 사람은 예측 가능한 파트너가 된다.

했다. 수많은 소원과 꿈들이 자유롭게 펼쳐졌고, 그것은 새로운 현실을 강요했다. 머릿속의 세계가 상승의 박자를 결정했다.

이러한 상승에서 가장 이득을 본 건 아이들이었다. 아이들의 이성과 힘이 성장하면서 선택의 폭도 함께 증가했다. 하이테크닉으로 포장된 장난감과 유명 상표, 휴가 여행을 위한 물질적인 경쟁은 벌어지지 않았다. 단순함이 그들의 유년 시절을 지배했다. 그러면서 아이들의 꿈의 세계는 점점 거대하게 성장했다. 배움과 발견에서 경쟁은 없었고, 박물관과 극장들이 유혹했다. 부모들의 교육 이상에도 경쟁은 없었고, 팝문화와 여가생활을 위한 선택권도 존재하지 않았다.

아이들을 위한 최고의 모험 놀이터는 도시의 폐허들이었다. 아침 등굣길이면 오후에 폐허에서 만날 계획을 짜느라 바빴다. 유행에 대한 스트레스는 전혀 없었다. 기껏해야 끈 달린 주머니에 넣어 가방에 매달고 다니던, 통조림으로 만든 미국식 급식의 품질에 대한 이야기를 나누는 게 전부였다. 또는 옆반의 악동들에 대해 새로운 소식을 주고받거나, 같은 반에서 상대하지 말아야할 녀석이 누군지를 정하는 대담한 전략을 짜기도 했다.

오후 생활을 위한 선택권이 너무 많았던 적은 결코 없었다. 거의 모든 것이 폭격으로 날아간 황무지에 살았기 때문에 모든 일이 빤했다. 그러나 그외의 생활은 전혀 몰랐기 때문에 그 상태로도 좋았다. 그 누구와도 소비로 경쟁할 필요가 없었다. '내 집, 내 자동차, 내 보트'의 세계는 우리의 비전이 아니었다. 그것은 우리가 전혀 모르는 먼 별나라의 일이었다.

이처럼 단순함을 갈망할 만한 가치로 만들 수는 없었을까? "하지만 그때는 어쩔 수 없는 위기였어요! 우리에게 궁핍함이 좋다고 설교하는 건가요?" 젊은이들은 믿을 수 없다는 듯이 이렇게 묻는다. 우리는 다만 더 적음의 매력에 대해 말하고 싶을 뿐이다. 우리 아이들의 낙천주의적인 삶에 영향을 준 건 바로 우리들 자신이었다. 그런데 이제 이 아이들의 삶이 무너질 위기에 처했다. 그들의 출발점은 완전히 달랐다. 복지의 자식들이 전쟁의 자식들을 이해는 해도, 그들처럼 느끼지는 못한다. 우리는 그들에게 메시지를 전할 뿐이고, 그것은 이런저런 메시지가 아니라 핵심으로 인도하는 메시지여야 한다. 머릿속의 세계가 외부 세계보다 더 크고 더 강력할 때, 새로운 출발이 가능하다는 메시지를 전해야 한다. 자신의 머릿속에서 소비의 명령이 권력을 장악한 것을 경험한 사람은 언제가 되었든 자기만의 생각과 비전을 만들어야 한다는 억제할 수 없는 충동을 느끼게 된다. 이제야말로 이미 만들어진 세계가 아니라 머릿속의 세계를 관철시키겠다는 강한 충동을 말이다.

이러한 해방 투쟁에서는 필연적으로 단순한 게임의 규칙, 뚜렷한 체험, 분명한 감정에 대한 요구가 깨어난다. 게으름뱅이의 천국에서 추방당한 직후부터 우리는 곧 깨달았다. 단순성의 측면에서 독일은 개발도상국 수준에 머물렀다는 사실을. 우리가 길러낸 굶주린 젊은 소비 호랑이들은 하이테크닉으로 둘러싸인 나라를 배회하면서 어디를 두드려 보아도 환영받지 못했음을 절감하게 된다. 우두머리들은 실패했다. 어제의 우두머리들은 무리를 지어 자기들만을 위한 유람이나 건강 여행을 다닌다.

내일의 우두머리들은 본보기가 없음을 아쉬워한다. 나이든 사람들은 독일의 기적을 불러일으킨 데 대한 대가를 원한다. 그들은 그 시기의 마지막 장을 바로 지나고 있고, 첫 번째 장에 대해서는 거의 말하지 않는다.

복지의 자식들이 도달한 새로운 인식에 동조하는 사람들은 많지 않다. 복지는 포만감을 주지 못하고, 온갖 것으로 가득 찬 삶이 성공적인 삶은 아니며, 거의 모든 공인된 유혹의 소리는 잘못된 방향으로 이끈다. 이제 서로의 생각을 공유하게 된 소수의 나이든 사람들과 젊은이들은 좀더 단순하고 새로운 삶의 장을 함께 써나간다. 그 속에서 과거의 복지 단어들은 새로운 의미를 얻게 된다. 그 중 가장 중요한 것이 다음의 다섯 가지다.

돈 : 자유로 나아가는 문. 나눔의 수단.

이윤 : 육체와 정신과 영혼에 유익한 것.

투자 : 상호간의 좋은 관계를 위한 노력.

수익 : 우리가 세심하게 가꾸는 관계에서 얻어지는 보답.

결산 : 우리의 가장 좋은 것을 주고자 하는 마음가짐의 수확.

글로벌 사냥 사회의 기초를 이루는 돈과 이윤, 수익과 배당금, 투자와 결산, 거래소 시세 등은 삶에 필요한 재물이 조화를 이룰 때는 상석을 차지하지 못한다. 전 세계적으로 계속된 이윤 사냥의 탈선은 인간을 장애 요소로, 손실의 원천으로 진단하려는 유혹에서 비롯된다. 게임에 참가하는 사람들만이 중요하지만 그 수는 점차 줄어들었다. 비즈니스는 더는 인간을 필요로 하지 않는다. 비즈니스는 인간 우두머리들을 종으로 부리는 괴물 우두머리가 되었다.

이는 재물의 서열을 머릿속에 심어주는 가혹할 정도로 단순화된 구상이다. 아무도 그것을 동경하지 않지만, 수많은 사람들의 탐욕은 이 모델을 따른다. 단순함에 대한 동경을 아는 사람은 새로운 위험을 감지한다. 소비의 강압에서 벗어난 우리가 더 큰 형태의 탐욕스런 자들의 삶을 이어가게 되었다. 이제는 불필요한 물건들을 집으로 질질 끌고 가는 구매자가 아니라 투자자와 주주로서 살아간다. 여기서는 오로지 돈만 움직인다. 이곳은 위험하고, 사람들은 여기서 별을 따거나 완전히 바닥으로 곤두박질친다. 미래의 우두머리들이 거래를 하는 곳에 동참하고 싶어 하는 것, 그것이 바로 유혹이다.

세계화는 어제의 지역적인 소비자 역할과는 완전히 다른 모습이다. 지주회사(참여회사)와 펀드 회사, 금융 회사의 전문가들은 심지어 모든 것이 아주 단순하다는 메시지를 전해준다. 고대의 철학자들이 말했듯이 고도로 복잡한 모든 것은 붕괴의 위험이 도사린다. 수천의 조각으로 분해되기도 하고, 수많은 기회들이 뒤죽박죽 뒤섞인다. 사실 이곳은 최고 수준의 단순함을 어딘가에 남겨두었다가 필요할 때 그리로 돌아가겠다고 생각하는 사람들을 위한 시장이다. 이러한 배경 앞에서 모험은 흥분제이자 하나의 게임이다. 그러나 되돌아갈 곳 없는 사람이 고도의 전문적인 딜러들의 게임에 동참한다면, 그는 언제나 패배할 수밖에 없다.

젊은 사람들은 단순함이 항상 과거의 것이라고 생각한다. 버리기술을 터득한 사람은 관심과 인정을 받지 못한다고 생각한다. 그러나 이는 한참 빗나간 생각이다. 돈의 귀재들이 활동하는 전쟁터에서 새로운 분배 투쟁의 먼지구름 속에 빠지지 않는 사람은 전선을 인식하고 일찍부터 패배를 예견한다. 그러나 이곳에 휩쓸린 사람은 자신의 눈을 멀게 하는 목표 때문에 잘못을 저지를 수밖에 없다.

단순함의 우두머리들 — 초원지대의 파수꾼

적당한 거리를 유지하는 우두머리처럼 분명하게 두드러지고, 환영을 받는 사람은 아무도 없다. 오직 그들만이 연관성을 인식하고 탐욕스러운 싸움꾼들 사이에 감춰져 있는 구조를 밝혀준다.

새로운 방향으로 유도된 탐욕의 한 장에서 다음 장으로 비트적거리며 나아가고 싶지 않은 사람은 인간과 시장의 새로운 분리 과정에서도 과도기적 현상이 문제라는 점을 주시해야 한다. 이제 돈의 새로운 주인들보다 더 단순하게 살기 위해 노력하는 사람은 내일은 승리자가 된다. 패배자는 가장 급진적으로 모험을 감행한 사람들 사이에서 나온다. 그렇다면 단순함의 우두머리들은 무엇으로 이익을 얻을까? 그들의 자부심을 키우고, 그들의 평판과 명예와 명성을 만드는 것은 무엇일까? 여기서는 금욕생활의 구상이 아니라, 좋은 반향 속에서의 새로운 향유 능력이 중요하다. 인간은 다른 사람들 없이는 성공할 수 없기 때문이다.

성공의 공식은 함께 있으면서도 스스로를 구별 짓는 것이다. 그런데 다른 사람들보다 더 단순하게 살면서 어떻게 그들과 함께할까? 바로 그것이 문제다.

당신은 적당한 거리를 유지하고 있기 때문에 머리가 자유롭다. 그 때문에 당신은 관찰자로서 귀중한 존재가 된다. 당신이 보는 것을 다른 사람들은 보지 못한다. 그들은 잘못을 줄이기 위해 당신의 지식이 필요하다. 그들은 당신의 판단을 높이 평가한다. 당신은 편견에 빠지지 않고, 그들 같은 사냥꾼이 아니기 때문이다. 따라서 당신은 대부분의 사냥꾼들처럼 갑자기 노획물이 되지도 않는다. 당신

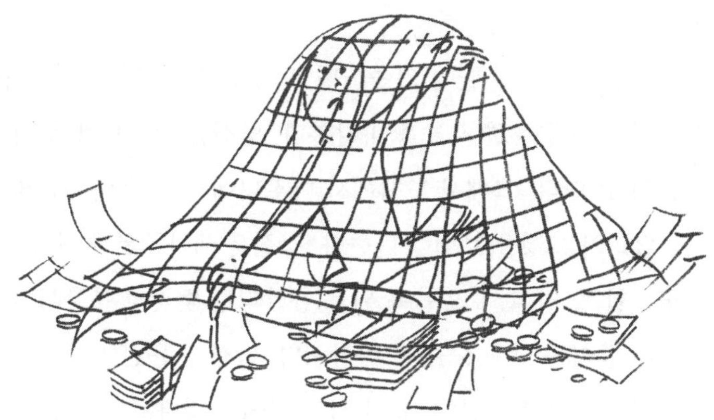

✱ 탐욕의 다음 단계 : 전 세계적으로 재물이 아니라 오로지 돈만 움직인다.

✱ 새로운 유혹 : 이제는 상품을 산더미처럼 쌓아두는 구매자가 아니라 주주와 투자자, 전 세계적인 탐욕의 전 세계적인 룰렛 게임에 동참하려고 한다.

✱ 단순함의 우두머리들은 승리자가 된다.

✱ 그들은 초원지대의 파수꾼처럼 신중하고, 어디에도 휩쓸리지 않는다.

의 자리는 당신에게 신망을 주고, 당신의 명성을 더욱 높여준다.

소수의 사람들만이 당신을 우월하게 만드는 것이 무엇인지 진심으로 관심을 기울인다. 그것은 당신이 관심을 갖는 대상을 자유롭게 선택하고 바꾸는 자유다.

사람들 사이에서 혼란이 가중되면, 당신은 밤에 당신만을 위한 시간을 내 별이 총총한 하늘을 바라본다. 당신은 마로니에 꽃이 언제 피는지 잘 안다. 그래서 도시에서 마로니에가 가장 아름답게 핀 곳으로 달려가 그것을 보며 감탄한다. 당신은 배나무꽃과 사과나무꽃을 구별할 줄 알고, 보도블록 위로 흩날리는 벚꽃의 분홍색 눈송이를 주워 향기를 맡을 줄 아는 사람이다. 당신은 유년 시절의 문을 반쯤 열어놓은 채 살아간다. 유년 시절 집에는 벚나무가 있었고, 벚나무 가지에 매달린 당신의 그네는 바람에 이리저리 흔들린다. 당신은 하늘을 바라보고, 벌들이 꽃잎에 몸을 담그는 모습을 본다. 또한 유년 시절과 마찬가지로 봄과 여름과 가을의 태양을 느낀다.

주식 시세를 알리는 신문이 바람을 타고 다른 나무가 있는 곳으로 날아간다. 주위가 조용하기 때문에 사람들의 소리도 나지막해진다. 행복을 좇느라고 실제 하늘에 뜬 구름과 별을 볼 시간이 전혀 없는 사람들의 소리조차 작아진다. 그러나 그들의 일은 감탄이 아니라 붙잡는 것이다. 그들은 감탄하고 숭배하는 것은 나약하게 만들 뿐이라고 생각한다.

별들도 노획물이고, 전 우주가 감시 목록에 기록되었다. 내일이면 그곳에도 주식이 분배된다. 그래도 여전히 감탄하고 숭배하면서 하늘을 바라본 사람은 노획물의 분배에 동참하지 못한다.

과연 정말 그럴까? 이 땅의 가장 위대한 사람들은 잠시 숨 돌릴

틈도 갖지 못하는 탐욕스러운 참가자들이 아니다. 감탄의 대상이 되는 뛰어난 사람들은 현재의 위치를 바꿈으로써 강해진 사람들이다. 우리는 마음을 약하게 하려고 오랫동안 억눌렀던 울음을 터뜨리는 상대를 두려워하지만, 그런 사람들은 마음이 약해질까봐 별과 이웃집 창문에서 들려오는 나직한 음악 소리를 두려워할 필요가 없다. 이 땅의 위대한 사람들이 우리의 감탄을 불러일으키는 것은 그들이 서로 다른 세계 사이를 오가는 진자이기 때문이다. 그들은 침착하게 동참했다가 즐겁고 홀가분한 마음으로 교대한다. 단순함을 자유롭게 조절하고, 시장에 새로운 활기를 부여한다. 또한 시장에 폭넓은 시야와 평정심을 제공한다. 그들이 나타나는 곳에는 흥분의 수위가 가라앉고, 모두가 갑자기 더 많은 통찰력을 얻게 된다. 그들이 역할 교대로 힘겨워하는 사냥꾼과 사냥당하는 사람들과 언제나 같은 곳에 있었다면, 그들은 어느 누구도 돕지 못할 뿐 아니라 자기 자신조차 돌보지 못한다. 대다수의 젊은 사업가들이 현재 이런 상황에 처했다.

따라서 더 높은 곳을 찾아 항상 그곳으로 돌아가는 것은 매우 중요하다. 앞을 훤히 내다볼 수 있는 언덕, 아침과 저녁 하늘, 새가 지저귀는 소리나 소리 없는 강의 흐름, 해변에서 바라보는 끊임없는 파도의 물결, 흥분 속에서 바쁘게 움직이는 우리들 위로 유유히 흘러가는 구름.

오직 그러한 생각으로 무장한 사람만이 커다란 기회와 커다란 위험을 구분해낸다. 지금까지 얼마나 많은 세대가 자신들의 유일한 기회를 추구한다고 생각했고, 그러면서 감탄과 숭배와 관심어린 친밀감을 갖지 못했던가. 대규모 거래의 피상적인 매혹으로부터 사랑의 시간, 약속의 중요성, 우정의 의무감을 식별한 것도 그런 생각을 가진 사람들뿐이다. 오직 구별을 연습한 사람만이 선택할 수 있다.

단순함을 최고의 성과를 위한 원동력으로 발전시킨 사람의 우월성을 말할 때, 우리 사회의 자제력에 대해 언급하게 된다. 쉽게 말하자면 끝없는 탐욕을 억제하게 하는 가치다. 여기서는 다수가 소수에 의지하게 된다. 우리는 모두를 위해 생존에 필요한 단순한 원천들과 접촉한 대리인들을 고용한다.

＊ 단순함은 이국적인 꿈이다. 복잡한 세계에 홀딱 빠진 우리는 단순함을 순진한 신화로, 이상향으로 여긴다. 우리의 경험은 어떠한 의혹도 허용하지 않는다. 따라서 단순함은 우리의 꿈속으로 물러난다. 다른 채워지지 않은 갈망들이 쌓여 있는 곳으로.

＊ 우리의 불만은 단순함이 고귀한 역사를 가졌다는 사실이다. 고대에는 단순함이 진리의 상징이었다. 단순하고, 나누어지지 않는 것을 추구하는 사람은 진리에 더 가까이 다가간다. 그것은 어떤 진리일까? 폰티우스 필라투스도 유대인들이 데려온 죄인을 판결해야 할 때 자신의 무죄를 이야기하면서 손을 씻었다. 그는 회의적으로 그들에게 되물었다. "무엇이 진리냐?"

＊ 단순함을 추구하는 사람은 실제로는 그보다 더 비밀스런 흔적을 따른다. 그것은 행복으로 이어진다. 상품들의 산더미 뒤에서 시선을 전혀 왜곡시키지 않는 단순한 풍경이 발견된다.

＊ 게으름뱅이의 천국에서 추방당한 직후부터 우리는 깨달았다. 독일은 단순성의 측면에서는 개발도상국 수준이다. 나이든 사람들은 뒤로 물러나고, 젊은이들은 의미를 갈구한다. 금융 산물들은 포만감을 주지 못한다. 이제 돈의 주인들보다 더 단순하게 살기 위해 노력하는 사람은 탐욕의 한 장에서 다음 장으로 비트적거리며 앞으로 나아가지 않는다.

＊ 단순함의 우두머리들은 내일의 승리자가 된다. 그들을 믿고 의지하는 사람은 자신의 감각이 말하는 나직한 소리를 다시 듣는 법을 배우게 된다. 단순함의 우두머리들은 초원지대의 파수꾼처럼 살아간다. 어디에도 휩쓸리지 않으면서 많이 안다. 그들은 중독의 위험에 빠지지 않기 때문에 신망을 얻는다. 사람들은 그들을 신뢰한다. 그들은 어떤 유혹에도 흔들리지 않는다. 그들은 자신들이 관심을 갖는 목표를 선택하고 적당한 순간에 관점을 바꾼다.

＊ 단순함의 거장들은 다른 사람들보다 더 많이 이루고자 하는 사람들에게 가장 좋은 본보기다.

나눔 –
나눔을 통해 배가되는 것

PART 5

승리의 보장은 성공을 나누는 것이다
얻기 위한 나눔 – 가장 소중한 자산에는 시장가격이 없다

탐욕은 탈선한 요구이다. 타락한 욕망이다.
복지 사회에서 살아가는 동안 우리는 우리의 욕망을 꿈틀거리게 하는 갖가지 호소에 둘러싸여 있다.
시장의 부름은 우리의 가장 대담한 꿈들인 사회적 인정과 아름다움,
행복을 받아들인다. 그러한 꿈들이 물질을 통해 실현될 수 있다는 것을
우리들에게 각인시키려고 한다. '당신이 원하는 것은 돈으로 살 수 있다.'
'당신은 욕망하는 존재로서 공급자들의 총아이다.' '그들이 당신을 받쳐줄 것이다.'
우리는 그들이 우리에게 일깨우고 고취시키려 하는 것과 똑같은 충동을 느낀다.
더 많은 것을 얻고자 하는 욕망을 느낀다. 공급자들도 똑같은 욕망에 따라 움직인다.
더 많은 고객, 더 많은 돈, 더 많은 성공. 성공은
물질을 획득함으로써 이룰 수 있다는 메시지가 그러한 욕망 속에 담겨 있다.
풍족한 복지 문화의 밑바탕에 흐르는 멜로디로서의
탐욕은 오래 전부터 부도덕의 고리에서 벗어났다. 탐욕이 그 고리의 모든 것을 결합시키기 때문이다.
모두가 절제를 잃어버리면, 탐욕이 규범이 된다. 무절제함에 대한 요구가 일상을 지배하기 때문이다.
성공이 오직 물질적으로만 규정되는 곳에서 탐욕은 정당한 충동으로 승격된다.
양쪽의 욕망하는 주체들은 돈과 물질에 대한 상호간의 탐욕, 오로지 돈과 물질을 통해서만 얻을 수 있는
관심과 영향력에 대한 탐욕을 서로 부추긴다.

13 승리의 보장은 성공을 나누는 것이다

너 아니면 나. 네 것 아니면 내 것. 가진 것과 갖지 못한 것. 이는 흑과 백, 예와 아니요, 이것이냐 저것이냐의 세계이고, 계파들 간의 세계다. 대립의 세계다. 이것이냐 저것이냐의 땅에서는 우리가 갖고 싶은 것을 다른 사람에게서 빼앗는 것이 중심적인 교리들 가운데 하나다. 우리가 다른 사람에게 준 것은 다시는 돌려받지 못한다고 말한다. 나눔? 여기서는 낯선 단어이고 위험한 잘못이다. 나누는 사람은 실패한다. 남에게 주는 사람은 아무것도 갖지 못한다고 말한다.

아이들은 우리가 말리지 않는 한 마음껏 베푼다. 아이들은 다른 사람의 눈이 기쁨으로 반짝이는 것을 보고 싶어서 마음껏 나누어준다. 또한 다른 아이들보다 훨씬 관대하게 나누는 친구에게는 좀더 높은 서열을 부여한다. 어린이 제국의 우두머리는 언제나 다른 사람들과 나누는 특징을 보여준다. 반면에 어른 우두머리들은 다른 사람과의 경계 구분을 특징적으로 드러낸다. 그들을 둘러싼 산소가 희박한 지대는 대화 상대의 생각을 무디게 하고, 그들에게 가까이 다가가지 못하게 한다. 나눔은 있을 수 없는 일이다. 그저 그들과 같은 공간을 나누는 것으로 자부심을 느끼는 정도다.

양자택일의 세계는 나누는 것이 언제나 한쪽의 손실을 의미한다고 확신한다. 탐욕의 권력 장악도 다른 방법으로는 불가능하다. 지지자들을 얻기 위해서는 이러한 오류가 필요하다. 우리가 살았던 복지 시대의 분배 투쟁을 관찰한 사람은 이처럼 끈질긴 착각의 증인이다. "네가 원하는 것은 다른 사람에게서 빼앗아라." 이것이 사람들을 재촉하는 메시지다. 이 위험한 사냥의 이데올로그들은 자신들이 수백 번이나 보았던 것을 마치 전혀 보지 못한 사람들처럼 행동한다. 바로 세포분열이다. 세포분열은 탐욕과 인색함의 격언과는 정반대로 흘러간다. 나눔이 점점 더 커지고 많아졌다가 결국엔 새로운 생명이 탄생한다. 마지막에 처음보다 더 많은 것을 갖기 위해 나누는 것은 몽상가들의 서정적인 꿈이 아니다. 그것은 생명 자체의 성장 법칙이다. 이러한 사실을 잊은 사람은 많은 힘과 행복을 대가로 치러야 하는 갖가지 과오를 범한다.

나눔이 곧 이익이다

우리가 쟁취한 것을 꽉 움켜쥐는 것은 물질주의의 커다란 유혹이다. 물질주의는 우리에게 소리친다. 네가 소유한 게 바로 너 자신이야. 또한 구매력이 명망을 얻게 해준다는 소리를 듣는 사람은 자기가 소유한 재물을 다른 사람들과 나누는 대신 꽉 움켜쥔다. 탐욕스러운 소비사회에서는 철학자들조차 조그만 난세포의 분열 결과를 인상적으로 보여주는 세포분열의 모델을 용기를 북돋워주기 위한 예로 제시하지 못했다. 자연과학자들도 모든 규칙들 가운데 가장 단순한 규칙을 우리의 눈앞에 보여주는 것을 게을리했다. 생존뿐 아니라 새로운 생명을 창조하는 그 규칙은 바로 나눔이다. 어떤 사람은 사회 분위기가 그렇지 못하다고 말한다. 그러나 '나눔을 통한 이익의 극대화'라는 말의 매력은 많은 사람들에게 이미 알려졌다.

복지의 시민들은 선례를 막기 위해 좀더 확실한 길을 선택했다. 우리는 우리의 구상에 어울리지 않는 나눔이라는 주제를 다른 사람들에게 위임했다. 양심의 가책을 조금이라도 달래야 하는 대부호들, 나눔의 명시적인 행위를 통해 자신들의 우월함을 견고하게 하고 도덕성을 얻고자 하는 막강한 재력가들, 그리고 선천적으로 나누지 않고는 견디지 못해 나누면서 가난해진 순수한 자선가들에게 맡겨버린 경우다. 우리는 또 많은 대리인들을 동화와 우화 그리고 신화 속으로 보냈고, 그들은 그곳에서 우리의 참여를 대신한다. 성 마르틴이 말을 타고 가다고 가난한 거지에게 자신의 외투를 나누어준다. 외투는 물론 다시 자라지 않는다. 그러나 우리의 걱정은 곧 가라앉는다. 거지에게는 외투 반쪽이라도 충분하고, 성자는 집에 또 다른 외투가 있다. 이 이야기는 성 마르틴의 행동이 우리처럼 평범한 사람들로서는 가당치 않음을 보여준다. 따라서 이 이야기의 호소는 우리를 향하는 게 아니라고 생각해버린다.

또 하나의 강력한 논거가 우리의 핑곗거리를 제공한다. 그러한 희생은 순간적으로 타올랐다 꺼져버리는 짚불일 뿐이다. 거지는 여전히 가난하고, 기부자는 무대를 떠난다. '너는 가난하고 나는 부자'의 게임 규칙은 훼손되지 않는다. 말을 탄 성인은 짧은 시위를 한 뒤 곧 무대에서 떠난다. 대부분의 사람들은 우리의 삶도 그렇다고 말한다. 손실을 감수하는 사람만이 나누어야 한다는 것을 증명한다. 의식이 없는 세포는 예외적인 경우라고 말한다. 다만 신화와 전설이 이 주제를 물고 늘어지는 게 이상할 뿐이다. 세포분열은 모든 도덕과 상관없이 진화에 의해 예정된 프로그램을 풀어놓는 것뿐인데, 그것에 근거해 도덕을 말하는 것을 이상하게 생각할 뿐이다.

우리가 나눌 것인지, 나눈다면 무엇을 나눌 것인지를 스스로 결정하는 한, 나눔이 손실이 아닌 이익을 가져다준다는 진화의 암시에 대한 이해는 중요하지 않다. 그러나 우리가 누구에게 무엇을 나눌지에 대해 더 이상 스스로 결정할 수 없을 때, 그때 비로소 우리의 문제는 심각해진다. "이건 내 것이야!"라고 말한 자기 주장이 적대적인 감정만을 불러일으킨다면, 문제는 심각해진다. 정치는 우리에게 이제는 나누어야 한다고 요구한다. 그러면서 동시에 자기의 요구를 강요한다. 시민들은 다른 사람과 나누지 않으려면 무엇을 더 꼭 쥐어야 할지를 결정하는 기회조차 갖지 못한다.

상실의 두려움은 모든 감각을 수축시킨다. 상품 세계가 다시 한번 시민들의 머릿속에서 환호한다. "이제 무엇을 더 사지? 다른 사람들은 나보다 더 많이 살까?"

상실에 대한 두려움 속에서 어느 정도 시간이 지나면 오랫동안 잠들어 있던 인식이 우리에게 속삭인다. "물건을 사지 않고도 부자가 되는 방법이 있다는 걸 넌 잊었어. 그것이 가장 소중한 재산이라는 것도 넌 잊었지. 네가 시기와 탐욕과 인색함으로 질식시키지만 않는다면, 너는 그 재산을 무한정으로 소유할 수 있어. 그것은 비물질적인 세계에 속해 돈으로는 결코 사지 못해. 그 세계는 네가 유년기와 청소년기를 보낸 곳이야. 그것은 네가 어린 아이였을 때 돈으로 지불할 필요 없이 가졌던 재산이었어. 너의 부모들이 네게 주었던, 아니, 너와 함께 나누었던 사랑과 애정, 보살핌, 따스함, 관심이야.”

우리는 어린 시절 우리에게 나누어지는 행동을 체험하면서 나눔을 배우게 된다. 어린아이들이 초콜릿뿐 아니라 걱정과 행복까지 자발적이면서도 격렬하게 나누는 것은 그들의 미숙함과는 아무 상관이 없다. 한 살짜리 아기가 울음을 터뜨리면 옆에 있는 동갑내기 아기도 함께 울며 ‘고통의 나눔’이라는 태고적의 프로그램이 드러난다. 실제로 나누어진 것은 순간 더 많아진다. 두 아이의 울음은 점점 커지고 어떠한 위로도 불가능해 보인다. 이제 어른들만이 두 아이를 달랜다.

아낌없는 나눔을 위하여

아이가 좀더 자라면, 우는 아이는 위로가 필요하다는 것을 배우고, 그것을 정확하게 전달하는 법을 배우게 된다. 나누어진 고통은 고통을 줄이는 애정을 불러일으킨다. 미숙한 아이는 감정이입이라는 순수한 진화의 유형을 보여준다. 우는 아이를 바라보는 아이는 그 아이가 자신과 똑같다고 느끼고, 바라보던 아이가 흘리는 눈물은 ‘네가 울면 나도 네 고통을 함께 느껴’라는 것을 증명한다. 이것이 조금 더 발전하면, 아이는 좀더 발전된 단계에서의 나눔을 통해 “너 울고 있구나. 내가 네 고통을 덜어줄게”라는 메시지를 전달한다.

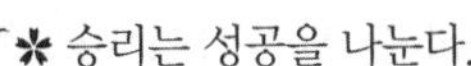

✽ 승리는 성공을 나눈다.

✽ 이것이냐 저것이냐의 세계를 떠나라. 나눔은 손실이 아닌 이익을
가져다준다. 나눔은 성장의 법칙이다. 생물학이 이를 증명한다.

✽ 탐욕의 땅에서는 잘못된 메시지가 울려 퍼진다. 나눔은 더 가난
하게 만든다. 그러나 우리는 이제 나눔이 부자로 만들어준다는
사실을 안다.

✽ 돈으로 살 수 없는 재물이 앞으로 나가온다.
  - 관심
  - 애정과 보살핌
  - 사랑과 성실함
  - 신뢰성과 믿음

나눔은 마지막엔 처음보다 더 많이 갖게 되고, 처음에는 한 사람만 가졌지만 나중에는 함께 공유한다. 앞에서 든 예에서는 이러한 메시지가 낯설게 느껴지기도 한다. 고통의 나눔을 반으로 줄어든 고통이라고 한다면, 그것은 처음에 볼 때만 빗나가는 경험으로 보인다. 결국에는 두 아이 모두 더 많이 얻게 된다. 나눔의 목적은 더 많은 고통이 아니라, 더 기분 좋은 상태이기 때문이다. 냉정한 관찰자라면 둘 중 한 아이에게만 필요했다고 생각할지도 모르지만, 결국엔 모두 더 기분 좋은 상태에 이르게 된다. 우는 아이의 예는 매우 평범하지만 나눔에 대한 우리의 원초적인 경험을 잘 보여준다.

복지로 인해 피해를 당한 대다수의 사람들은 시장의 모든 강요들을 무력화시키는 사적인 보호구역을 보존한다. 여기서는 시기와 인색함의 소리는 아주 작게 들리고, 구매력을 증명하기 위해 움켜쥐던 손도 풀린다. 많은 사람들이 공적으로는 기피하던 것이 사적인 영역이 된다. 그것은 관대함과 솔직함, 아낌없는 나눔이다.

우리가 복지 시대에 모은 일상의 교훈들은 우리가 지키고 싶어하는 사적인 삶을 위한 방어 조치와 위장술이다. 여기서는 자신이 가진 것을 마음껏 나누지만 밖에서는 꽉 움켜쥔다. 다른 사람들이 더 많이 가지게 되면, 그들을 엄습하는 시기심이 떠오르기 때문이다. 따라서 나눔은 꿈도 꿀 수 없다. 나눔은 비이성적이고 현실과는 낯설다. 나누는 사람은 의혹의 눈초리를 받는다. 이것이 복지의 자식들이 살아온 투쟁 문화의 일상적인 교훈들이다. 가장 아래층과 중간층의 생활이 이런 모습이었고, 상류층은 더 말할 나위도 없다. 그러나 더 적음에 익숙해진 지금, 그동안 까맣게 잊었던 나눔의 정신을 다시 잡을 수 있는 기회다.

나눔은 더 적은 것이 아니라 더 많은 것으로 끝난다. 그렇기 때문에 연쇄적으로 반응한다. 더 많이 얻기 위해 더 많이 나눈다. 우리와 뜻을 같이 한 사람들을 충분히 찾기만 한다면, 나눔은 가난이 아니라 부자로 만든다는 사실을 증명하고 경험하는 피난처를 공고히 하게 된다.

나눔을 통해 더 많아지는 것을 나눈다는 것은 무엇일까? 그것은 마치 마약을 뜻하는 말인 듯하다. 실제로 그것은 마약이지만 해로운 부작용을 불러일으키지는 않는다.

경쟁이 변질되면, 사람들은 모든 성공담이 나눔을 통해 가능했다는 사실을 잊어버린다. 오늘날 거기에 대해 새로운 관점을 제공하는 사람들은 진화생물학자들이다. 과거에는 시인들과 역사가, 신학자들이 그런 역할을 했다.

스스로 경계를 구분하고 아무것도 나누지 않고 혼자서 독차지하는 것. 이는 대중사회의 잘못된 가르침이고, 모두가 다른 사람을 적으로 경험하는 혼돈 속에서 심각한 결과를 초래하는 착각이다. "다른 사람이 네 기회를 훔치고, 네 자리를 차지해. 그들은 위험한 경쟁자야." 이러한 경험은 탈선한 사회 국가에서 전염병처럼 확산된다. 다른 사람과 나누는 것은 감히 상상도 하지 못하는 일로 여긴다. 분배 투쟁이 점점 더 위험해지는 상황에서는 나눔을 통해서 무엇인가가 더 좋아지고 심지어 더 많아지기까지 한다는 주장은 우습게 들린다. 결국 그 어느 것도 모두에게 충분하지 않을 때, 우리는 나눔을 완전히 잊는다. 우리 곁에 있는 누군가가 실패하면, 두려움에 쌓인 머리에서는 '내가 아니라 너라서 다행이야'라는 소리가 들린다. 복지의 하늘이 한창 푸르렀을 때도 상황은 다르지 않았다.

"경쟁에는 패배자가 있게 마련이야. 네가 승리자의 위치에 있다는 걸 잘 봐." 그것은 기분 좋은 말로 들렸고, 사람들은 오로지 승리자만을 안다. 지금 우리들 중 많은 사람이 승리자가 아닌 패배자이고, 우리 자신도 그들 가운데 하나다. "나누라고? 대체 무엇을? 불쾌한 기분을? 그게 나눔을 통해 더 많아진다면, 고맙지만 난 사양하겠어. 그것이 더 나아진다면, 그건 새로운 착각일 뿐이야."

그러나 이러한 생각 역시 착각이다. 원시 부족들 사이에 형성된 집단 문화에 대한 연구는 이를 증명한다. 모든 부족들은 부적이나 옷, 구호 등을 통해서 스스로를 식별하도록 만들었다. 그래서 멀리 떨어져도 적으로부터 친구를 구별한다. 이 말은 우리의 목표와 습관, 영토, 사냥 구역을 함께 나누는 친구와 그 모든 것을 나눌 수 없는 사람을 구별한 것이다. 친밀감과 신뢰 형성의 의식도 정해졌다. 특히 모두의 공통된 경험은 한 가지였다. 누구도 혼자서는 살아남을 수 없고, 모두가 서로를 필요로 한다는 것이다.

각자가 자신이 가진 새로운 생각이나 결단력, 그리고 힘, 즉 장점들을 나눌 때 확실한 성공은 비로소 가능하다. 각 개인이 제공한 몫은 다른 사람들의 장점들과 하나가 되어 전체 집단을 위한 높은 자의식과 일치된 힘을 낳는다. 모두가 나누고, 모두가 이익을 얻는다. 모두가 나눔을 통해 더 부유해지고 더 안전해진다. 아무도 그것을 의심하지 않는다.

그러나 우리의 경험은 오래전부터 알았던 이러한 지식과 배치되고, '우리에게는 더 이상 해당하지 않아'라고 생각하게 하는 유혹은 매우 크다. 우리는 외부의 적들뿐 아니라 주변의 모든 사람들과의 싸움에서 우리의 활동 영역을 방어하면서 살아간다.

동시에 우리가 서로에게 적대적인 행동만을 하면서 성공을 추구
한다면, 우리의 힘과 용기가 사라진다는 사실도 체험한다. 정치 지도
자들과 갈라져 무방비 상태이자 뚜렷한 목표가 없는 우리는 서로를
점점 더 믿지 못하게 되고, 결국엔 우리 자신도 더 이상 믿지 못한다.

14 얻기 위한 나눔―
가장 소중한 자산에는 시장가격이 없다

좋은 시절의 인상적인 과잉보호가 이쩌나 강력했던지 우리는 아직도 스스로 생각할 수 있는 영역이 전혀 없다고 주장한다. 그러나 그런 놀이터는 매일매일 늘어난다. 정치에서 돈과 상상력이 빠져나가는 곳이면 어디든 우리가 손해를 보지 않으면서 서로서로 나눌 수 있는 자유로운 활동 공간이 활짝 열린다. 우리는 새로운 경험을 통해 과거의 꿈들로 되돌아간다.

행복은 나눌 때 정말로 두 배 이상 커진다. 행복은 경쟁의 산물이 아니라서 우리를 약하지 않게 경쟁으로부터 벗어나는 경험을 준다. 행복이 마치 가장 날카로운 칼날을 쥔 사람들만을 위한 것인 양, 경쟁 사회가 오직 좁고 뾰족한 펜으로만 기록하던 성공의 행복은 우리가 동료들과 나눌 때 비로소 자신의 비밀을 드러낸다. 행복의 비밀은 바로 격려와 자신감의 획득이다. 그러나 이 두 가지는 적대감 없이 승리를 나눌 때만 얻는다. 우리가 좀스럽게 누구는 더 많이 기여했고, 누구는 별로 기여하지 않았다고 일일이 따지지 않고 관대하게 행복을 나눌 때 승리는 더욱 커진다. 이런 경우에만 섬세한 뇌도 흥분의 칵테일을 혼합한다. 우리 몸에서 자체적으로 분비되는 흥분제인 세로토닌, 코르티손, 코르티솔을 통해 우리는 강렬한 황홀경에 빠진다. 이는 거리의 마약처럼 고립시키는 것이 아니라 우리를 결합시키는 황홀경이다. 이제 이 공동체는 서로 나누기 때문에 더욱 강화된 힘으로 그 다음 성공을 향해 출발한다.

나눔을 통해 배가되는 것을 나누는 것. 이것은 적게 출발해 더 많이 얻고자 하는 모든 문화의 성공 비밀이다. 이 말을 적용한다면, 우리의 문화는 물질주의로 인해 오로지 상품과 수량의 더 많은 것만을 생각하는 유혹에 빠진 문화다.

인간은 본질적으로 나누는 존재다. 다른 사람들이 빼앗을까 두려워 나의 계획과 소망, 꿈, 목표를 다른 사람들 앞에서 감춘다는 생각은 지도층이 자신들의 계획을 시민들 앞에 감추기 시작하면서 탄생했다. 우리에게 전달되지 않으면 우리의 뜻과 반대라는 불신도 여기서 생겼다. 우리가 찬성하지 않기 때문에 사장들이나 정부가 자신들의 계획을 더 이상 우리와 나누려 하지 않는다는 불신이다. 어쩌면 그들은 나아갈 방향을 잃었기 때문에 아무런 계획이 없는지도 모른다. 지도층이 직원들과 시민들과 더 이상 나누지 않는 곳에는 인색함과 협소함이 팽배해진다.

지도층이 권력을 나누지 않고, 책임지지 않는 곳에서 사람들은 몸을 사리게 된다. 사람들은 곧 자신들의 불신만을 나누게 되고, 저물어가는 복지의 시대에 마지막까지 남몰래 간직하고 있던 자산은 서로 나누지 않는다. 더 이상 나누지 않는 통치자, 현재의 상황에 대한 자신의 판단조차 나누지 않는 모든 통치자는 권위를 잃어버린다. 사람들은 분명하게 알고 있다. 그가 더 이상 우리와 함께 나누려고 하지 않는 까닭은 적어도 그가 이끌어낸 결론이 우리의 마음에 들지 않기 때문이라는 사실을. 그는 우리의 거부를 감당하고 싶지 않기 때문에 더는 동의를 구하지 않는다. 결국 그는 나쁜 통치자다. 더 이상 나누지 않는 사람은 신망을 잃게 되고, 신망을 잃은 사람은 권력을 잃는다. 우리는 중세의 통치자들이 권력을 공고히 하기 위해 백성들에게 금화를 던져 우월함을 증명하고자 했던 행위를 잘 안다. 복지 시대의 정치도 똑같다. 결핍이 증가하는 시대가 이미 오래 전부터 위협적으로 다가왔음에도 정치는 거기에 대해 아무런 준비도 하지 않았다.

정치가들도 자신들의 오류에 굴복했다. 그들은 모든 게 부족해진 시대에는 힘들게 얻어내야 하는 대중들의 동의가 더 이상 결정적으로 중요한 요소가 아니라고 생각했다. 그들은 이제 시민들을 속이면서 결정을 내리기 시작한다. 그들은 더 이상 아무것도 나누지 않고, 그것은 더 이상 알려줄 게 없다라는 인상을 더해준다. 그들의 명성은 계속 추락한다. 그들의 계획이 목적에 부합하기 때문이 아니라, 그들이 시민들을 오로지 제물로만 생각하기 때문이다. 제물과는 대화를 하지 않는다. 시민들은 과잉보호의 제물에서 지나친 방임의 제물이 된다. 이는 가진 것을 나누고자 하는 시민들의 마음을 무위로 몰아가는 충격 요법이다.

사람들은 행복과 성공뿐 아니라 통찰력과 인식, 희망, 약속을 나눌 수 있을 때 가장 뛰어나다.

✳ 나눔을 통해 배가되는 것.

✳ 문화는 오직 나눔을 통해 생존 능력을 지니게 된다.

✳ 문화가 나누는 것 :
  • 문화의 성취
  • 친구와 적들을 통해 쌓은 경험
  • 성공
  • 인식과 혁신
  • 슬픔과 승리

✳ 모두가 베풀고, 모두가 이익을 얻는다. 아무도 혼자서는 살 수 없다.

✳ 나눔을 통해 배가되는 것을 나누기. 이것이 적게 시작해 더 많이 얻으려 하는 모든 문화의 성공 비밀이다.

나눔의 모티프

나눔은 서양의 기독교 사회에서 마법의 힘처럼 가장 중요한 전환점에 서 있다. 형리들이 십자가에 못 박힌 예수의 옷을 서로 나누었을 때, 그것은 전 세계를 위한 중재자의 희생이 의미하는 구원 행위에 대한 불가피한 참여였다. 가해자들은 그러한 행위의 힘에서 벗어날 수 없다. 그들은 예정된 행위의 경과에 동참하게 되었고, 자신들의 역할을 수행함으로써 구원을 가져다주는 불행에 참여하는 비밀스런 형식을 연출했다. 동일한 나눔의 모티프는 최후의 만찬에서도 반복된다. "잔을 받아 너희끼리 나누라"(누가복음 22장 17절). 빵도 제자들에게 나뉘어졌다. 만찬의 형이상학적 의미 역시 십자가에 못 박히는 행위를 중심에 둔다.

서양 기독교의 중심적인 메시지는 나눔이다. 구원의 중재는 단순히 이런저런 갖가지 요구들을 통해 우리가 가졌거나 알고 있는 것을 서로 나누는 것이 아니고, 오로지 나눔을 통해서만 가능하다는 것을 보여준다. 예수는 인간의 실존을 나누고, 인간의 모든 죄를 짊어졌다. 끊임없이 짐을 덜어주려고 무조건적으로 나누었다. 참여는 수단이고, 무조건적인 투신에 뒤따르는 제안이다. 이러한 메시지를 알기만 해도 참여는 보장된다. 이를 아는 사람들은 구원의 전파에 참여한다.

알리는 것이 참여를 보장한다. 현대의 경제 세계와 관직 세계, 그리고 시민들의 일상에서 소통을 둘러싼 토론도 이와 다르지 않다. 언어는 거짓말을 하지 않는다. 알리는 것은 단순히 보내는 것이 아니라 수신자와 나누는 것이다. 많은 사람들이 내가 나누어주는 것은 더 이상 완전한 내 것이 아니라는 걱정을 한다. 지도층 역시 안으로 들어가는 문의 열쇠를 성급하게 닫아버린다. 미루고, 조금씩 알려주고, 위장하고, 가능하면 침묵하는 것 등이 가장 간단한 일을 하지 못하게 하는 갖가지 수단들이다. 당신의 지식을 그것을 통해 삶을 바꾸게 될 사람들에게 나누어라. 그렇게 해야 그들을 당신의 계획에 참여시키고, 책임에 동참할 수 있다. 현대 공동체의 모든 파국들은 똑같은 특징을 드러낸다. 즉 지도자들이 나누지 않는다. 시민들은 나중에야 "나는 아무것도 몰랐어"라고 말한다.

더 이상 거짓말을 할 수 없게 된 상황에 이른 뒤에도 시민들은 계속 기만을 당한다. 이제 환멸을 주는 소식들의 쇠퇴기는 점점 짧아진다.

상실에 대한 논쟁은 탐욕의 정글에서 벗어나 점차 회복하는 사람으로서 할 수 있는 가장 중요한 발견을 덮어버린다. 이제 우리의 시야에 들어오는 모든 것을 서로에게 나누는 의연함을 찾게 되었다는 사실을 덮어버린다.

결핍의 낭만은 우리의 머나먼 기억 속에 잠든 세계를 바라보게 해주는, 탁 트인 창문을 느닷없이 활짝 열어놓았다. 이 세계는 다른 사람들 없이는 아무것도 이루어질 수 없는 세계다. 이 세계는 다른 사람 없이도 뭔가가 이루어지리라는 고약한 착각으로부터 마침내 우리를 벗어나게 해준다. 그렇기 때문에 독일이라는 재활 병동은 제대로 굴러가지 못한다. 개혁을 추진하는 사람들이 시민들 없이는 아무것도 아닌 존재들이며, 또한 어떤 것도 이룰 수 없다는 사실을 여전히 믿지 못하기 때문이다. 시민들의 의사에 반하는 개혁은 실패할 수밖에 없다. 나눔이라는 가장 중요하고도 필연적인 성공의 법칙을 무시하는 사람은 위기가 더욱 고조된다.

다른 사람들 없이는 무엇 하나 제대로 굴러갈 수 없다. 그러나 우리는 매일 정반대의 소리를 듣는다. 지나칠 정도로 노인들만 없으면 모든 게 나아질 텐데. 게으른 자들과 사회 시스템을 좀먹는 자들 그리고 불법 노동자들이 없으면 아무 문제도 없을 텐데. 이로써 우리가 그 누구와도 나누려 하지 않는 갖가지 이유를 가졌다는 게 분명해졌다. 하물며 사회의 평화를 교란하는 사람들과 나누려 하지 않는 것은 어쩌면 당연해 보인다. 나눔을 통해 배가되는 것을 나누는 것. 우리는 바로 이 숭고한 경험을 낙오된 사람들에게 나누어주어야 한다.

이기주의에 물들면서 우리는 나눔을 잊어버렸고, 복지가 사라진 이후 너무 성급하게 절대로 서로에게 나누어주려고 하지 않는 각각의 집단으로 분리되었다. 위기는 다툼을 불러온다. 그것은 거의 피할 수 없는 법칙이다. 그런데 이제 지도층에게 혁신이 무엇인지를 보여주어야 할 시민은 또다시 병든 땅에 산다. 우리는 권력자들의 시야에서 사라진 발전을 이끈다.

우리의 삶을 뜻대로 하기

우리는 잃지 않기 위해 과거의 체험들과 꿈들로 되돌아간다. 우리는 잃어버리면서 동시에 얻고 싶어 한다. 물론 나눌 때 가능하다. 우리는 놀라움을 체험한다. 나눔을 통해서 얻는 잉여 가치는 위기로부터 지켜주며, 우리를 확고히 해주기 때문이다. 우리는 또 생각처럼 비물질적인 재산을 늘리는 데에 그렇게 미숙하지 않다.

나눔을 통해서 더 많아지는 것은 무엇일까? 우리가 행한 가장 아름다운 발견은 어떤 경우라도 없어서는 안 되고, 어떤 위기에도 희생당해서는 안 되는 소중한 가치들이다. 우리가 아주 소수의 사람들과 새로운 공동체를 세워야 한다면, 그 가치들은 공동체의 중심이 된다.

우리는 버림받지 않기 위해 서로를 의지해야만 한다.

우리가 서로를 신뢰하고 싶다면 진실해야 한다.

우리는 지속적인 친밀감이 필요하기 때문에 신의를 갈망한다.

우리는 다른 사람을 존경하고, 존중하고 싶고, 다른 사람으로부터 존중받고 싶어 한다.

우리는 한계를 뛰어넘기 위해 감탄하고 싶어 한다.

우리는 신뢰라는 위험 자본을 가져온다.

우리는 통찰력과 지식, 경험들을 마음껏 나누어준다.

우리는 생각과 감정을 나누어준다. 감정을 이입하라! 다른 사람의 입장이 되어 보라!

우리는 약속을 지킨다. 용기는 그것을 필요로 하는 모든 사람들의 것이다.

우리는 서로를 용서한다. 몇 번이라도.

이 모든 재산이 나눔을 통해 사라지지 않고 더 많아진다. 인간은 나누는 존재다. 인간이 자신을 괴롭히고, 기쁘게 하는 것을 다른 사람에게 나누지 않으면, 그는 곧 병들게 된다. 물질적인 우위가 행복으로 들어가는 입장표를 준다는 복지 이데올로기를 믿는다면, 그는 목표가 없고 구제할 길 없는 혼란에 빠지게 된다.

우리는 이러한 혼란을 막 지나왔다. 상실감 속에 미래를 약속하는 새로운 희망이 파고들었고, 그것은 벌써 많은 사람들의 확신이 되었다. 우리는 마침내 삶을 뜻대로 연출하는 자유를 되찾았다. 단지 물질적이기 때문에 언젠가 우리를 다시 떠나게 될 것들을 더 이상 움켜잡지 않는다. 우리는 마침내 다른 사람들과 나누고 싶어 하는, 최선의 가능성으로 되돌아가게 되었다. 이를 통해 우리가 누구이고, 무엇을 간직해야 하는지를 확인할 수 있다. 그것은 시장 가치를 측정할 수 없는 재산들이고, 우리의 사적인 또는 동료들과의 가상적인 거래 속에서 가치 서열의 꼭대기로 밀고 올라가는 것들이다.

그것은 돈에 대한 의식과는 전혀 다른 의식 속에서 나누는 가장 소중한 자산들이다. 과잉의 경제가 마지막 단어가 아니었다는 크나큰 안도감이 찾아온다.

우리는 이제 좀더 나은 삶, 투명한 삶을 강하게 느끼기 시작했다.

우리는 더 이상 끊임없는 소비 경쟁 속에서 헐떡일 필요가 없어졌다.

우리는 믿고, 예측하는 연대를 체결했다. 나눔을 통해 배가되는 것을 나눈다는 이 연대의 모토에는 만료 기간이 없다.

이는 결코 이방인들의 구상이 아니다. 오히려 정반대다. 우리가 여기에 동조하는 더 많은 사람들을 얻지 못한다면, 중병에 걸린 우리 공동체의 인류애는 우리의 눈앞에서 죽어버린다.

그렇게 되면 복지의 초원지대로 쳐들어오는 것이 호랑이든 메뚜기든, 그런 것은 이미 더 이상 문제도 되지 않는다.

＊ 어른들이 개입하지 않는 한 아이들은 마음껏 나누어준다.

＊ 이것이냐 저것이냐의 세계는 나눔이 손해라는 확신 속에서 살아간다. 사람들은 위기 사회가 나눔이 전혀 없다고 말한다.

＊ 자연은 나눔이 성장을 가져온다고 가르친다. 모든 세포가 이를 증명한다. 탐욕의 자식들은 더 잘 안다. 손실에 대한 두려움이 그들을 어리석게 만든다. 우리가 더 적은 것에 익숙해지는 동안 이제 잊혀진 나눔을 다시 잡을 수 있는 커다란 기회가 찾아왔다. 이익을 가져다주는 나눔. 역사의 모든 성공은 나눔을 통해 달성되었다. 스스로 경계를 그으면서 아무것도 나누지 않는 것은 대중사회의 잘못된 가르침이다. 아무것도 나누지 않는 사람은 결국에는 혼란 속에서 자신이 꽉 움켜쥔 것을 다시 잃게 된다. 탐욕의 시대에 이해단체들은 결국 모든 것을 잃어버렸다. 그들이 수십 년 동안 서로 쫓으면서 차지했던 것 중에서 남는 것은 아무것도 없다.

＊ 인간이 오로지 적대적인 관계 속에서 자신의 행복을 추구한다면 힘과 용기는 순식간에 사라진다. 나눔을 통해 배가되는 것을 나누어야 한다. 무엇인가를 실현하기 위해서는 계획과 소망들, 생각과 경험들을 다른 사람들과 나누어야 한다. 원시 문화의 정체성은 오로지 적보다 강해지고, 구호를 통해 자기 사람을 식별하는 것으로 이루어졌다. 내일은 오늘보다 더 나은 삶을 살기 위해 같은 방향을 향하고자 하는 의지다. 우두머리들은 강한 추진력을 나누어준다. 모두가 자기가 소유한 것을 제공한다. 모두가 다른 사람 없이는 자신의 꿈도 이룰 수 없다는 것을 알기 때문이다.

＊ 소유에 대한 생각에 물든 사회는 위기가 닥쳤을 때, 그동안 잃어버린 에너지를 찾으려 애써도 아무 소용이 없다.

＊ 우리는 과잉 사회가 마지막 단어가 아니라는 사실을 제때에 깨달았다. 나누는 존재로서의 우리 자신을 다시 발견했다. 서로를 필요로 한다. 서로를 의지해야 한다. 아낌없이 나누어야 한다. 우리의 나눔은 더욱 풍족해져서 우리에게 되돌아온다. 나눔을 통해 배가되는 것을 나누는 것, 그것은 우리에게 보답하는 하나의 모험이다.

PART

미래의
우두머리를 구하라

6

경쟁 문화가 우리의 아이들을 갉아 먹는다
가장 강력한 경쟁자 – 힘없는 아이
외면하지 않는 시선 – 아이가 우두머리다
거의 잃어버린 행복

탐욕은 발선한 요구이다. 타락한 욕망이다.
복지 사회에서 살아가는 동안 우리는 우리의 욕망을 꿈틀거리게 하는 갖가지 호소에 둘러싸여 있다.
시장의 부름은 우리의 가장 대담한 꿈들인 사회적 인정과 아름다움,
행복을 받아들인다. 그러한 꿈들이 물질을 통해 실현될 수 있다는 것을
우리들에게 각인시키려고 한다. '당신이 원하는 것은 돈으로 살 수 있다.'
'당신은 욕망하는 존재로서 공급자들의 총아이다.' '그들이 당신을 받쳐줄 것이다.'
우리는 그들이 우리에게 일깨우고 고취시키려 하는 것과 똑같은 충동을 느낀다.
더 많은 것을 얻고자 하는 욕망을 느낀다. 공급자들도 똑같은 욕망에 따라 움직인다.
더 많은 고객, 더 많은 돈, 더 많은 성공. 성공은
물질을 획득함으로써 이룰 수 있다는 메시지가 그러한 욕망 속에 담겨 있다.
풍족한 복지 문화의 밑바탕에 흐르는 멜로디로서의
탐욕은 오래 전부터 부도덕의 고리에서 벗어났다. 탐욕이 그 고리의 모든 것을 결합시키기 때문이다.
모두가 절제를 잃어버리면, 탐욕이 규범이 된다. 무절제함에 대한 요구가 일상을 지배하기 때문이다.
성공이 오직 물질적으로만 규정되는 곳에서 탐욕은 정당한 충동으로 승격된다.
양쪽의 욕망하는 주체들은 돈과 물질에 대한 상호간의 탐욕, 오로지 돈과 물질을 통해서만 얻을 수 있는
관심과 영향력에 대한 탐욕을 서로 부추긴다.

15 경쟁 문화가 우리의 아이들을 갉아 먹는다

독일은 진짜 어른이 되었다. 단순히 성인들의 숫자만 놓고 볼 때 유럽의 다른 국가들보다 훨씬 어른스럽다. 비슷한 복지의 역사를 가진 다른 이웃국가들과 비교할 때, 독일은 아이들 숫자보다 어른이 더 많다. 신생 독일 공화국은 철저히 성인들 차지다. 이는 이성에 첫 번째 자리를 부여하겠다는 단호한 의지다. 다시 말해 더 성숙한 이성은 더 많은 합리성을 제공하고, 이를 통해 더 성숙한 판단을 내리게 한다는 뜻이다.

이 논리에 따르면 무엇인가를 해보고 싶어 하는 성인들은 더 빠르게, 더 많은 복지를 창출할 수 있다. 그들은 아직 이성적이지 못한 사람들에게 필요한 보호 조치로 인해 방해를 받지 않기 때문이다. 그들은 번 것보다 더 적게 지출하고, 더 빨리 더 많은 재산을 축적한다. 그들은 자신의 일에만 신경 쓸 뿐 그외에는 배려하지 않는다.

점점 더 많은 성인들이 점점 더 많은 노인들과 나누는 계몽된 세계가 되었다. 호모 에코노미쿠스는 마침내 모든 비유가 무력화되는 현대의 냉혹한 합리성에 도달했다. 가령 부모가 늙으면 부양할 자식이 필요하다는 것은 더 이상 통용되지 않는다. 이러한 구시대적 모델은 이미 오래 전에 국가에 의한 안전망이나 대형 회사들의 집단적인 보호망으로 대체되었다.

몇몇 생각이 다른 사람들은 이미 수십 년 전부터 주장해 왔다. 어른들이 그처럼 철저하게 자신들끼리만 있고자 한다면, 그러한 안전망들은 강철 같은 밧줄로 결합되어야 한다는 것이다. 그러나 그와 같은 논쟁은 왔다가 사라지고, 다시 왔다가 또 사라졌다. 기름진 80년대와 소란스런 90년대에는 비관주의자들이 환영을 받지 못했다. 그들은 다양한 진영에서 나온 사람들이었고, 갖가지 이유를 가진 아무런 근심 없는 사람들로부터 미움을 받았다.

어떤 사람들은 시의 적절하게 합리적인 경고를 했다. 무성하게 번성하지만 더 무성하게 착취당하는 사회 안전망은 후손이 없는 성인들에 의해서는 강철 밧줄로 결합될 수 없다고 주장했다. 왜냐하면 그들 중 점점 더 많은 사람들이 주는 역할에서 받는 역할로, 직업 활동을 하고 지불 능력이 있는 사람에서 직업 없이 돈을 받는 사람으로 이동하기 때문이다. 부유한 사회는 자신이 해결할 수 없는 걱정거리가 등장하는 것을 원치 않는다. 따라서 단기적인 생각이 처방되었고, 집단적인 자기 기만은 많은 지지자를 얻었다. 그들의 모토는 내가 살아 있는 동안은 그 정도로 충분하고, 경제 기적을 일궈내는 데 동참하여 책임을 다했다는 것이었다.

또 다른 진영에서도 경고하는 사람들이 등장했지만, 이들은 더 환영받지 못했다. 이들은 날카로운 공박을 가했다. 오직 현재만을 생각하고, 미래를 허용하지 않는 사회를 몰아대는 상태가 대체 어떤 정신인가를 물었다. 이 위험한 반대자들과의 공방전은 70년대에도 이미 화해할 수 없는 상황으로 치달았다. 다른 편에선 이 세계에 아이를 내보낼 만큼 용감무쌍한 사람이 어디 있겠느냐고 물었다. 한쪽의 윤리와 반대편의 윤리가 서로 그네를 타고 오르락내리락하면서 초윤리적인 논쟁으로 치달았다. 이러한 논쟁에서 부족한 미래 세대와 그들이 앞으로 나아가야 할 길에 대한 문제는 사라지고, 자신들의 유년 시절을 이미 오래 전에 뒤로 한 채 또 다른 유년 시절을 가꾸고 싶어 하지 않는 사람들의 자기 주장만 남게 되었다.

세대간의 역할과 대화

21세기 초반인 현재, 자신들의 고립을 성공적으로 방어했던 어른들은 이 주제를 전적으로 이해할 수 있도록 구체화시켰다. 누구나 그 의미를 이해할 수 있지만 책임지는 사람은 아무도 없다. 마침내 거기에 대처하기 위한 조치를 취하기에는 너무 늦었기 때문이다. 다가올 수십 년은 노인들 시대다. 각 진영의 적대감은 상반된 입장으로의 분열을 불필요하게 만드는 전문 용어 속에 응축되었다. 거기에는 오직 사실만이 있을 뿐이다.

그 용어는 바로 인구통계학이다. 이 말은 모두가 알면서 사용하는 용어다. 인구통계학은 더 이상 인구수의 변화와 상태, 즉 인구학을 뜻하지 않는다. 다시 말하면 익숙한 발전의 탈선과 생활 양식이나 가치의 서열에 대한 집단적인 결정을 기술하지 않는다. 그저 단순하게 모든 사회에 존재하는 인구 발전을 나타낼 뿐이다. 그것이

✻ 직업적인 출세가 지배하는 곳에서 아이들은 실패한다.

✻ 복지의 제1장만이 아이들에게 다정한 시기였다. 부모들은 자신
들의 성공의 사도로서 자식들을 위로 올라가게 했다.

✻ 소비문화는 아이들을 물질적인 단점으로 묘사한다. 그로서 그들
은 함정에 빠진다.

✻ 호모 에코노미쿠스는 오로지 계산만 할뿐이고, 아이들을 손해만
보는 장사라고 생각한다.

어떤 종류의 발전인지에 대해서는 언급하지 않는다. 오늘날 대부분의 토론에서 우리는 그것과 아무 상관이 없다고 주장한다. 윤리적인 문제에 관한 토론으로 진행된다면, 우리는 책임져야 할 사람이 누군지 거론할 수 있다. 그러나 대부분의 토론은 거기까지 진행되지 않는다. 자립심이 강한 어른들은 문제를 스스로 결정하려고 하지 토론에 붙이려 하지 않기 때문이다. 인구통계학은 사회 시스템 붕괴의 유발자로서 정치와 미래에 대한 예측을 제공하는 갖가지 연구에 종사한다.

부족한 세대들은 결국 물질적인 부족으로 재규정되었다. 그들은 존재하지 않기 때문에 아무것도 제공할 수 없다. 그들의 부재는 현재 왕성하게 활동하고 있는 사냥꾼들과 휴식처에서 쉬고 있는 선행자들에게 안락함의 문제를 야기한다. 그로써 한창 나이에 있는 가해자들의 안락함이 미성숙하고 도움이 필요한 후임자로 인해 위협을 받는다는 비유는 불확실해진다. 이 비유는 갑자기 저절로 뒤바뀌게 된다. 소비의 경쟁자로 규정된 젊은 동참자들이 존재하지 않기 때문에 그렇게 규정한 사람들의 소비도 위협을 받는다. 그들은 오로지 자기 자신의 안녕만을 추구하고, 생각이 같지 않은 사람과는 한 자리에 앉지 않겠다고 결정한 사람들이었다.

물질적 측면에서 보자면 탐욕스런 시기의 결과는 매우 위협적이다. 그러나 오직 경제적 관점에서 윤리 문제는 토론거리가 아니다. 어른들은 이제 자신들로 인해 위기를 맞게 된 다음 세대들의 운명에 대해 토론한다. 여기서도 책임을 미루고자 하는 욕구가 등장한다. 아이와 전문가들은 매우 장황한 어조로 세대간의 틈새에 대한 책임을 정치와 경제에 떠맡긴다. 토론에서 출세에 대한 욕구는 본래적으로 주어진 중요성으로 입증되고, 천편일률적인 결과가 도출된다. 즉 어른들이 직업적인 성공에 대한 행복을 추구하는 곳에는 아이들의 성공을 위한 자리는 존재할 수가 없다. 아이들의 허용 조건은 분명하다. 부모들의 출세가도를 방해하지 않는 것이다. 국가와 경제가 그것을 보장해야 한다는 것이다. 낙천적인 구상에 따르면, 아이들은 젖먹이 때부터 한데 모아 집단적으로 부양되어야 한다. 그러나 이러한 구상에서 같은 또래는 욕구도 똑같을 거라는 전제가 깔린다. 어른들에게는 개인적인 욕구가 있고, 그것들은 더 흥미롭고 다양하다는 것이다.

직업적인 출세와 동일한 의미로 규정되는 부모들의 행복을 위해서는 젖먹이들과 어린 아이들도 뒷전으로 물러나야 한다. 이러한 증명 과정의 당당한 결론은 대부분 다음과 같다.

직업적인 성공에 기뻐하면서 자식을 굽어보는 만족해하는 엄마는 아이 앞에 자주 나타날 필요가 없다. 중요한 점은 엄마가 기분을 좋게 느끼고, 그 기분은 아이에게도 옮겨간다는 사실이다. 이러한 이론은 '지식의 거부'라는 쉽게 충족될 수 있는 토대를 가졌다. 우리가 복지 문화의 실패 덕분에 얻게 된 지식 사회로부터 만들어낸 하나의 도피술이다. 아이들은 여전히 우리의 마음을 깊이 건드리는 주제이기 때문에 우리는 삶의 다른 영역에서도 계속 입증의 완전화를 추구했다.

우리의 조부모들은 20세기를 '아이들의 세기'로 공표했다. 그들과 그들의 부모들이 유년기를 독자적인 삶의 한 시기로 존중하며 시작한 연구는 커다란 승리였다. 아이들은 마침내 윗 세대에게 단순히 미래의 부양자를 위한 약간의 지출 이상의 의미가 되었다. 이제 사람들은 아이들의 놀이를 지켜보고, 아이들의 정신과 영혼을 연구하는 내적인 평온을 얻게 되었다. 아이들을 성인들의 보호와 관심이 없으면 살 수 없는 의존적인 존재로 이해하게 된 것은, 삶의 행복과 불행을 후손들이 아닌 사회 시스템으로 보호하고자 했던 시민사회의 커다란 성취였다. 복지 문화의 최초의 특징들은 아이들에게도 희망의 신호였다.

그러나 몇몇 시기가 지나자 복지 문화는 아이들의 적이 되었다. 처음 시작은 매우 순조로웠다. 의학의 발전으로 많은 아이들이 유아기를 살아남았다. 아이들의 욕구와 능력에 대해서도 더 많은 관심과 체계적인 호기심을 보이게 되었다. 또한 물질적인 부는 아이들에게 분배되었다. 이제 부양에 대한 기대감 대신에 완전히 다른 생각이 등장했다. 아이들은 부모 세대보다 더 높이 발전해야 하고, 더 많이 누려야 하고, 부모들이 뿌린 씨를 수확해야 한다는 의미다. 어른들의 낙천주의와 명예욕은 세대간의 간격을 쉽게 뛰어넘었다. 복지를 창출한 사람들의 자신감은 무한했다. 그들은 자식들이 좀더 나은 삶을 살게 되리라는 생각에서 만족을 찾았다. 이 땅에서는 장기적인 계획 수립이 현실적이라는 당연한 전제도 사라졌다. 오늘날에는 모든 장기적인 전망은 위험으로 간주되고 환영받지 못한다.

우리는 '아이들은 더 나은 삶을 살아야 하다'는 전후 시대의 프로젝트에서 우리가 오늘날 다시 시작하고자 하는 미래의 주제를 인식한다. 나눔을 통해 당신의 행복을 완성하라. 당신의 아량은 다른 사람뿐 아니라 당신 자신에게도 더 많은 삶의 행복을 가져다준다.

전후 시대의 발전을 이룬 부모들은 그들의 후손들보다 이타적인 사람들이었을까? 그렇다면 그들의 후손들은 왜 부모들처럼 생각하고 행동할 수 없었을까? 그들은 왜 위로 올라가는 것이 아니라 올라가게 하는 것, 더 정확하게 말하면, 자신의 상승을 다음 세대를 통해 완성한다는 생각을 하지 못했을까? 아이들을 다음 단계로 올려보낸다는 낙천적인 전후 프로그램은 사회적 정의의 측면에서도 혁명적인 계획이었다. 그 결과 시민 계층과 노동자 계층의 혼합이 가능해졌다.

마음껏 베푸는 부모들의 관대함은 이타적인 생각에서 비롯하지 않았다. 그러나 그러한 행위와 그들의 끝없는 자신감의 성과는 이타적인 행위와 혼동할 정도로 비슷했다. 그리고 결국 중요한 것은 성과였다. 전후 시대의 부모들이 세운 발전적인 계획의 성과들은 다음 세대에게 축적되었을 뿐 아니라, 물질적으로나 비물질적인 측면에서 그들 자신들에게도 유익했다. 그들의 자식들은 물질적으로 부모 세대보다 훨씬 풍부해졌고, 자신들이 이룩한 복지에 부모 세대를 참여시켰기 때문이다. 게다가 자식들에게 삶의 기회를 제공한 부모 세대는 그에 대한 보답으로서 영향력의 상승과 권력의 증가를 경험하게 되었다. 그들은 자신들만의 삶의 지평을 뛰어넘어 미래를 결정한 사람들이었다.

기적의 자식들

파국에서 빠져나온 경험이 있는 사람들은 원래 그렇게만 생각하고 느끼는 걸까? 아니면 이러한 충만함은 오직 복지의 청소년기에만 가능할까? 벌어들이는 것은 즐거움을 동반하지만 소유는 그보다는 덜하다. 우리는 이 교훈을 복지의 초기 단계에서 가져왔지만 어느 사이에 잊어버렸다. 재산이 증가하면서 우리가 서로에게 인정했던 위신, 우리들 중 한 사람이 얻을 수 있는 영향력은 계속해서 소유로 옮겨졌다. 지금은 벌어들이는 사람이 아닌 가진 사람이 승리자가 되고, 감탄과 시기의 대상이 된다. 최근에는 양자 사이의 균형이 시기 쪽으로 기울어졌다. 위를 향하고자 하는 활력은 사람을 인색하게 하지 않는다. 우리에게 기회를 선사했고, 복지라는 모험을 처음으로 연출했던 부모들은 그렇게 말한다. 깜짝 놀란 세계는 그들을 '기적의 자식들'이라고 불렀다. 활력과 자신감은 그들을 앞으로 이끌어갔다. 그들이 왔던 곳, 죄의식과 두려움과 상실이 있는 곳으로는 다시는 돌아가지 않겠다는 비교가 그들의 상승에 날개를 달아주었다. 상승에 박차를 가하고, '앞으로-위로'라는 단 하나의 방향만을 추구하는 단호함이 있었다. 또한 승리자의 세계에 지금껏 보지 못했던 새로운 얼굴을 보이겠다는 성난 의지가 있었다. 악마와의 제휴로 얻은 흉측한 얼굴이 아닌 승리자의 나직한 미소를 보이겠다는 의지가 있었다. 패전국 사람들에게 가장 바람직한 상으로 떠오른 것은 '좋은 승리자'의 이념이었다. 좋은 승리자는 현재 우리가 미래의 전망 속에 포함시키고자 하는 인물상이기도 하다.

이러한 분위기 속에서 사람들은 아이들에게 자유로운 활동 영역을 허용했다. 아이들은 부모들이 발견한 약속의 땅으로 더 깊숙이 들어간다.

거의 모든 사람이 공범자였던 금지된 땅을 떠나듯 전쟁터를 뒤로 하려는 의지가 후퇴에 박차를 가했다. 이곳을 당장 벗어나 다시는 이와 비슷한 곳으로 돌아가지 않겠다는 일념뿐이었다. 이러한 탈출 동기가 피해자와 가해자를 결속시켰다. 한쪽은 자신들의 악몽에서 달아나고, 다른 쪽은 자신들의 발견에서 달아난다. 피해자와 가해자는 똑같이 강한 동기를 갖고 있었고, 가해자는 가해자들을 보호해주었다. 역사의 새로운 장에서도 다시 위에 있고자 하는 말 없는 약속은 그들의 결속을 한 치의 틈도 없게 만들어주었고, 그것은 우리가 현재 경험하고 있는 것처럼 다음 세기까지도 견고하게 유지되었다. 전쟁을 겪은 세대들에게는 다가오는 세대에 대한 권력을 쥔다는 것이 자신들의 후손을 더 나은 역사로 보내는 것이었다. 그것은 가해자들의 자식들에게는 강력한 동기였다. 그들 자신의 역사의 시작을 스스로 찾기는 어려웠기 때문이다.

✻ '젊은' 독일 공화국은 어른이 되었다. 독일은 철저하게 성인들의 우위에 찬성했고, 세대간의 혼합에 반대했다. 성공의 발전기로서 중년층을 선호했고, 단기적인 사고가 미래에 대한 걱정으로부터 짐을 덜어주었다. 풍요로운 성공 사회는 자신이 해결할 수 없는 걱정거리의 등장을 원치 않았다.

✻ 우리는 오늘날 오로지 물질주의적인 모델에 따라 미래 세대의 부족을 물질적인 결핍으로 묘사한다. 미래 세대가 존재하지 않기 때문에 그들은 아무것도 제공할 수 없다. 그들의 부재는 왕성한 활동을 하는 사냥꾼들과 휴식처에서 쉬고 있는 그들의 선행자들에게 안락함의 문제를 야기한다. 어른들이 출세에 대한 행복을 추구하는 곳에는 아이들의 성공을 위한 자리는 없다. 정치와 경제가 장애 없는 원활한 경과를 보장하지 않는 한 아이들에게는 기회가 전혀 없다.

✻ 복지에 취해 있던 첫 시기만 해도 어른들은 아직 더 풍족하게 베풀었다. 자식은 부모들이 자신들의 삶을 새로운 지평으로 펼칠 수 있는 동기가 되었다. 부모 세대는 마침내 더는 희생자가 아니라 여러 개의 삶을 연출하는 사람이 되었고, 드디어 씨를 뿌려서 피보호자들이 그것을 수확하게 해주었다. 드디어 선한 행위를 통해 목을 옥죄는 죄책감에서 벗어났고, 이러한 행위는 결국에는 어떤 항의도 더는 허용하지 않게 했다. 거의 모든 사람이 공범자였던 금지된 땅을 떠나듯 전쟁터를 뒤로 하려는 의지가 후퇴에 박차를 가했다.

✻ 현재보다는 미래가 더 중요하다는 확신이 있을 때 사람들은 자식을 허용한다. 그러나 미래보다 현재가 더 유혹적으로 다가올 때는 자식들은 패배자가 된다. 어른들은 가망이 없어 보이는 현재의 삶에서는 더 이상 내줄 것이 없다고 생각한다. 그들은 차라리 나머지까지 혼자서 소비한다.

16 가장 강력한 경쟁자 — 힘없는 아이

우리가 아이들을 대하는 태도는 아직 씌어지지 않은 다음 세대의 역사보다는 우리 자신의 역사와 더 관련된다. 소비 사회와 이윤 사회는 아이들을 대하는 태도에서도 모순적인 상을 제공한다. 복지는 기회를 제공하고, 과거에는 닫혔던 부와 명성의 세계로 들어가는 문을 열어준다. 이윤 사회처럼 소유물이 명성을 가져다주는 사회에서는 아이들까지도 부모들의 물질적 능력에 대한 증거가 된다. 아이들이 가지고 있고, 할 수 있고, 배우는 것은 부모들의 명성에 포함된다. 그것은 그들의 힘을 나타낸다. '어떻게 알았고' '어디서 알았고'는 부모들의 노하우로서 파티의 대화에 활기를 불어넣고, 아이들보다는 부모들의 사회적인 성공에 더 기여한다. 아이들은 부모들의 명예욕을 집행하는 존재로서 과중한 부담에 시달리거나, 그들의 주된 일거리인 놀이를 할 시간이 거의 없을 만큼 타율적인 존재가 되는 경우가 허다하다.

아이들을 온갖 화려한 장비로 무장해 탐욕과 물질적 가치의 세계로 인도했다. 원래 '부모 프로젝트'는 그로써 오늘날 완전한 형태로 등장했고, 이제는 더 이상 견해 차이의 문제가 아니라 심각한 결핍 상태를 나타내는 것이 준비된 셈이다. 어른들이 미래 세대와 분리될 준비가 되었다는 사실은 처음에는 쉽게 인식되지 않았다. 20세기의 지난 수십 년은 모호한 상을 제공했다. 삶의 다양한 변형을 제시하는 자식 문제에 대해 사회적 관심이 상승하는 한편으로, 개인적인 세계에서는 아이들을 위한 배양소가 보이지 않게 박탈되었다. 이러한 박탈은 자식과 함께 하고자 하는 결연한 엄마와 아버지들을 사회적 인정을 받기가 불가능해진 패배자의 구석으로 점점 몰아넣었다. 이와 병행해서 진행된 기만술은 완벽하면서도 속이 훤히 들여다보이는 연출이었다. 외관상으로는 유년기가 점점 더 의식적으로 계획되었다. 모든 게 사라져가는 복지 파티의 연출자들이 이제야 드디어 후손들에 대한 책임을 수용한 듯 보인다. 계획된 아이는 자신이 무엇을 좋아하는지를 미처 알기도 전에 계획적인 활동 속으로 편입된다. 아이는 자신의 존재 가치가 부모들의 갈등을 내포한 의식적이고 뒤늦은 결정 때문이었다는 사실을 아주 일찍부터 경험한다. 그로써 아이의 순진무구함과 편견 없는 마음은 사라진다. 아이가 자신의 공동 책임을 책임에 대해 너무 빨리 배우기 때문이다. "엄마 아빠는 하고 싶은 일들이 아주 많았지만, 포기하고 대신 너를 낳기로 결정했어. 그러니 부모를 자꾸 후회하게 하는 행동을 하면 안돼." 이것이 오늘날 많은 아이들이 유년기에 배우는 핵심 내용이다.

이와 동시에 우리는 지난 수십 년 전부터 유년기를 연장했다. 누가 그것을 연장하는지는 분명하지 않다. 자신들의 전문 분야를 확장하고 싶어 하는 학자들일까? 아니면 유년기가 가능한 한 오랫동안 머물고 싶어 할 정도로 매력적인 시기가 된 것일까? 과보호에 익숙해진 복지의 시민들이 특수한 청소년기의 변형을 발전시킨 것일까? 동시에 성인들, 특히 자식이 없으며 교양을 갖춘 성인들이 청소년기의 행동 모델을 세련되게 다듬기 시작했다. 그들은 이러한 역할극을 통해 청소년의 현실적 부재를 만회하고 싶은 걸까?

부모들의 지휘 아래 학교와 테니스 수업, 플루트 레슨 사이를 오가면서 무엇 하나 자발적인 결정을 내리지 못하고 조종을 당하는 아이들에게는 두 가지 가능성이 있다. 부수고 나오거나 자발성을 전혀 발전시키지 못한 채 순응하는 것이다. 점점 더 많은 수의 청소년들이 두 번째 길을 선택한다. 부수고 나온 뒤의 일이 얼마나 흥미진진하게 전개될지는 아무도 모른다. 연장된 유년기는 부모들도 믿지 못하는 미래를 피하기 위한 예방적 후퇴다. 이로써 우리는 전후의 부흥 시기와는 완전히 대립되는 상을 갖게 되었다. 오늘날에도 부모들과 다른 어른들이 젊은이들의 미래에 대한 기대감을 지배한다. 다만 그 징후가 달라졌을 뿐이다.

동시에 어른들 사이에 계속 진행되는 미숙화는 하나의 영역을 차지하는 것이나 다름없는데, 이들 어른들은 어린이 행동을 하는 진짜 아이들은 더 이상 그곳으로 보내려 하지 않는다. 어린이다운 행동, 미숙한 태도, 놀이의 즐거움은 이제 결함 리스트에나 올랐을까? 어른들이 공백을 채우려고, 또는 잃어버린 것을 알지 못하게 하려고 그러한 태도를 받아들인 걸까? 미숙한 사람들의 공동체는 결코 거기까지 나아가려고 하지는 않는다. 그들은 유년기의 정원에서 얽매이지 않는 삶을 살고자 하는 자신들의 동기에 대해서는 알려고 하지 않는다.

이러한 수수께끼 같은 상을 이해하려는 사람은 분명히 알아야 한다. 복지 국가에서 아이들이 부족한 현실에 대한 책임 전가 논쟁은 모든 사람에게 필요한 기만술이었다. 정치가와 기업의 사장들, 시민들은 그 책임을 저울의 추처럼 모든 사람들 사이를 계속 오고 가게 함으로써 부담을 덜었다. 수수께끼 상을 밝히고, 가해자와 피해자의 역할을 자유자재로 교대하는 모두의 동기를 이해하기 위한 전제는 바로 이것이다. 오늘날의 현실처럼 모두가 점점 더 아이들을 원치 않았다. 우리의 결정으로 야기되어 모두에게 닥치게 될 파국의 위험을 자신의 행동을 바꿀 만큼 심각하게 받아들이는 사람이 아무도 없었다. 우리에겐 국가의 경상수지 균열보다 아이를 갖지 않는 게 더 중요한 문제였다. 모두가 그렇게 되길 원했을까? 물론 이러한 상황을 원치 않는 사람들도 분명 존재했다. 이들은 아이들과 부모, 가족을 대하는 정치와 경제의 접근 방식을 파렴치하고 헌법 위배로 생각한다. 하지만 우리가 그들의 말에 귀를 기울였던가? 그들은 공개적으로 침묵한다. 그들은 이 주제가 원래 그렇듯이 비겁하다. 그들은 대세를 거스르고 싶어 하지 않고, 거기에 합류하고 싶어 한다.

그들은 자신들의 논거를 믿지 못한다. 그들은 단순 가담자들이다. 그들이 비록 내켜하지 않으면서 수동적으로만 참가한다고는 해도 그것은 다수의 힘을 더욱 강화시킨다. 그들의 저항은 미온적이기 때문에 그들 역시 동참자의 리스트에 오른다.

복지는 아이들을 먹어치우는 괴물일까? 소비는 아이들의 적일

✽ 가장 강력한 경쟁자로서의 아이.

✽ 성공이 물질적인 가치로 측정되는 곳에서는 아이들은 훼방꾼이
될 뿐이다. 아이들은 성공의 특징이 되지 못하고, 성공을 좇는
사냥에서 부모들의 주의를 다른 곳으로 돌리게 한다. 복지가 마
침내 나타나는 순간부터 그것은 아이들의 적이 된다.

✽ 아이는 예측할 수 없는 존재다. 아이는 해약할 수 없는 존재이
고, 장기간의 프로젝트로서 임시방편을 추구하는 사회의 모든
규칙들을 뛰어넘는다.

까? 사람들이 재산을 늘려가는 1단계에서는 그렇지 않다. 이때는 자신들이 가진 것을 나누어주고 사람들을 초대한다. 물론 통치자로서의 거동으로서 나누어주거나, 오로지 누가 주인이고 누가 노예인가를 보이려는 목적으로 열리는 우두머리의 파티로 초대하는 것은 아니다. 사냥과 채취의 1단계에서는 예기치 않은 행복을 다른 사람들, 심지어는 아이들과도 나누고자 하는 관대함이 지배한다. 그들은 후손들을 초대하기 위해 지불해야 하는 높은 비용도 마다하지 않는다. 결국 중요한 점은 소비의 정상에 처음으로 오르는 일이다. 하지만 그 위에서 중독에 빠지리라고는 아무도 예상하지 못했다. 그들의 상승이 처음이었듯이 그들 중 많은 사람들이 처음으로 고산병에 걸렸다. 그들이 자식들에게 보여주고자 했던 약속의 땅은 많은 사람들에게 함정이 되었다. 가령 더 나은 삶을 살아야 했던 후손들에게 함정을 제공했다.

탐욕과 아이의 함수관계

재산이 사회적 인정과 영향력을 제공하는 가장 중요한 요인이 될 때, 소비는 아이들의 적이 된다. 아이들은 재산이 아니다. 아이들은 재산을 늘리는 대신 그것을 줄어 들게 한다. 아이들은 소비 사회의 반대 프로그램이다. 그렇기 때문에 소비 사회에서는 아이들의 코앞에서 모든 문이 닫힌다. 아이들은 탐욕스런 사람들의 탈선한 복지의 구상을 치명적인 오류로 폭로한다. 아이들은 탐욕의 노예들에게 그들의 악습을 마주보게 하고, 그렇기 때문에 이 땅의 아이들의 수는 점점 줄어든다. 아이는 우리가 매일매일 털어내야만 하는 질책이다. 우리는 일이 의무라는 거짓 동기들을 동원해 그렇게 한다. 우리는 소비의 자유를 말하면서 능률 사회로 가장한다. 아이는 소비 기회를 위협한다. 우리가 아이들의 부재에 대한 책임을 지금처럼 교묘하게 공유하는 한, 우리는 진단을 내릴 수 없고 치료법을 놓치게 된다.

우리는 부분적으로 고백하지만, 대부분 다른 사람들의 책임에 대해서만 말한다. 탐욕은 분명 아이들의 적이다. 탐욕은 언제나 '나'라고 말하기 때문이다. 탐욕은 고립시키고, 싱글들은 탐욕 공동체에 소속된다. 이 공동체는 단결력을 먹어치운다. 내가 가져야 할 것을 항상 다른 사람이 가지고 있기 때문이다. 결국 그는 나의 적이다. 어느 누구도 자신이 탐욕스런 자들의 공동체에 속한다고 말하지 않는다. 탐욕은 악덕이지만 그것은 다른 사람들 때문이라고 한다.

우리는 이러한 모토에 따라 아이들의 부재에 관한 토론을 진행한다. 바로 그것 때문에 우리는 함정에서 벗어날 수 없다.

어떤 함정이냐고? 수많은 독일인들이 그것을 기피한다. 그것은 바로 아이들의 함정이다. 우리는 아이들을 사라지게 하는 경영에 관한 한 커다란 성공을 거두었다. 이 분야에서만큼은 심지어 최고의 자리를 차지했다. 그러나 이러한 인구 정책의 경영 성공에 대해 우리를 칭찬하는 사람은 거의 없다. 우리는 삶의 가치에 대한 서열을 나타내는 이러한 결과가 마치 우리가 원해서 이루어진 게 아닌 듯이 행동하는 데 익숙해졌다. 우리는 지난 수십 년간 철저하게 이 목표를 향해 노를 저었고, 결국 아이들의 부재를 원한 게 정치나 경제뿐이었다고는 누구도 주장할 수 없게 되었다. 미온적인 가족 정책과 아이를 직업적 성공의 적으로 치부하는 내키지 않는 여성 정책, 기계의 가동 시간과 생산 리듬을 아이들과 부모들의 만남이 이루어지는 시간보다 우위에 두는 기업, 그리고 하필이면 이 영역에서만 손을 놓고 있는 국가, 생산 세계에서는 과정의 최적화와 품질 보장을 열정적으로 관리하면서 인간의 삶 속에서는 중요하지 않은 것으로 치부하는 사업, 이 모든 요소들은 아이들에게 필요한 생활 영역을 황폐화시키는 역할에 일조했다. 그렇다면 좀더 인간적인 가치 질서를 꿈꾸는 모든 사람들은 왜 거기에 순응할까? 생활과 노동 사이의 균형을 꿈꾸는 수많은 사람들은 왜 항복할까?

진실은 이렇다. 그들은 그러한 삶을 선택적으로만 꿈꾼다. 그들은 결국 관공서의 장이나 장관, 연방수상, 회사 사장, 노동조합과 사용자 연맹의 이익단체들과 똑같은 공동체에서 산다. 유권자와 소비자로서 이 모든 단체의 직위를 위임하는 주체인 시민들은 자신들의 핵심적인 목표가 위협을 받는다고 생각할 때, 강력한 역류를 형성한다.

그러나 아이들의 삶이라는 주제에 관한 한 그처럼 강력한 역류는 형성되지 않았다. 우리가 복지의 정상에 더 가까이 갈수록 우리의 전망은 점점 더 짧아졌다. 어른들이 느끼는 소비에 대한 기쁨은 중독의 요인이 되었고, 그것은 중독증에 해당하는 단기적인 생각, 순간적인 욕구에 대한 집착, 그러한 욕구의 신속한 만족을 강요했다. 아직 태어나지 않은 아이는 보이지 않는 적으로 항상 존재했다. 부모들은 수많은 제약에 대해 보고했지만 혁명은 일어나지 않았다. 모두가 이런 문제에 대해 내켜하지 않았고 그저 구경꾼에 불과했다. 모두가 아이들의 삶과 부모들의 삶을 난제로 만든 조치들의 공범자였다. 그 후로는 아이들에 반하는 결정에 대해 누구도 스스로 책임질 필요가 없었다. 우리 모두의 책임이었기 때문이다. 저항을 통해 아이들을 위한 결정을 내릴 수 있도록 강요하지 못한 모든 사람들의 책임이었다. 부모와 자식이 모든 삶의 형태들 가운데 국가에 의해 추진된 삶의 형태로 인해 대가를 치러야 하는 한, 그러한 삶은 자유로울 수 없다.

독일인들은 혼란스러워하며 대책을 강구했지만 역사로부터의 후퇴라는 구상을 결정했다. 이 구상을 마음껏 큰소리로 외치면("아이들은 나가라!"), 민감한 반응에 부딪혀야 했지만 그 결정을 철회하지 않았다.

복지의 시기에 아이들에 대한 우리의 기대감은 심각한 손실을 입었다. 비용 요인, 안락함의 파괴자, 출세의 적으로서의 아이는 그 후로 너무 부정적으로만 규정되었다. 그래서 복지로부터 작별을 고하는 파티에서 아이들의 부재에 대해 놀라워하는 것이 순전히 위선적인 행동으로 보일 정도가 되었다.

우리는 여전히 낡은 '이것이냐 저것이냐'의 세계에 갇혀 있다. 여기서는 부모의 행복과 아이의 행복은 서로 화해할 수 없는 양극을 이룬다. 이곳은 여전히 탐욕의 원칙이 지배한다. 이처럼 무의미한 말은 세대간의 교류에서 가장 철저하게 논박을 당한다.

이로써 우리는 주제의 핵심에 접근했다. 우리는 진실로 심각한 문제이기 때문에 어떤 토론자도 발을 들여놓으려 하지 않는 금지 영역에 도달했다. 우리는 그 앞에 세워졌다. 아이들의 수가 많지 않기 때문에 우리가 해야 한다.

누가 가장 큰 책임을 져야 하는가에 대해서는 서로 의견이 다를 수 있다. 어쩌면 여성들이 참석하는 여성 차별에 관한 토론처럼 또 다른 기만술을 찾으려 할지도 모른다. 우리는 자기들끼리만 있고 싶어 하는 수많은 어른들의 결심을 혁신으로 환영할 수도 있다. 그러나 회피하려는 어떤 동작도 기회를 놓쳐 버린 행복의 놀라운 지대를 바라보는 시선까지 막을 수는 없다. 또한 어떠한 도피 시도도 잃어버린 행복의 지대가 우리 안에 일깨우는 고통을 덜어주지는 못한다.

❋ 벌어들이는 것은 즐거움을 수반한다. 중독의 단계가 시작되기 전에는 소유물의 증가는 마음껏 베풀게 해준다. 재산이 사회적 인정을 가져다주는 곳에서는 아이들도 부모들의 물질적 능력을 보여주는 증거물이 된다. 아이들은 부모들의 상승을 집행하는 존재가 된다. 경제 기적을 일으킨 부모들이 아이들을 탐욕의 세계로 보낸 것은 어린이 프로그램이 아니라 부모들의 프로젝트였다. '내 아이를 보면 내 능력을 알게 될 거야.'

❋ 20세기의 마지막 수십 년은 모호한 상을 보여주었다. 한편에서는 삶의 다양한 변형을 제시하는 자식 문제에 대해 사회적 관심이 상승했고, 개인적인 세계에서는 아이들을 위한 배양소가 보이지 않게 박탈되었다.

❋ 동시에 어른들은 자신들의 유년기를 연장시켰다. 진짜 아이들의 꼬리가 잘려나간 유년기를 마치 자신들이 어떻게든 끝까지 보내야 한다고 생각하는 듯하다. 연장된 유년기는 진짜 아이들에게는 더 이상 아무것도 약속하지 못하는 미래 앞에서의 예방적 후퇴다. 누구도 우리의 예방 시스템에서 드러나는 파국의 위험을 자신의 행동을 바꿀 만큼 심각하게 받아들이지 않았다. 우리에겐 국가 경상수지의 적자를 막는 것보다 아이를 갖지 않는 게 더 중요했다.

❋ 재산이 사회적 인정과 영향력을 제공하는 가장 중요한 요인이 될 때, 소비는 아이들의 적이 된다. 아이들은 재산이 아니다. 아이들은 소비 사회에 대한 반대 프로그램이다. 그렇기 때문에 모든 문이 그들의 코앞에서 닫힌다. 아이들은 탐욕스런 자들의 탈선한 복지 구상을 치명적인 오류로 폭로한다.

❋ 아이들을 사라지게 하는 경영에 관한 한 우리는 커다란 성공을 거두었다. 이 분야에서만큼은 심지어 최고의 자리를 획득했다. 물론 반대의 목소리도 존재한다. 그러나 혁명은 일어나지 않는다. 독일인들은 혼란스러워하며 대책을 강구하지만 역사로부터 후퇴한다는 구상을 결정했다.

17 외면하지 않는 시선—
아이가 우두머리다

진실이 가장 단순하다. 진실은 처방과 동시에 치료다. 아무도 말하지 않는 땅, 금지의 땅으로 함께 가자.

그 땅에서는 갑자기 분명해진다. 우리가 아이들이라는 사실이. 아이들은 우리 삶의 일부분이다. 그러나 우리는 두려움에 떨면서 아이들이 삶 속으로 파고드는 것을 막으려 한다. 아이들은 대립하는 존재가 아니라 우리 안에 있다. 우리 자신이 경험했던 아이는 아이들에 대한 현재의 우리의 태도에 함께 영향을 미쳤다. 아무리 교묘한 방법을 동원해서라도 아이들과 맞서 싸우는 사람은 자기 자신과도 싸운다. 아이들이 자신의 세계로 들어오는 것을 반대하는 사람은 자기 자신도 반대한다. 삶에 대해 완전히 다른 문제를 제기하기 때문에 아이들을 거부하는 사람은 자기 자신을 부정한다.

우리는 이런 점들을 예상하기 때문에 아이들의 상실에 관한 논쟁에서 수많은 난제들을 극복해야만 한다. 잃어버리는 것은 바로 우리들 자신이다. 우리의 거부는 단순히 아이들의 모습으로 우리에게 다가오는 미래가 아니다. 우리가 알려고 하지 않는 우리 자신의 과거다.

오늘날 아이들 앞에서 달아나는 수많은 젊은이들은 반권위주의적인 태만함의 결과일까? 그들은 자신들의 유년기를 다시는 보고 싶어 하지 않을 만큼 철저한 실패로 생각하는 걸까? 이러한 추측은 결코 동의를 얻을 수 없다. 68세대의 자식들 가운데 아이를 거부하는 근거를 거기서 찾는 사람은 아무도 없다.

사실은 단순히 삶의 기회를 나누는 것 이상의 문제들이 있다. 또한 직업적인 성공에 대한 갈등 이상의 문제들이 있다. 성공은 언제나 더 강한 사람이 차지하게 된다. 부모들의 성공은 아이들의 성공을 희생하는 대가로 얻는다. 갓난아기들을 위한 시설 계획자들과 탁아소의 변호인들은 그 사실을 너무나 잘 안다. 그렇다면 오늘날 부모가 되지 않겠다고 결정하는 사람들은 다소 냉랭한 분위기 속에서 성장한 청년들일까? 그들의 부모들이 자신들에 반대하는 결정을 했기 때문에?

아이들은 삶의 일부분이다

아직 태어나지 않은, 그리고 태어난 아이들은 우리들 속에 깊이 감춰져 있다. 그들은 우리를 조종한다. 태어난 아이들은 부모들을 조종하고 그들에게 진실을 강요한다. 무슨 진실? 자기 자신에 대한 진실이다. 아이들은 중요한 교정 수단이다. 자잘한 것이 아닌 중요한 문제에서 우리에게 요구하고, 우리를 시험하기 때문이다. 가정에서 가장 연약한 생명인 신생아의 권력 장악은 어른들의 지배적인 삶에 대해 열등한 위치에 있는 생명의 우위를 마련해준다. 이러한 우위는 행복의 주변에서 탄생하는 공포와 두려움을 불러일으킨다. 엄마의 무력감은 놀라움과 자부심으로 바뀐다. 이처럼 강력한 감정에 휘말리고, 자신에게 가해지는 권력에 놀라워하면서 그녀는 자신이 빠진 소비의 삶이 얼마나 단편적이었던가를 깨닫는다. 승리감이 그녀를 가득 채운다. 그녀는 이제 모든 것을 소유했고, 이제는 그녀가 더 많이 알기 때문에 잃을 것도 전혀 없다. 많은 사업자들이 그렇듯이 직업적 성공에 따르는 통상적인 단점들 때문에 이러한 경험을 하지 못하게 하는 사람은, 독일이 가장 뛰어난 사람들의 경쟁에서 제외되는 현실에 가장 큰 책임이 있다. 스캔들은 명백한데 고소인은 없다. 논쟁거리가 거대할 때 나직한 중얼거림은 충분하지 않다. 아이들은 원래 가장 기본적인 주제다. 그들이 거기서 점진적으로 추방당한 이후의 경제적 손실은 그다지 중요하지 않다. 위험한 것은 미래와 과거로부터 동시에 분리된 어른들이 겪고 있는 신뢰와 자신감 상실이다.

아이 없이 사는 사람은 다음과 같은 의미를 함축적으로 나타낸다. 나는 누구도 교육할 수 없어. 나는 소중한 것을 전해줄 만한 게 아무것도 없어. 나는 선행자들의 애정과 관심에 고마워하는 것을 중요하게 생각하지 않아. 나는 나 자신을 세대 사슬에 속하는 구성원으로도 생각하지 않아.

수많은 사람들이 세대 사슬을 간단하게 끊어버리자고 말하고 싶어 한다. 그냥 내버려두자. 그럴 가치가 없다고 말한다. 이러한 태도를 겸손함으로 드러내고자 하는 사람은 그 말을 믿고 들어주는 사람을 거의 발견할 수가 없다. 중요한 점은 현재의 철저한 이용이다. 그런데 그것을 방해하는 경쟁자들이 문제다. 가장 강력한 경쟁자는 아이들이다. 그들은 생물학적 프로그램으로 애정과 관심을 강요한다. 아이의 커다란 머리와 미숙한 움직임, 지배적인 눈동자는 어른들을 붙잡아두는 핵심적인 자극이다. 어른에게는 아이를 보호해야 할지 말지를 선택할 기회가 거의 없다. 아이들은 부모들의 프로그램을 바꾼다. 그것은 도락을 추구하고 명예욕을 만족시키는 세계의 이상과는 맞지 않는다. 독립적인 은행가와 여성 사업가들은 부모가 되는 것을 희생자가 되는 것으로 느낀다. 어린이 프로그램은 자립적인 어른들을 전환시킨다. 이는 긍지가 강하고 성공한 사람들이 빠지고 싶어 하지 않는 자연의 책략이다. 이러한 불가피한 상황에 대처하기 위해 고상한 중산층이 선택한 모토는 권한의 위임이다. 그들은 계속 가해자로 남고 싶지 피해자가 되려고 하지 않는다.

일반적으로 아이들은 부모들을 저항할 수 없는 희생자로 만든다. 그러나 여자든 남자든 성공을 갈망하는 대다수의 출세주의자들은 이러한 힘에 자기를 내맡기려 하지 않는다.

결국 프로그램은 파괴된다. 그들은 정신적으로나 심리적으로 자유롭기 위해 처음부터 종속적인 관계에 빠져들지 않고, 아이를 다른 사람에게 맡겨 돌보게 한다. 재산의 서열에 대해 커다란 가르침을 주는 아이에게는 처음부터 기회가 주어지지 않는다.

이처럼 아이에 대한 경계심을 갖고 있으면서 동시에 부양의 권한을 위임하는 부모들의 수는 많지 않다. 그 밖에 계속 가해자로서 살고 싶어 하는 사람들은 아이들에 대해 주의를 경계한다. 젖먹이의 경우도 거의 불가능한 프로그램을 진행한다. 즉 오랜 기간을 엄마와

공생 관계로 살려고 한다. 젖먹이는 자신을 엄마의 일부로 느낀다. 아이는 완전히 미숙한 상태로 세상에 태어났고, 태어났으면서도 아직 태어나지 않은 것이다. 촉각과 후각의 교환, 먹을 것과 보살핌의 교환은 아이에게 근원적인 신뢰를 제공한다. 이 모든 것들은 발걸음이 가볍고, 얽매이고 싶어 하지 않는 성공한 부모들에게는 위험한 요구들이다. 그들이 느끼는 감정적 구속감 중에서 아이가 요구하는 것처럼 오랫동안 지속되는 것은 없다. 모든 것이 유년기보다는 빨리 지나간다. 그러니 맞지 않는다. 조화를 이룰 수 있는 게 전혀 없다. 아이들을 통해 우리에게 말하는 자연은 우리 세계의 리듬을 이해하지 못한다. 이해하지 못하면 배제된다. 결국 자연의 아이들은 운이 나쁘다. 그들은 프로그램으로서 너무 낡았다. 아이들처럼 그렇게 오랫동안 책임을 지우게 하는 사람은 아무도 없다.

그러나 이 모든 항변에도 불구하고 우리 자신을 아이들에게 내맡긴다면 약속의 땅은 활짝 열린다. 먼저 그들의 두 눈 속에서. 미풍도 불지 않는 잔잔하고 고요한 호수, 외면하지 않는 두 눈, 뛰어난 우두머리들처럼 당신의 시선을 피하지 않고 바라보는 두 눈 속에서.

아이는 우위를 마음껏 행사한다. 우리의 문화가 길들이는 프로그램을 거치는 동안 이러한 지배자의 몸짓을 버리지 않는 우두머리들은 극소수에 불과하다. 아이들의 시선은 우리에게 이렇게 말한다. "나는 우두머리야. 내가 너희들을 필요로 하는 동안은 너희들은 나를 섬겨야 해. 나는 전적으로 너희들을 믿어. 그래, 내가 너희들에게 내맡겨진 것은 맞아. 하지만 자연은 나에게 너희들에 대한 권력을 주었어. 나는 너희들을 내 곁에 붙잡았고, 너희들은 자발적

✱ 무력함의 옷으로 위장한 우두머리.

✱ 가장 작은 것이 가장 큰 것이 된다.

✱ 아이는 속수무책인 상태를 통해 지배한다. 아이에게는 자연이라는 든든한 아군이 있다.

✱ 아이는 관심을 강요한다.

✱ 아이는 부모들을 자신에게 저항할 수 없는 희생자로 만든다.

✱ 그렇기 때문에 그들은 아이를 두려워한다. 아이는 그들을 진화의 근원적 프로그램으로 다시 데려간다.

✱ 아이는 임시성의 문화를 폭로한다. 아이는 잃어버린 것을 제공한다. 보호와 사랑을 주고, 약속을 지키고, 신뢰성이 있어야 한다는 요구를.

으로 남았지. 내가 너희들을 필요로 한다는 사실은 너희들 안에 존
재하지만, 너희들이 아직 모르고 있었던 것을 일깨워줘. 누군가 전
적으로 너희를 의지한다는 사실이지. 누군가가 눈을 깜박이거나 두
려워하지 않고 시선을 고정한 채 너희들의 눈을 바라보고 있어. 너
희들은 그처럼 맑은 시선 속에 거의 빠질 것 같다고 생각하고, 그
시선은 너희들에게 다른 어른들은 결코 줄 수 없는 역할을 선사해.
너희는 전능한 존재가 되는 거야. 그것은 몇 년 동안 지속될 거야.
너희들은 너희 자신의 전능함에 순간순간 깜짝 놀라게 될 거야. 이
러한 과대평가의 시간은 너희에게 활기를 주고 너희를 너 나은 존
재로 만들어줄 거야. 그것 역시 우리의 공동 프로그램에 속하는 거
니까. 너희들은 나를 실망시키고 싶어 하지 않아. 내가 운이 좋다면
너희들은 나를 사랑하게 될 거야. 너희가 나를 사랑하면 나도 너희
를 사랑할 거야. 내가 한동안 너희들에게 그런 존재였듯이 너희들
은 오랫동안 내 우두머리가 될 거야."

아이들 없는 세상은 파국이다

정치가나 회사 사장들 중에서 시민과 직원들의 잠재된 가능성을
끌어올리게 하는 이런 인상적인 프로그램을 아는 사람은 아무도 없
을까? 그들 모두가 이런 관련성에 대해 전혀 모른다면, 왜 그들은
그것을 아는 사람의 말에 귀 기울이지 않을까? 그들은 진심으로 이
용기 없는 나라에 살고 있는 사람들이 그러한 힘의 원천을 포기할
수 있다고 믿는 걸까?

아이들의 힘을 과소평가하는 일이 지속되면, 독일의 상황은 도

덕적인 의미에서도 더욱 나빠진다. 아이들의 힘은 세상 어떤 힘도 우리에게 강요할 수 없는 가치들에 생기를 부여한다.

아이의 등장은 부모들의 모든 단기적 경영과 상반되는 장기적 프로그램의 시작이다. 그들은 다른 모든 관계를 해약할 수 있기 때문에 아이가 열어놓는 해약할 수 없는 관계를 두려워한다. 다른 어른들과의 관계로 들어가는 모든 시작은 언제든지 돌아올 수 있다는 유보 속에서 이루어진다. 그러나 가장 어리고, 가장 도움이 필요한 파트너인 아이는 빠져나올 길이 없는 평생의 역사를 우리와 함께 시작한다.

물론 그것이 도피에 대한 하나의 이유다. 어쩌면 번복할 수 없는 것을 허용하려 하지 않는 사회에서는 가장 중요한 이유이기도 하다. 아이들은 속성 과정이 아니다. 아이들은 우리가 살고 있는 일시성의 문화에 대한 전반적인 공격이다. 그것에 비하면 아이들이 소비와 출세욕의 경쟁자라는 사실은 오히려 순진하게 보이기까지 한다. 독일 사회의 유한성을 철저하게 계획하려는 구상에 대한 아이들의 공격은 철저한 본성이다. 그 공격은 사회의 머리와 심장을 적중한다.

아이들의 힘은 그들의 부재로 끝나지 않는다. 이제 자신들의 장기적인 프로젝트 속에서 막 자유롭게 움직이기 시작한 어른들에게 파국이 닥친다. 이 프로젝트는 다른 장기적 계획인 '아이'에 대한 편리한 변형이 되어야 하는데 시작하자마자 실패하게 된다. 인구통계학적인 문제인 사회 시스템의 붕괴는 빙산의 일각일 뿐이다.

아이들과 함께 우리 곁을 떠나는 것은 귀향과 전망이다. 즉 과거와 미래다. 아이들과 함께 떠나는 것은 우리가 우리 자신을 위해 간직할 수 있다고 생각해 그들에게 주지 않은 것들이다. 우리는 그것이 메아리 속에서 효력을 발휘할 수 있는 재산들이라는 사실을 알지 못한다. 우리가 그들에게 거부한 것은 결국엔 우리 자신에게도 사라지게 된다. 그런 의미에서 우리는 다음과 같은 것들을 잃어버린다.

- 안전함
- 신뢰성
- 관대함
- 솔직함
- 진실성
- 낙천주의
- 호기심
- 산을 움직이는 힘
- 다른 사람을 끌어들이게 하는 열광
- 우리들 자신에 대한 믿음
- 사랑받는다는 확신
- 모든 힘을 쏟아 부을 가치가 있다는 확신
- 나눔이 우리를 더 강하게 해준다는 경험
- 사회적 인정
- 필요한 존재가 된다는 행복
- 감탄
- 후회
- 더 나은 사람이 되려는 솔직한 소망
- 이기주의로부터의 해방

- 우리 자신에게 해당되지 않는, 지금껏 알지 못했던 방어태세
- 보호하려는 열정
- 강함을 부드러운 용기로 바꾸는 기쁨
- 우리가 생각했던 것보다 더 많은 것을 할 수 있다는 사실에 대한 놀라움

떠나가는 아이들이 우리에게 존재하는 가치의 막대한 부분을 가져간다. 단순히 은수저가 아니라 어른들이 아이들을 통해서만 배울 수 있는 미덕들이다.

아이들과 함께 가장 성공적인 스승들이 우리 곁을 떠나간다. 그들은 우리 자신보다도 더 우리를 신뢰하는 사람들이다. 그들은 이 나라에 없는 그것을 제공한다. 그것은 불가능에 대한 믿음이다.

우리가 장기적인 훼방꾼들의 이러한 부수적 효과를 제때에 인식하지 못해 상황을 심각하게 만들었다. 그것은 당연한 결과다. 우리는 자신을 우울하게 하고 불안하게 만들면서 우리의 민감한 지대에 가하는 아이들의 공격이 점차 사라지는 것을 연습하고 있기 때문이다. 우리는 "올바를 길을 가고 있는가?"라는 질문에 침묵했다.

그러나 그 질문은 집요하게 파고든다. 아이들의 가장 큰 일은 우리가 장황하게 늘어놓는 것처럼 생산과정에 참가하고, 사회 연금을 지불하는 게 아니다. 사회 연금 등의 가차 없는 축소는 우리를 물질주의에 더욱 견고하게 못 박아둔다.

18 거의 잃어버린 행복

어째서 아이들은 그처럼 간단하게 가장 소중하고 좋은 것들을 가져가는 걸까? 물론 그럼에도 불구하고 관대하고 신뢰할 만한 어른들은 존재한다. 그러나 그들의 관대함과 신뢰성은 아이들이 우리 안에 일깨우듯 급진성에는 이르지 못한다. 우리에게 무조건적인 책임을 지워 어른 파트너들보다 어린 우두머리들에게 더 많은 것을 주도록 강요하는 측면은 진화의 책략이다. 이는 단순히 아이에게만 세상에 대한 믿음을 형성하기 위해 필요한 부분을 주는 게 아니고, 아버지의 자만심까지 건드린다. 그는 남자로서 살아가면서 이 어린 지배자에게만큼 자신의 힘이 무제한적으로 미치는 경우는 없다는 사실을 깨닫는다. 그는 동료들 중에서는 그 누구도 부여하지 않을 절대적 권능을 그렇게 빨리 잃고 싶어 하지 않는다. 따라서 이 시기를 연장하기 위해 노력한다. 바로 그렇기 때문에 희생 없이도 아이에게 충분한 자신감을 주게 된다.

아이의 끊임없는 이중 역할은 우리를 당혹케 한다. 아이는 우리의 변호사이자 심판관이다. 아이를 좋아하지 않는 사람은 아이들이 얼마나 관대하게 용서하는지, 우리의 약점을 얼마나 조심스럽게 배려하는지 경험하지 못한다. 또한 아이라는 최고 심판관 앞에 서는 일도 없다. 우리의 친구나 적들 중 누구도 우리의 동의를 받아 그 자리를 얻지 못한다.

아이는 심판처럼 행세하지 않는다. 심판관은 마음속에 서 있다가 유죄 판결을 내린다. 판결의 근거는 신뢰할 수 없는 행동, 온갖 핑계, 아이 앞에서의 비겁함이다. 우리는 아이의 행복을 위해 싸우는 이 심판관을 우리 스스로 배치한다. 싸움은 우리의 마음속에서 요동친다.

우리는 이 아이를 실망시키고 싶어 하지 않는다. 다른 사람은 몰라도 우리를 믿는 아이에게는 실망감을 주고 싶어 하지 않는다. 우리는 아이가 믿음을 꼭 간직하기를 바란다. 아이가 주는 믿음을 동료들이나 친구들 사이에서는 결코 발견하지 못한다. 이 믿음은 유일무이하다. 우리는 아이의 믿음을 헛되이 하지 않기 위해 무엇이든 할 준비가 되어 있다. 이를 통해 우리의 신뢰성과 예측 가능성은 증가한다. 아이가 우리를 믿고 따르기 때문에 우리는 믿을 수 있는 사람이 된다.

우리는 아이에게 준 그 어느 것도 우리를 더 가난하거나 더 약하게 만들지 않는다는 사실을 점차 깨닫게 된다. 탐욕 사회의 메시지가 거짓이라는 사실이 드러난다. 우리가 아낌없이 나누어줄 때 확신과 장점이 더 증가한다는 사실을 체험한다.

아이들은 우리가 진실을 말하는 것에 의존한다. 다른 그 누구보다도 우리의 솔직함에 좌우되는 존재들이다. 그밖에도 우리가 아이들의 믿음을 실망시키지 않으려는 이유는 충분히 많다. 아이는 결코 우리에게 지나친 것을 요구하는 프로그램이 아니다. 양쪽 모두 이익을 얻게 되고, 서로의 노력은 충분한 가치가 있다.

가장 가까운 사람으로부터 선의를 경험한 아이들은 주변 세상의 선의를 믿는다. 우리가 낙천주의라고 말하는 것은 좋은 경험들의 결과다. 이 과정에서 우리의 영향력이 매우 강력하다는 것을 경험한다면, 더 이상은 외부에 있는 사람들을 소홀하게, 또는 무심하게 대하는 일이 없어진다.

우리는 우리 자신을 더 믿게 된다. 아이들은 우리가 할 수 있는 것보다 더 많이 할 수 있다고 우리를 믿어준다. 우리는 아이들의 믿음으로 무장한 채 산조차 옮길 수 있다는 희망을 향해 나아가야 한다. 동료들의 믿음은 이러한 힘을 주지 못한다. 그러나 아이들은 불가능한 것도 기대하는 존재들이다. 불가능한 것을 실현시키기 위해 산을 옮기는 일, 이것이 현재 진행되고 있고, 합리화라는 이름으로 우리 스스로를 배척하는 과정에서 벗어나기 위한 독일 프로젝트다.

아이들과 함께 모든 것이 놀라울 정도로 구체성을 띄게 된다. 아이들은 넓은 틀 안에서 생각하고 느끼는 존재들이다. 아이들은 진실의 시간을 제공하며 그 자체이기도 하다. 그래서 아이들이 환영을 받지 못한다. 그러나 우리가 알고 있는 모든 능력을 뛰어넘는 가장 위대한 일, 이 일을 할 수 있도록 우리를 결연하고 강인하게 만들어주는 자극은 오직 아이들만이 제공한다. 추상적인 위기나 국가 경제의 파탄, 또는 애국심에 대한 선동은 우리를 그다지 놀라게 하지 못한다. 부모와 자식의 생존을 위한 진화론적 보호 프로그램만

✻ 아이들은 우리가 살았던 시간을 뛰어넘게 하는 변혁의 에너지를 제공한다. 아이들은 혼자서는 제공하지 못하는 생존의 이유를 제시한다.

- 아이들은 우리에게 있는 최고의 힘을 일깨운다. 아이들이 우리를 높이 평가하기 때문이다.
- 아이들은 낙천주의와 우리 자신에 대한 믿음을 요구한다.
- 아이들은 진실성과 신뢰성을 높여준다.
- 아이들은 산을 옮길 수 있는 우리의 힘을 믿어준다.
- 아이들은 우리에게 나누라고 가르친다.
- 아이들은 우리에게 감탄하고 우리를 믿을 수 있는 사람으로 만들어준다.
- 아이들은 우리 혼자서는 찾지 못할 경계로 우리를 이끌어준다. 우리 자신보다도 우리를 더 신뢰하기 때문이다.

✻ 우리는 아이들의 눈으로 보는 것을 배워야만 우리의 실패를 치유할 수 있다.

을 대변하는 '파충류 뇌'처럼 우리를 놀라게 하는 것은 아무것도 없다. 오로지 어른들만 있는 세계에서는 이러한 에너지의 파편들만이 사용된다. 암담한 상황에서 벗어나려는 독일인들의 의지 부족은 강력한 생존 이유의 부재와 관련된다. "누구를 위해 노력해야 한단 말인가?"라는 물음은 더 중요한 다음의 물음처럼 폭발적인 파괴력을 발휘하지 못한다. "우리는 누구를 위해 하고, 하고자 하고, 더 많이 투자할 것인가?" "우리 자신을 위해서"라는 즐거운 대답은 날이 갈수록 쓸모가 없어진다. 우리의 복지 자아는 기름지게 살이 찌긴 했지만, 지난 수십 년간 더 강해지지 못했다. 그것은 오직 도움이 필요한 우두머리들만이 기대감에 찬 맑고 투명한 시선으로 움직일 수 있는 구역으로는 결코 들어가지 못한다. 아이는 기꺼이 희생하고자 하는 우리의 마음가짐, 용기, 자유 의지, 무조건적으로 사랑하는 능력을 지배한다. 아이는 우리의 나약함의 변호사이자 심판관이기도 하다. 우리에게서 추방을 당하고 오랜 시간이 지났음에도 여전히 우리의 마음속에 존재한다.

아이들의 눈 – 진실과 희망

우리에게 자기들을 보호해줄 힘을 요구하는 가장 연약한 존재와 함께가 아니라면, 우리는 어디서 구조의 동기를 위한 탄약을 구하려는 걸까? 우리는 도대체 무엇을 구조하려는 걸까? 침체를? 몰락을? 우리가 아이들로부터 빌린 미덕을 통해 발휘하는 최선의 노력을 다시 아이들을 위해서 투자하지 않는다면, 그것은 아무런 소용이 없다.

아이들은 다양한 형태로 우리와 함께 존재한다. 전체 미래가 아이들의 세계다. 우리가 더 이상 갈 수 없는 곳에 그들이 존재한다. 우리의 자식, 손자, 제자, 또는 직원으로서. 바위처럼 굳건한 믿음을 통해 우리에게 많이 가르쳐주는 친구로서. 아이들의 수가 점점 줄어드는 곳에서는 노력의 수준도 떨어진다. 우리 안에 있는 믿음을 통해 개선하기 때문에 우리가 진실로 존경하는 심판관도 존재하지 않는다.

아직 부패하지 않은 모든 사람이 우리를 개선시킨다. 그들을 부패하게 만드는 건 우리 문제다. 모든 훌륭한 정신들이 떠나간 이 나라의 도덕적 척도는 가장 어린 아이들의 보호 속에 가장 안전하게 보관되었다. 오직 그 아이들만이 우리에게 도저히 빠져나갈 수 없는 책임을 지운다. 아이들은 흔적을 남긴다. 그저 다른 사람의 자식으로 스쳐지나가면서도 피곤에 지치고, 회의에 찬 우리의 길에 용기와 확신이라는 흔적을 남긴다. 아이들이 우리의 길을 스쳐지나가는 일이 점점 줄어들수록 우리가 한때 아이였던 기억들도 우리를 떠나게 된다.

복지의 거짓은 밝혀졌다. 우리가 무거운 짐을 던져버리려고 한다 해도, 우리에게 힘을 주는 원천인 아이라는 짐만큼은 버려서는 안 된다. 독일은 여러 국가들 사이의 한 우두머리였다. 50년간의 빛나는 성과 이후 독일은 다시 길을 잃었다. 구원을 항상 아이들의 손에 맡겨두는 신화는 전적으로 타당하다. 진화의 에너지는 오직 아이들과 함께 할 때만 우리를 결합시킨다. 아이들만이 우리를 완전히 내던진다. 우리는 아이들의 눈으로 보는 것을 배워야 한다. 어떻게? 아이들의 시선을 외면하지 않음으로써.

＊ 아무도 이야기하지 않는 땅으로 함께 가자. 그 안에서 갑자기 분명해진다. 우리들이 아이라는 사실이. 아이들은 우리 자신의 삶의 일부분이다. 그러나 우리는 두려움에 떨면서 그들이 우리의 삶 속으로 파고드는 것을 막으려 한다. 아무리 교묘한 방법을 동원해서라도 아이들과 맞서 싸우는 사람은 자기 자신과 싸우는 것이다.

＊ 실제로는 단지 삶의 기회를 나누는 것과 직업적 성공의 갈등이 아닌 더 많은 것들이 문제다.

＊ 아이들은 중요한 교정 수단이다. 자잘한 것이 아닌 중요한 문제에서 우리에게 요구하고, 우리를 시험하기 때문이다.

＊ 아이는 가장 강력한 경쟁자다. 생물학적 프로그램으로 인해 애정과 관심을 강요하기 때문이다. 아이들은 부모들의 프로그램을 바꾼다. 아이들은 우리를 도저히 저항할 수 없는 희생자로 만든다. 우리의 시선을 결코 피하지 않는 아이들의 시선은 이렇게 말한다. "나는 우두머리야. 내가 너희들을 필요로 하는 동안 너희들은 나를 섬겨야 해. 하지만 너희들은 동시에 전능하기도 해. 내가 힘이 없기 때문이야. 너희들은 나를 실망시키고 싶어 하지 않아. 내가 운이 좋다면 너희들은 나를 사랑할 거야. 너희들이 나를 사랑하면, 나도 너희들을 사랑할 거야. 또한 내가 너희들에게 그런 존재인 것처럼 너희들은 오랫동안 나의 우두머리가 될 거야."

＊ 정치가나 회사 사장들 가운데 시민과 직원들의 잠재된 가능성을 끌어올리는, 이러한 인상적인 프로그램을 아는 사람은 아무도 없는 걸까? 아이들의 힘을 과소평가하는 일이 지속되면 독일의 상황은 도덕적인 의미에서도 더욱 나빠진다.

＊ 아이들은 속성 과정이 아니다. 아이들은 우리가 살고 있는 일시성의 문화에 대한 전반적인 공격이다.

＊ 아이들과 함께 우리를 떠나는 것은 귀향과 전망이다. 즉 과거와 미래다. 떠나가는 아이들은 우리들이 소중하게 생각하는 가치의 막대한 부분을 가져간다는 은수저가 아니라 어른들이 오직 아이들로부터 배울 수 있는 미덕이다. 아이들은 우리 자신들보다도 더 우리를 신뢰한다. 우리에게 자신들을 보호해줄 힘을 요구하는 가장 연약한 존재와 함께가 아니라면, 우리는 어디서 구조의 동기를 위한 탄약을 구하려는 걸까? 복지의 거짓은 밝혀졌다. 구원을 항상 아이들의 손에 맡기는 신화는 전적으로 타당하다.

겁에 질린 마법의 소년 – 자신의 장점을 모색하는 독일

모두가 자신만을 위할 뿐 나라를 생각하는 사람은 누구인가?
다른 사람들과는 다르게 – 성공의 멜로디로서의 독일의 핸디캡

탐욕은 탈선한 요구이다. 타락한 욕망이다.
복지 사회에서 살아가는 동안 우리는 우리의 욕망을 꿈틀거리게 하는 갖가지 호소에 둘러싸여 있다.
사람의 부름은 우리의 가장 대담한 꿈들인 사회적 민짐과 아름다움,
행복을 받아들인다. 그러한 꿈들이 물질을 통해 실현될 수 있다는 것을
우리들에게 각인시키려고 한다. '당신이 원하는 것은 돈으로 살 수 있다.'
당신은 욕망하는 존재로서 공급자들의 총아이다.' 그들이 당신을 받쳐줄 것이다.
우리는 그들이 우리에게 일깨우고 고취시키려 하는 것과 똑같은 충동을 느낀다.
더 많은 것을 얻고자 하는 욕망을 느낀다. 공급자들도 똑같은 욕망에 따라 움직인다.
더 많은 고객, 더 많은 돈, 더 많은 성공. 성공은
물질을 획득함으로써 이룰 수 있다는 메시지가 그러한 욕망 속에 담겨 있다.
풍족한 복지 문화의 밑바탕에 흐르는 '멜로디로서의'
탐욕은 오래 전부터 부도덕의 고리에서 벗어난다. 탐욕이 그 고리의 모든 것을 경합시키기 때문이다.
모두가 절제를 잃어버리면, 탐욕이 규범이 된다. 무절제함에 대한 요구가 일상을 지배하기 때문이다.
성공이 오직 물질적으로만 규정되는 곳에서 탐욕은 정당한 충동으로 승격된다.
양쪽의 욕망하는 주체들은 돈과 물질에 대한 상호간의 탐욕, 오로지 돈과 물질을 통해서만 얻을 수 있는
관심과 영향력에 대한 탐욕을 서로 부추긴다.

19 모두가 자신만을 위할 뿐 나라를 생각하는 사람은 누구인가?

패배자의 세계에도 나름대로의 매력이 존재한다. 이곳에도 잘 난체하는 사람과 떠벌이들이 있고, 영웅담도 빠지지 않는다. 또한 귀를 기울일 수 있는 시간도 더 많다. 패배자들에게는 다시 앞으로 갈 기회가 얼마든지 있다. 승리자들은 선두에 머무를 기회를 매일 날려 보내기도 한다. 패배자들은 자신들의 상황에 대한 책임을 다른 사람들에게 전가한다. 누군가 그들을 함정에 빠뜨린데다 주변 상황도 좋지 않았다고 말한다. 세계 정세와 환율 하락, 아시아인들 때문이라고 한다.

패배자들은 가해자가 아니라 피해자들이다. 그들은 모든 비난을 거부한다. 어쨌든 그들이 정당하지 못한 수단으로 패배자의 자리에 앉게 되었다며 그들을 비난할 수는 없다. 반면 저 위쪽 최고의 자리를 차지한 승리자들은 비판적으로 바라보아야 한다. 거기에 대해서는 의혹을 가질 수 있고, 추측이 허용되어야 한다. 그들이 최고의 자리를 앉는 게 합당한 일인가? 그들은 위로 올라가기 위해 누구에게 피해를 주었고, 누구를 해고했고, 누구를 강탈했나? 패배자의 진영에서는 모두가 누구에게나 우월하다. 그런데 무엇 때문에 다시 위로 올라가기 위해 노력해야 한단 말인가?

일단 아래로 내려가면 책임을 회피하고, 상승을 위한 계획을 논할 때도 핑곗거리를 찾고, 실행의 구상을 거부하는 등 다양한 유혹이 다가온다. 패배자의 위치는 편리하다. 그 자리는 저절로 지켜진다. 더 아래로 추락하지 않기 위해서 아무것도 할 필요가 없다.

눈에 띄지 않게 자존심과 자기가치 의식도 사라진다. 그것은 패배자의 회사는 물론이고 패배자의 거리에 있는 전체 국민들에게도 해당된다. 실패에 대한 책임을 다른 사람들에게 전가하는 동안 그들의 머릿속에서 점차 의문이 생긴다. 놀라워하면서 구경하던 관객들은 뿔뿔이 흩어졌는데, 누가 우리를 여기서 꺼내줄까? 누구도 이미 지나간 우리의 승리를 떠올리는 걸 좋아하지 않는다. 특히 어제의 승리는 우리의 추락이 남의 탓이라는 핑계를 믿지 못하게 만든다. 어떤 관찰자는 이렇게 말한다. "그들은 스스로 추락할 만큼 강하다. 거기에 대해서는 도와주는 사람도 필요하지 않다." 그들은 이 구멍에서 스스로 빠져나올 만큼 강하기도 할까? 몇몇 오만한 기업들의 상황이 아니라 독일의 현재 상황을 바라보는 여러 층의 구경꾼들은 그렇게 묻는다.

스스로 최고임을 자부하던 독일은 당연히 동정을 받아야 한다고 생각하지만, 많은 사람들은 그렇게 생각하지 않는다. 과거의 기억들이 떠오른다. 독일인들은 스스로 자처한 파국으로만 살아가는 걸까? 그들에겐 그것이 필요한 걸까? 아니면 비합리적인 추진력이 정기적으로 그들을 끌어들일까? 패배자 독일은 또다시 다음 함정으로 달려간다. 신문기사에는 이런 제목들이 실린다. "사람들이 우리를 좋아할까?" "우리를 신뢰할까?" 우리는 또다시 우리 스스로를 믿지 못하는 걸까? 추악한 독일인은 그들 머릿속에서 가장 먼저 생성되는 걸까? 성급한 복종이? 다른 사람들이 우리를 포기하기도 전에 우리는 스스로를 먼저 포기해버린다. 새로운 실망감에 빠지지 않기 위해서다.

독일의 강점에 희망을 걸려는 용기는 다시 사라진다. 독일은 자신의 역사적인 강점을 언급하려 하지 않는다. 그렇게 하면 즉시 역사적 약점에 부딪히기 때문이다. 어두운 과거를 가진 성공한 기업은 모두 그런 식이다. 추락한 기업은 관대함을 기대해서는 안 된다.

기업이든 국가든 그들이 희망을 걸 수 있는 유일한 것은 그들의 강점들이다. 우리의 약점을 치료하는 데 모든 에너지를 쏟아 붓는 것을 중단할 때, 그때 비로소 우리는 강점에 희망을 건다. 그런 치료는 희망이 없다.

독일의 강점과 약점

자신의 강점을 인식하기는 결코 쉬운 일이 아니다. 그것은 탐욕의 감옥에서 벗어난 사람은 물론이고 기업이나 국가에도 똑같이 해당된다. 복지의 파트너들은 욕구와 탐욕, 시기심 같은 우리의 약점을 노렸다. 소비자들의 강점을 장려하지 않고 그들의 약점을 자극했다. 유혹자들의 간교한 머릿속에 압박감에 시달리는 보잘것없는 피해자인 '소비자 왕'이 들어 있는 것처럼, 사람들을 소비자의 역할로

만 제한하는 것도 그들의 약점을 노리는 것이다. 정치도 온갖 선물로 우리의 공감을 얻었다. 시민들의 총애를 구하기 위한 선물은 바로 갖가지 선거 공약들이다. 유혹에 약하고 아첨에 쉽게 넘어가는 복지의 자식들이지만, 그럼에도 불구하고 그들은 구애자들의 설득에 반복해서 넘어갔다는 후회에서 벗어나지 못한다. 그들은 자신들의 강점이 아닌 약점 때문에 갈망의 대상이 되었다는 사실을 이미 깨달았다. 그것이 그들에게 상처를 주고, 그들을 불신에 빠트린다.

그러다가 갑자기 강점에 전력을 다하라는 요구를 받으면, 사람들은 자신에 대한 탐구를 시작한다. 나는 누구인가? 나는 무엇을 할 수 있나? 나는 무엇을 원하나?

이 말은 기업의 사장에게는 다음과 같은 물음이 된다. 직원들의 강점은 무엇인가? 나는 거기에 주의를 기울인 적이 있었나? 우리는 주로 약점을 제거하는 일에 몰두하지 않았나? 직원들의 실제적인 강점을 찾는 대신 약점을 강점으로 바꾸기 위해 수많은 세미나를 방문했다. 중요한 점은 그들의 강점을 어떻게 찾는가 하는 문제다. 익숙하지 않은 질문을 던지면 직원들은 겁을 먹고 입을 다문다. "당신들의 강점은 무엇이라고 생각합니까? 당신이 보기에 우리 회사, 또는 우리 팀의 강점은 무엇입니까? 그 모든 것이 서로 조화를 이루고 있습니까? 아니면 약점에 약점이 겹쳐지고 강점은 요구되지 않거나 엉뚱한 곳에 투입돼서 서로를 더 힘 빠지게 만들고 있습니까?"

정부도 이런 질문에 익숙하지 않기는 마찬가지다. 당신들 국무위원들의 강점은 무엇입니까? 당신들은 가능한 한 많은 협력을 일궈내기 위해 서로의 강점을 어떻게 조정합니까? 어리석은 질문이라고 생각합니까? 당신들 사이에서는 이런 질문들이 제기되지 않기 때문에? 모두가 자기의 출세만을 생각하기 때문에 당연하다. 이는 정부와 야당과의 비생산적인 대화에서도 마찬가지다. 그들은 모두 자기들의 경력을 쌓는 데에만 열중한다. 이들이 독일의 강점을 구상하는 일과는 맞지 않기 때문에 안타까운 일이 아닐 수 없다. 모두가 자신만을 생각하고 조국을 위해 생각하는 사람은 아무도 없으니 이는 우리의 성공 경영을 침체시킨 가장 큰 요인이다.

우리는 우리의 강점을 이용할 때만 우리에게 내재한 최고의 능력을 발휘할 수 있다. 강점은 계속 갈고 닦아야 한다. 그러나 그것을 시작하기 전에 먼저 우리의 강점을 인식해야 한다.

독일에서 성공을 추구하는 사람은 자신이 무기력한 나라, 자책감과 자기 연민, 타인에 대한 책임 전가 속에 방황하는 나라에서 산다는 사실을 곧 경험하게 된다. 무력감과 회의에 빠진 분위기가 용기 있고 과감한 사람들의 성공을 축소시킨다. 그러한 분위기는 적어도 그들의 전체적인 분위기를 가라앉힌다. 분위기에 좌우되지 않고 성과를 올리기란 거의 불가능하다.

척도의 역할을 하는 독일이 이곳에서 일하는 사람들의 강점 관리에 그처럼 근본적인 영향을 미친다면, 우리는 독일적인 강점의 특징에 관심을 가져야 한다. 독일인들은 약점의 특징에 대해서는 자발적인 관리에 나선다. 그러나 새로운 성공은 우리의 약점을 돌보는 것에서 시작되지 않는다.

강점을 통해서만 승리가 가능하다면, 독일은 바로 직전에 잃어버린 최고의 자리를 진정으로 자신의 강점을 통해 획득했을까? 아니면 그것은 더 복합적인 그 무엇이었을까? 기적처럼 보이던 상승의 추진

✽ 독일은 패배자의 거리에 섰다.

✽ 꼴찌의 자리에도 나름대로의 매력이 있다.

✽ 꼴찌에 있는 사람들처럼 더 나아지기 위한 활동 영역을 많이 가진 사람은 아무도 없다.

✽ 중압감에 시달리는 선두에 있지 않은 사람에게는 자신의 강점을 인식할 수 있는 시간이 있다.

✽ 우리의 모토는 약점의 치료가 아니라 장점 단련이다.

✽ 위기의 시련은 누구나 자기 자신만을 생각할 뿐 조국을 생각하는 사람은 아무도 없다.

력은 자기 민족의 실패와 죄를 어떠한 반론도 허용하지 않는 성과를 통해 털어버리고자 했던 성난 의지였을까? 결국 전후 수십 년 동안 일궈낸 인상적인 비약의 기폭제가 우리의 약점이었을까? 외국의 관찰자들은 독일인들은 자신들의 고통을 슬퍼할 만한 권리조차 갖지 못했다고 말한다. 독일인들은 자신들이 야기한 다른 사람들의 고통에 대한 자책감 속에 고통을 묻어버렸다.

독일의 부흥은 자신의 실패를 최고의 성취를 통해 잊고자 했던 시도였을까? 독일의 부흥에 일조한 수백만 독일인들의 우왕좌왕은 양심의 가책을 떨쳐버리기 위한 죄인과 공범자들의 행위로만 이해할까?

약점을 강점으로 만든 것이 최고의 성과를 일궈낸 독일의 특수한 처방이었을까? 그렇다면 근면함, 정직함, 정확성 같은 전통적인 독일의 강점들은 섬뜩한 히틀러의 독일을 가능하게 만들었던 노예들의 미덕이었을까?

우리는 쉽게 위축당한다. 그것은 21세기의 문턱에서 우리를 마비시켰던 거대한 위기에서도 드러났다. 우리를 위축시키는 것은 불길한 데자뷰 현상이다. 수많은 사람들이 머릿속으로 또다시 실패할 것을 생각한다. 완전히 밑바닥으로 추락해 패배자가 되는 것을 생각한다. 지금은 고집스런 '그럼에도 불구하고'의 정신이 부재한다. 독일인들은 더 이상 무엇을 믿어야 할지 모른다. 그들은 실제적인 상실이 아니라 자신들의 패배감에 빠져 버렸다. 우리를 에워싸고 조종하는 힘은 더 이상 승리자의 힘이 아니라 선의와 믿을 수 없다는 놀라움이다. "독일인들에게 대체 무슨 일이 일어난 걸까?" 우리가 가졌던 승리자의 모습은 우리 자신들보다는 모든 이웃나라 사람들에게 더 분명했다.

오늘날 우리는 경제 기적을 불러온 강점들을 희미하게만 기억할 뿐이다. 그렇기 때문에 패배자의 구석에서 빠져나올 수 없을까? 아니면 우리는 자기 책임과 자유 속에서는 그것을 해낼 수 없을까? 우리는 명령을 받아들이는 사람으로서만 최고의 성과를 낼 수 있을까? 우리의 강점이 존재했다면 그것은 어디에 있을까? 어째서 우리는 그것이 무엇인지에 대해 의견의 일치를 보지 못했을까?

- 독일의 장점이 자기 비판이라면, 어떻게 그것을 성공적인 사업으로 전환시킬까?
- 우리가 정의의 막대를 가진 공동 결정의 세계 챔피언이라면, 어떻게 그것으로부터 성공적인 계획을 만들어낼까?
- 우리가 전 세계적인 환경 문제의 주인공이고자 한다면, 독일의 노동과 복지와 성장에 무엇을 가져다 줄까?
- 우리가 교묘한 위장 속에서도 다시금 최고가 되겠다는 꿈을 추구한다면, 그것으로부터 어떤 일을 해낼까?
- 독일의 협회 결성에 대한 즐거움을 제품으로 만든다면, 우리는 거기서 어떤 이익을 기대하나?
- 우리의 시스템에 대한 애호와 각종 법규를 만들어내는 기교를 발전이 뒤쳐진 다른 나라에 수출한다면, 독일의 국민경제는 거기서 어떤 이익을 얻을 수 있을까?
- 우리는 조세법 분야의 세계 챔피언이다. 시민들에 대한 친절과 관련해서가 아니라 조세망의 치밀함에서 그렇다. 누가 이 시스템을 사려고 할까? 그는 그 대가로 무엇을 지불할까?

자기 비판은 품질 관리에 기여한다. 실제로 우리는 품질 증명서를 무척 좋아하는 사람들이다. 그러나 그것으로 돈을 벌어들이기 위해서는 노동과 제품에 드는 비용이 너무 비싸지 않아야 한다.

정의를 생각할 때는 먼저 중대하고 편리한 오해부터 버려야 한다. '각자에게 그의 몫을'이라는 정의의 모토는 열심히 일해서 벌어들이는 보수를 말하지 싸워서 쟁취하는 것을 뜻하지 않는다.

환경 스타로서의 독일은 경제적으로 비용이 얼마나 들어가든 상관없이 최고가 되려고 한다. 그러나 풍차와 빈병 보조금은 생태학적으로 위장한 어리석은 행동이다. 클럽 경영은 적어도 독일에서는 호황을 누리는 교육 과정이다. 시스템에 대한 애호는 독일이 가진 하나의 장점이지만, 이것이 시민들과 관공서 사이의 적대감을 키우는 역할을 했다는 데 동의해야 한다. 우리에겐 넘칠 정도로 충분해서 외국으로 수출하는 것이 좋다.

개발도상국에 법질서를 구축하는 일은 독일의 개발 정책이 빛을 발할 수 있는 활동 영역이 된다. 물론 독일의 돈이 들어가겠지만 그 대신 새로운 국제적 신뢰를 얻게 된다. 조세법을 요긴하게 쓰는 사람들은 이것을 가지려 하지 않는다. 우리에게도 이미 충분하다. 그런데 바로 이 분야에서는 성장의 끝을 예상할 수도 없다. 우리는 점점 더 가난하고, 능률을 떨어뜨리게 하는 영역에서만 성장한다. 그들은 성과를 징계하는 국가에게 쫓기고 있다.

약점을 강점으로, 소심함을 용기로

우리의 재성장을 방해하는 방정식을 이처럼 단순하게 기술하는 사람은 독일의 강점을 찾기보다는 항복하고 싶어 한다. 독일인들 스스로 솔직하게 말한다. 우리는 강점을 더 이상 모른다고. 과거의 몇 가지 유능함을 거론할 수 있지만, 그것이 지금 같은 조건들 속에서도 가능했을지는 모르겠다고 말한다. 어쨌든 우리는 얼마 전부터 그러한 유능함을 불러내려고 시도한다. 그러나 앞으로 움직이는 것은 거의 아무것도 없고, 모든 것이 아래로 추락한다. 그나마 상황이 더 나은 날에는 침체에 빠진 독일이고, 상황이 좋지 않은 날에는 추락하고 있는 독일이다.

과거에 그토록 커다란 성공을 거둔 나라가 위기에서 벗어날 수 없을 정도로 수많은 약점들만 가지고 있을 리 없다. 벗어나려는 의지가 없다면 모를까.

강점 관리에서 중요한 것은 우리가 아직 알지 못하는 이유에서 우리의 힘을 속박하고 있는 굴레를 벗어던지는 것이다. 독일에서 성공을 추구하는 사람, 특히 독일인인 경우 독일의 핸디캡을 느낀다. 외국인들은 이런 상황을 이용하거나 비판한다. 그러나 그들은 자유롭다. 독일에 사는 독일인으로서는 결코 자유롭지 못하다. 물론 영국인이나 프랑스 인, 이탈이아 인도 자기 나라에 대한 구속감을 느낀다. 그러나 자신의 출생지에 대한 그들의 동의는 수많은 독일인들이 느끼는 것처럼 무거운 그림자로 짓눌려 있지 않다. 우리들 중 다수는 독일인이라는 사실을 힘겹게 받아들여야 할 운명이라고 말한다.

독일의 핸디캡은 우리의 힘을 소진하게 하는 정신적 쇼크다. 독일에서의 강점 관리는 다른 어떤 곳보다 더 어렵다. 왜냐하면 우리의 힘을 투입해야 할 자긍심이 쉽게 발동하지 않기 때문이다. 그렇다면 그것을 연출해야만 하는데, 모든 사장들이 그것을 위한 시간과 의지를 갖고 있지 않다. 또한 그러한 핸디캡을 단순히 느낄 뿐 아니라 설명할 수 있는 사람은 훨씬 더 적다. 그것을 할 수 있을 때 강점 관리는 비로소 시작된다. 우리가 이해한 것은 길들일 수 있다. 또한 일단 길들인 것은 변화시킬 수 있다. 약점을 강점으로, 소심함을 용기로.

20 다른 사람들과는 다르게 –
성공의 멜로디로서의 독일의 핸디캡

이해를 돕기 위해서는 개괄적인 방향을 찾아야 한다. 우리를 마비시키는 복잡함에 주의를 돌리는 대신 단순화시켜야 한다. 우리가 개괄적인 윤곽으로 특징을 기술할때 독일의 핸디캡은 극복된다.

• 우리가 무슨 일을 계획하든 그 일을 구속하려는 죄의식의 쇼크가 언제나 우리를 동반한다. 한 국가의 사회적 조직은 개인의 영혼과 동일한 법칙을 따른다. 독일인들의 집단적인 뇌는 뇌신경학자들이 화재에서 살아남았거나 폭력 행위에서 빠져나온 사람들에게서 발견하는 상처와 동일하다. 이 쇼크가 각 세대들에게 어떻게 분배되든 상관없이, 그것은 모든 독일인들에게 다른 사람들과는 다르다는 비애에 찬 확신을 제공한다.

그 때문에 우리는 다른 나라들과의 협력 관계에서 더 많이 제공해야 하고, 다른 나라들이 차이를 나타낼 때 더 빨리 포용해야 한다는 감정을 갖게 된다. 우리는 빠른 성취를 통해 공감을 얻고자 한다. 우리는 계산하기 어려운 환경 분야의 세계 기록으로 앞서 나간다.

• 우리는 다시 회복하려는 열기 속에서 유럽에서 가장 완벽하고 가장 비싼 사회 시스템을 마련했다. 우리는 다른 나라와는 달랐기 때문에 우리 이전의 다른 나라들이 자신들의 정치, 사회적 이상을 위해 끌어들인 이론들이 우리에게는 맞지 않았다. 가령 스웨덴은 개혁을 하는 동안 독일은 계속 규모를 확장시켰다.

우리는 비교하지 않았다. 우리는 다른 사람들로부터 사랑받는다는 감정도 느끼지 못했다. 따라서 우리에게 남은 건 그들에겐 필요 없는 한 가지뿐이었다. 그들보다 유능해지는 것이었다. 유능한 독일인은 수많은 외국인들의 머릿속에 있는 추한 독일인의 이미지였다.

모순을 관리하기란 매우 어려운 일이다. 기적을 일으킨 사람들이 비판에 직면하면서 결국 우리는 모순을 극복하기 위해 성급한 자기 비판에 익숙해졌다.

특수한 역할은 활력을 일깨웠다. 우리는 그것을 증명했다. 그러나 그 역할은 현재 우리에게 결여된 힘을 소진하는 일이기도 했다.

• 독일의 유능함은 독일의 핸디캡이 되었다. 그것이 전쟁의 상대와 희생자들의 불신을 극복하기 위해 힘겹게 싸워서 획득한 것이기 때문이다. 사회의 그물망을 점점 더 조밀하게 연결하는 것도 우리의 선한 의지를 증명하기 위한 것이었다. 소비 야

만인으로서가 아니라 정의의 챔피언으로서 우리의 흔적을 남기려는 의지였다. 독일의 공동 결정은 또 하나의 증명이었다. 지금 우리가 생각하는 독일의 핸디캡은 야만적인 행위로 추락한 이후 다시 성실함의 최고 수준에 이르게 해준 힘겨운 노력들로만 이루어졌다.

저명한 발행인인 알렉산더 가울란트는 2004년 12월 19일자 『프랑크푸르터 알게마이네 차이퉁』지에 이렇게 썼다. "사회적인 것이 없었다면 독일인들은 독일적인 것으로 되던져졌을 것이다. 그것은 과거에 이미 제대로 굴러가지 않는 것으로 증명되었다."

- 독일의 핸디캡은 바로 여기에 있다. 독일이 전후에 이룩한 위대한 성과는 빛나는 이념에 따라 이루어진 게 아니라 과거의 잘못을 만회하려는 반증이었다. 독일의 크나큰 노력은 언제나 우리가 다시 자유로운 세계의 놀이터로 들어갈 수 있다는 사실을 증명하기 위함이었다. 외형상으로는 우리는 그것을 해냈다. 그러나 우리 자신이나 다른 나라 사람들이나 독일의 쇼크에서 벗어나지 못했다. 그렇기 때문에 프랑스의 시라크든 러시아의 푸틴이든, 외국 정상들과의 정치적 교류는 독일 측의 비현실적이고 과도한 반응과 함께 진행되었다. 갑작스런 폭소에 빠지게 하는 그러한 반응은 독일의 핸디캡 때문이었고, 미국에 대한 당당한 관계를 방해하는 것도 바로 그 핸디캡 때문이었다.

- 독일적인 생활 방식이란 존재하지 않는다. 그로써 우리는 어디에도 얽매이지 않는 등장 속에서 유럽에서의 특권적인 자리

를 요구했지만, 실상은 근세사의 가장 무거운 굴레에 짓눌려
있었다.

우리가 20세기에 자유 세계의 동맹 관계 속에서 놓쳐버린 것
을 어디에도 얽매이지 않고서는 다시 만회하지 못한다. 새로
운 동맹 파트너에게 가치 지향적인 물음을 던지는 대신 경제
적인 계산을 내세우는 것으로도 충분하지 않다. 독일의 핸디
캡으로서의 앞선 성취로는 충분하지 않다. 다른 나라들은 그
두 가지를 힘들이지 않고 결합할 수 있다는 사실을 우리에게
보여준다.

- 우리는 얽매이지 않는 것이 독일적인 핸디캡의 중대한 부분이
되지 않도록 경계해야 한다. 선택한 파트너들과의 정치적 우
호 관계가 계속 상승한다고 해서, 그로 인해 우리가 여전히 양
자택일의 세계 속에 산다는 사실을 착각해서는 안 된다. 그 세
계에서는 세계화에 동참하는 것을 한 나라 고유의 정신적, 사
회적 근거를 박탈하는 것으로 보고 있다. 고대 세계를 기독교
세계로 바꿀 수 있을 만큼 강력했던 서양사의 가치들, 인류 경
험의 값진 신화들은 공식적으로 중단되었다. 유럽의 질병이
독일의 핸디캡 속에서 특수한 변형을 갖게 되었다.

독일의 장점 – 가치와 믿음

얽매이지 않다면 더 강해질 수 없다. 우리의 강점은 서양의 역사
에 근거를 두지만, 그것 없이는 이 세계에서 고향이 없는 것이나 다
름없다. 프랑스 작가 '드니 틸리나크'는 2004년 4월 10~11일자

✱ 다른 나라와 다르다는 것, 이것이 성공의 멜로디로서의 독일의 핸디캡이다.

✱ 독일의 쇼크는 더 많은 성과를 이루게 하는 자극제의 역할을 했다. 파국을 멀리하기 위해 더 많은 것을 제공한다.

✱ 독일의 유능함은 다시 합류하기 위한 반증들의 사슬이었다.

✱ 독일적인 생활 방식은 존재하지 않는다. 서방과의 결합 이후 어느 한 곳에 얽매이지 않는 모델이 등장했다.

✱ 잘못된 강점 관리는 계속 영향을 미친다. 독일은 여전히 다른 나라와 다르다고 느낀다.

『르 피가로』에 역사 속에서 유럽이 가졌던 강점을 '발은 먼지 속에 있어도 머리는 별을 추구하는 것'이라고 말했다. 이 강점은 독일의 핸디캡보다 훨씬 더 유서가 깊다. 그것은 우리가 빠져 있는 실패의 독일적 논리도 극복할 수 있게 해준다.

강한 나라에서 강점을 가꾸는 것. 우리를 어느 정도 신뢰하고, 우리가 어느 정도 신뢰하는 파트너와 함께. 우리를 서로 강하게 해주는 자신감을 갖고 강점을 가꾸는 것. 이것이 이상적인 상황이다.

정치와 경제에서의 강점 관리도 동일한 조건을 갖는다. 이러한 조건들은 개인이 자신의 강점을 다루는 태도에도 똑같이 적용된다. 강점을 인식하기 위해서는 누구나 다른 사람들을 필요로 한다. 우리가 더 나아지기를 원한다면 결코 혼자여서는 안 된다. 강점 관리는 관계 관리다. 모든 팀은 관계의 네트워크이고, 시장은 이 모델을 반복한다.

약점에 초점을 두는 나라에서 강점을 가꾼다는 것은 한마디로 동전의 반대쪽을 보듯이 약점의 반대쪽을 관찰하는 것이다. 동전에는 숫자 아니면 인물이 나온다. 숫자는 약점이고, 인물은 잠재성이다. 동전을 돌려 인물에 초점을 두자. 한 나라의 성과나 마비는 최선을 다하는, 또는 그것을 거부하는 수많은 사람들로 이루어진다.

우리는 거부의 결과가 우리 자신에게 돌아온다는 사실을 깨달았다. 우리가 전체를 위해 우리의 힘을 보태는 것을 거부했을 때, 어려운 상황에 빠지는 사람은 정치가들이나 경영자들이 아니라 우리들 자신이다.

따라서 우리의 모토는 "너 자신을 위해서 행하라!"다. 어제의 부양자들이 소홀히 한 것을 너의 삶을 통해 만들어내라! 사슬에 얽매이지 않은 시민들이 더 많이 할 수 있다는 사실을 그들에게 보여라!

그러면 분명해진다. 한 나라의 강점은 바로 시민들의 강점이다. 우리들 각자가 더 나은 삶을 원한다면, 모두가 더 나은 삶을 살게 된다. 우리는 이제야 분명히 깨달았다. 내가 다른 사람에게서 빼앗은 것이 내 삶을 더 낫게 해주는 것이 아니라 다른 사람들과 나누는 것이 그렇게 한다는 사실을. 나의 에너지와 자신감과 확신은 다른 사람에게 에너지와 신뢰와 확신을 준다. 다른 사람이 없이는 불가능하다. 분배의 투쟁은 이제 끝났다. 강점의 관리를 위한 연대만이 필요할 뿐이다.

우리를 불안하게 하는 동전의 숫자가 아니라 반대쪽을 관찰하자. 독일의 핸디캡은 언제나 독일적인 강점의 출발점이었다는 사실이 분명해진다.

우리의 약점들이 강점을 감춘다. 우리는 오래 전부터 할 수 있었던 것을 보여야 한다. 그것도 1945년 직후보다 더 쉬운 조건들 속에서. 독일의 새로운 위기는 그 당시처럼 세계적인 대재앙이 아니다. 또다시 우리가 스스로 자처한 것이었지만, 다행히 제한적이고 극복될 수 있는 것이다.

지금 다시 요구되는 건 최대한의 노력이다. 그러나 이번에는 보너스도 두둑하다. 우리와 친교를 맺고 있는 나라들은 우리의 성공을 기대한다. 그들의 성공도 우리에게 달려 있기 때문이다. 동기 부여가 부족하다고 변명해서는 안 된다. 기대감의 분위기는 최고조에 달했다.

우리의 새로운 회복은 동맹 파트너들의 선의와 동조의 도움으로 이루어진다. 우리가 불가능한 것을 해내기를 기대하는 사람은 아무도 없다. 우리는 단지 과장을 벗어던져야 한다. 왜 그런 일이 발생하게 되었는지에 대해서도 아무도 관심을 갖지 않는다. 중요한 것은 우리가 그것을 알고 있다는 사실이다. 숫자를 보지 말고 동전을 돌리자. 독일의 두뇌 파워는 사회 시스템이라는 게으름뱅이 천국을 끝장낼 수 있을 만큼 강하다. 자기 연민을 버려라! 우리는 우리가 생각하는 것보다 더 뛰어나다.

강점 관리는 능력 투자다

우리는 다른 나라보다 더 많은 자유를 누릴 수 있다. 독일적인 생활 방식이 존재하지 않기 때문이다. 우리가 원하는 것은 무엇인가? 우리가 잘하는 것은 무엇인가? 누구도 제기하지 않는 이 같은 질문들만이 최대한의 성과에 이를 수 있는 길을 열어준다. 우리는 어떻게 살고자 하는가? 그 대답은 이미 안다. 우리는 강압적인 소비의 강요 없이, 더 많은 자유로운 활동 공간 속에서, 예측 가능한 국가의 보호 아래 행복한 관계를 이루면서 살고 싶어 한다. 우리는 우리의 역량을 다른 사람들과 비교하면서 우리의 한계를 시험하고자 한다. 강점 관리는 다른 식으로는 불가능하기 때문이다. 그렇게 산다면, 우리는 더 관대해지고, 기꺼이 남을 도우려고 한다. 우리가 이루어낸 좋은 것을 우리의 잘못을 인정하지 않는 허영심 때문에 다시 잃어버리는 것을 더는 허용하지 않는다.

강점 관리는 능력 투자다. 우리는 패배자를 거부자로 만드는 고집과 나태함에서 벗어나야 한다. 우리가 계속 아주 느린 속도로 진행되는 개혁을 고수한다면, 용서는 없다. 중요한 건 세계화가 아니

✱ 독일에서의 장점 관리. 우리의 가치를 공유하고, 우리 자신보다도 우리를 더 믿고 우리와 함께 미래를 나누고자 하는 파트너들과 함께.

✱ 한 나라의 장점은 그 나라 시민들의 장점이다. 각자가 더 나은 삶을 원한다면, 모두가 더 나은 삶을 살게 된다. 더 나은 삶이란 최선을 다하는 삶이다.

✱ 장점의 관리는 능력 투자다. 독일의 핸디캡은 우리를 강하게 만들어주었다.

✱ 새로운 패배를 겪은 현재, 우리는 우리의 성공을 기원하는 친구들에 둘러싸여 있다. 그들도 거기서 이익을 얻기 때문이다. 그들의 기대감은 우리에게 성공에 대한 책임감을 갖게 한다.

라 우리의 삶의 질이다.

우리의 강점에 전력을 다한다면, 국제적인 흐름에 합류하는 것으로 충분하다. 특별한 입장표를 기대할 필요도 없다. 우리는 이미 오래 전부터 그것을 가지고 있다. 모두의 눈이 믿을 수 없다는 실망감 속에서도 기대감을 갖고 우리를 주시한다. 성급함은 금물이다. 외부에 있는 사람들은 아직도 우리를 신뢰한다.

우리에겐 칭찬이 필요하다. 그것 때문이라도 우리는 이제 서로 칭찬해야 한다. 처음으로 돌아오는 칭찬만으로도 우리의 상황은 더 좋아진다. 우리는 가장 뛰어난 사람들의 세계 연주회에 참가할 수 있는 특별 초대권을 받지 못할 것이다. 자기 연민에는 상여금이 없기 때문이다. 독일적인 특수한 길은 장외로만 이끌 뿐이다.

그러니 깨어나라! 우리는 지난 50년간 우리들이 이룩한 성과의 광채 속에서 경탄을 받고 싶어 하지 않았던가? 그 성과는 어디에 있는가? 서둘러서 제출하라! 우리는 놀라워하면서 우리를 바라보는 이웃들이 여전히 우리를 신뢰한다는 사실에 고마워한다.

＊ 패배자에게는 기회가 많다. 가령 그에게는 다시 선두의 기회도 온다. 그러나 패배자의 자리에는 커다란 유혹도 존재한다. 더 이상 추락하지 않기 위해 아무것도 하지 않는다는 사실이다. 패배자는 위험하게 살아간다. 자긍심과 자기 가치 의식이 사라진다. 패배자 독일은 또다시 잘못된 물음을 던진다. "다른 사람들은 우리를 좋아할까?" "우리를 믿을까?"

＊ 독일은 독일적인 강점에 투자하려는 시도를 전혀 하지 않는다. 약점을 치료하는 일에 집중하는 사람은 강점으로 밀고 들어갈 수 없다. 복지의 파트너들은 우리의 약점을 노렸다. 욕구와 지칠 줄 모르는 탐욕, 욕심, 시기심을.

＊ 우리가 가장 좋아 하는 것을 준다는 말은 강점을 인식하고 돌보는 것을 뜻한다. 우리가 꼭대기에 있었을 때는 우리가 알지 못하는 강점들이 승리의 개가를 올린 것이었을까? 우리는 쉽게 위축당한다. 결국 1945년 이후 우리에게 승리를 가져다 준 것은 사실상 우리의 약점들이었다. 아니면 비약적인 발전을 이루었을 때, 치명적인 약점들이 강점처럼 작용했다는 사실을 우리가 착각하고 있는 걸까? 그것은 양심의 가책에서 나온 행동들이었다. 다시 인정을 받으려는 부단한 노력, 다시는 사악한 것에 기회를 주지 않으려는 정의의 막대, 완벽함과 지나친 꼼꼼함, 갖가지 법규를 만들어내는 곡예, 전 세계적으로 가장 치밀하게 짜인 조세법의 법망, 환경 세계 챔피언. 지나치게 앞서가는 이 모든 성과들에는 분명한 뜻이 내포되어 있었다. 한 민족이 용서와 인정을 갈망하는 것이다. 굴종적인 행동의 상승 작용이 눈부신 성공을 불러왔다. 약점들의 총합이 장점처럼 작용했다.

＊ 성공과 함께 시련이 찾아왔다. 오늘 우리는 강점을 새롭게 써야만 한다. 우리는 여전히 사랑받지 못한다는 느낌을 갖는다. 독일의 핸디캡이 우리를 동행한다. 우리의 머릿속에는 추악한 독일인이 살아 있고, 그 때문에 우리는 외부에서 그를 만나게 된다. 독일 정치는 한 곳에 얽매이지 않는 모델을 실험하고 있고, 그것은 열렬한 환영을 받고 있다. 그러나 독일의 새로운 강점은 정치 지도자들로부터 나타나지 않는다. 시민들 스스로 자신들의 삶의 구상을 전환하고 강점을 가꾼다. 약점에 집중하는 나라에서 강점을 가꾼다는 것은 국가가 방법이 없다는 이유로 손을 거둔 곳에서 행동하는 것을 의미한다. 아무도 발을 들여놓지 않은 영역은 점점 더 커진다. 독일적인 생활 방식이 존재하지 않기 때문에 우리는 더 많은 자유를 누린다. 강점 관리는 수많은 개인들이 각자의 강점을 발휘하는 퍼즐 게임이다. 누구나 더 나은 삶을 원하기 때문이다. 그렇게 할 때만 국가가 할 수 없는 것을 이룰 수 있다. 모두를 위한 더 나은 삶을.

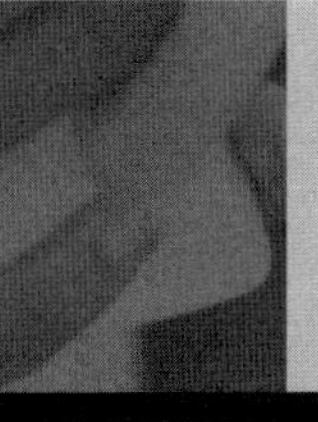

PART

8

재발견 –
행동의 기쁨

병든 국가와 건강한 시민들 – 우리 자신의 책임에 대한 새로운 기쁨
자신을 소중하게 생각하라 – 행복으로 가는 좀더 단순한 길

탐욕은 탈선한 요구이다. 타락한 욕망이다.
복지 사회에서 살아가는 동안 우리는 우리의 욕망을 꿈틀거리게 하는 갖가지 호소에 둘러싸여 있다.
시장의 부름은 우리의 가장 대담한 꿈들인 사회적 인정과 아름다움,
행복을 받아들인다. 그러한 꿈들이 물질을 통해 실현될 수 있다는 것을
우리들에게 각인시키려고 한다. '당신이 원하는 것은 돈으로 살 수 있다.'
'당신은 욕망하는 존재로서 공급자들의 총아이다.' '그들이 당신을 받쳐줄 것이다.'
우리는 그들이 우리에게 일깨우고 고쳐 시키려 하는 것과 똑같은 충동을 느낀다.
더 많은 것을 얻고자 하는 욕망을 느낀다. 공급자들도 똑같은 욕망에 따라 움직인다.
더 많은 고객, 더 많은 돈, 더 많은 성공. 성공은
물질을 획득함으로써 이룰 수 있다는 메시지가 그러한 욕망 속에 담겨 있다.
풍족한 복지 문화의 밑바탕에 흐르는 멜로디로서의
탐욕은 오래 전부터 부도덕의 고리에서 벗어났다. 탐욕이 그 고리의 모든 것을 결합시키기 때문이다.
모두가 절제를 잃어버리면, 탐욕이 규범이 된다. 무절제함에 대한 요구가 일상을 지배하기 때문이다.
성공이 오직 물질적으로만 규정되는 곳에서 탐욕은 정당한 충동으로 승격된다.
양쪽의 욕망하는 주체들은 돈과 물질에 대한 상호간의 탐욕, 오로지 돈과 물질을 통해서만 얻을 수 있는
관심과 영향력에 대한 탐욕을 서로 부추긴다.

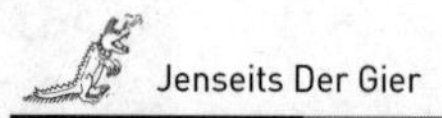

21 병든 국가와 건강한 시민들—
우리 자신의 책임에 대한 새로운 기쁨

이 나라에서 가장 큰 기업은 거대한 수선업체다. 이 업체는 수선할 수 있는 한, 복지 사회의 손상을 고치려 한다. 언제나 파산 직전의 상황이며, 주로 국가에 의해서 주도된다. 이 업체는 '국민 건강 제도'라는 헷갈리는 이름을 갖고 있지만, 건강한 사람은 그의 고객이 아니다. 건강의 부재가 이곳의 고객이 되기 위한 전제조건이다.

질병을 관리하는 회사가 스스로를 '건강'이라 함은 본래의 목표를 놓치지 않기 위한 자기 격려다. 그러나 이 기업 자체가 중증 질환에 신음하고 있다. 병든 기업이 병든 사람들을 고치겠다니 그 자체로 모순이다. 건강하고 활기 넘치는 민간 경쟁업체들은 건강이라는 대기업의 영역에서 이미 활발하게 움직여 왔다. 경쟁자들은 그들의 고객이 병들 때까지 기다리지 않는다. 그들은 건강한 사람들에게 병든 국가의 국민 건강 제도와 접촉하지 않도록 도와주겠다고 약속한다.

이러한 고객 관계의 출발은 손상이 아니다. 건강한 기능의 원활한 작동이 출발점이자 목표다. 많은 업체가 이 분야에서 전통적인 의미의 수리업체와 성공적으로, 그리고 낙관적인 전망 속에서 경쟁을 벌인다. 병든 사람이 아니라 건강에 대한 의식이 높고 관심이 많은, 아직 병들지 않은 사람이 이들의 이상적인 고객이다. 다시 말하면, 자기 자신을 제대로 관리하는 법을 알고 싶어 하는 사람, 운동과 영양 섭취를 폭넓은 건강 시스템으로 변화시키기 위해 무엇을 하고 하지 말아야 하는지, 무엇을 먹고 마셔야 하는지, 무슨 신발을 신고 무슨 옷을 입어야 하는지 알고 싶어 하는 사람들이다. 어떤 공급자도 고객들에게 건강에 대한 기쁨을 제공할 필요가 없다. 시장의 파트너들은 그것이 어느 정도나 고객들의 손에 달려 있는지에 대해 일일이 설명할 필요가 없을 정도다. 여기서는 각 연령대별로 지식욕에 목말라하는 학생들이 참가하는 대규모의 수업이 진행된다.

그러는 사이 막대한 부채를 안고 있는 '건강' 기업은 불평을 토로하면서 건강한 사람과 환자들에게 시중을 든다. 이 기업에는 질병이라는 손상이 발생했을 때, 돈을 벌어들이는 다수의 동맹군이 출현한다. 대기실에 앉아 있기만 해도 돈을 요구함으로써 환자들을 병원에서 멀어지게 하는 것은 국가가 시민을 얼마나 하찮게 생각하는지 여실히 보여준다.

병든 국가와 건강한 시민, 이는 결코 풀리지 않는 방정식이다. 그러나 시민들은 국가보다는 자기들 스스로에게 더 가까웠고, 이미 오래 전부터 국가에 기대지 않고 스스로를 위해 실천하기 시작했다. 그들은 건강과 영양 섭취에 대한 지식을 폭넓게 받아들였고, 알맞게 소비한다. 시민들은 안정적인 소비의 세계에 도달했지만, 국가의 국민 건강 제도는 그들이 여전히 복지 시기의 미성숙한 자식들인 것처럼 취급한다. 건강이 아니라 의료보험료를 맞추기 위해 마음대로 조종할 수 있는 사람들로 생각한다.

수리에 집중하는 사람은 고장난 자동차와 냉장고, 또는 뚱뚱하게 살이 쪄서 움직이지 않는 사람들을 겨냥한다. 병이 발생하고 나서야 시민들과의 접촉을 시도하는 사람은 그것을 어쩔 수 없는 상황 때문이라고 핑계를 댄다. 국가의 국민 건강 제도가 책임 있는 지도부에 맡겨졌다면, 그들은 건강한 사람을 건강하게 유지하는 일에 전력을 다했을 터다. 왜냐하면 복지의 결과인 건강으로부터의 탈선에 대해서는 건강에 대한 의식을 갖고 살아가는 시민들도 돈을 지불하기 때문이다. 누군가 병이 들었다고 느끼기 전에 결함을 찾는 '예방'과 질병을 찾아내고자 하는 '조기 발견'은 수리업체의 자회사와 마찬가지다. 이곳에서 동시에 영양 섭취와 운동에 관한 세미나가 제공되지 않는 한에서는.

스스로를 더 잘 돌보게 하는 격려와 자극은 붕괴되는 시스템의 과잉 보호자들이 아니라, 의사들과 식품 생산업자, 스포츠 의학자, 운동선수, 심리학자들에 의해 제공된다.

이러한 혁신적인 운동에 대해 전혀 이해하지 못하고, 그 운동을 함께 만들어가지 못하는 국가는 자신의 회복조차 기쁨이 없는 수리로만 받아들일 뿐이다. 새로운 아이디어도 없이 편리하게 그저 시민들의 주머니를 뒤지기만 한다. 이 문제에서 국가는 숫자와 보험료율에 대한 공허하고 무뚝뚝한 약속 외에는 아무런 기여도 하지 못한다. 국민 건강 제도처럼 사회 국가의 무능력과 혁신의 부재가 인상적으로 드러나는 곳은 또 없다.

결국 시민들은 스스로의 힘으로 행복을 찾으려고 노력한다. 점점 더 많은 조력자들이 그들과 합류한다. 세계적인 기업인 맥도널드와 네슬레, 코카콜라, 프록터 앤 갬블, 유니레버와 다른 많은 기업들이 공개적으로 기업의 특징과 목표를 바꾸었다. 그들은 단순히 식품과 기호품 제공이 아니라, 건강에 대한 배려를 향유할 수 있는 것으로 제공하고자 한다.

이는 위에서부터가 아니라 시민들로부터 시작된 다양한 혁신의 고리들 중 하나다. 시민들은 이제 단순한 소비자 이상의 존재가 되었다.

사람들은 시스템의 붕괴를 체험했고, 그러한 시스템은 배울 능력이 없다는 점을 신속하게 관찰했다. 그러나 사람들에게는 배움의 능력이 있었고, 그들은 시장에서 동맹자들을 발견했다. 그렇게 해서 혁신의 과정에 박차가 가해졌다. 시스템의 강요에 묶인 정치만이 그러한 과정을 상당히 뒤늦게 깨달았다.

의료 정책은 2020년까지의 수선 계획을 수립하기 위해 계속 건강의 손상에 매달려 있다. 마치 그때까지 손상의 대상자인 사람들의 태도가 전혀 변하지 않을 것처럼 말이다. 그러나 수선의 대상자들은 이미 오래전부터 국가의 국민 건강 제도에 감춰진 '시스템 질병'으로부터 벗어나게 해주는, 깨끗해진 삶의 구상으로 다가가고 있다.

또한 새로운 자의식으로의 이러한 출발은 자긍심과 만족감의 호위를 받는다. 이것은 공급자와 고객 모두에 해당된다. 양측 모두 자신들의 새로운 장점을 환영하고 있기 때문이다. 공급자들은 높은 수익을 환영하고, 고객들은 새로운 종류의 가격에 대한 의식을 환영한다. 사람들은 특히 무서운 부작용이 따르는 약에 의존하지 않는 건강을 위해서는 더 많은 돈이 들어도 괜찮다고 생각하게 되었다. 맥도날드를 찾던 고객들은 조금의 망설임도 없이 자신들의 기호를 바꿨다. 예전에는 많은 밀가루와 고기로 엄청난 양의 칼로리를 먹어치우던 사람이 이제는 즐겁게 샐러드를 주문한다. 맥도날드는 순식간에 요식업체 중에서 가장 많은 샐러드를 제공하는 업체로 급부상했다. '빈곤'이라는 슬로건이 폭발적인 환영을 받게 되었다. 지방 함량이 적은 음식은 순식간에 총매상의 10퍼센트를 차지했다. 빈곤을 적절한 자리에 붙이기만 하면 된다. 칼로리와 탄수화물과 지방에. 요식업자들은 '적게, 적게, 더 적게'를 약속한다.

얼마 전까지만 해도 느림에 익숙해 있던 나라에 그처럼 빠른 변화를 가져오게 한 이유는 과연 무엇이었을까? 우리는 모든 복지 국가들 중에서도 가장 느리게 변화하는 나라였지만, 사람들은 나른하고 의욕이 없는 대상 행렬을 스쳐 거의 눈에 띄지 않게 다른 방향으로 달려갔다. 이들은 시스템 감시꾼들이 예전의 탐욕스럽고 무기력한 사람들만 주시하고 있기 때문에 감히 생각조차 하지 못한 방향으로 가는 것에 가장 큰 기쁨을 느끼는 사람들이었다. 돈이라는 하나의 범주 속에서만 생각하는 보건 당국이 의료 비용을 책정하는 사이, 그들에게서 도망쳐 나온 시민들은 풍족하지 않은 음식에 많은 돈을 지불한다. 그들은 이제 완전히 새롭고 이해할 수 있는 방식으로 자신들에게 선의를 베푸는 보호자를 만났다. 병원에 돈을 내는 환자가 아니라 그들이 건강하길 바라는 보호자들을 만난 것이다.

✻ 자기 책임에 대한 새로운 즐거움. 국가가 우리에게 주지 않은 것을 우리 자신을 위해 행한다. 새로운 모토는 '너 자신을 잘 돌보아라!' 다.

✻ 복지 환자의 치료는 시민들의 연출 아래 이루어진다.

✻ 국민 건강 시설

✻ 영양섭취의 노하우

✻ 운동 문화 : 건강한 시민들이 병든 국가보다 먼저 의식적인 미래를 향해 달려간다.

단순한 소비에서 건강한 소비로

이렇게 해서 완전히 새로운 시장 연맹이 결성되었다. 탐욕은 사라졌고, 인색함은 짧은 복수로 지나갔다. 식품업체들이 변화된 소비자들과 함께 하고 싶어 하기 때문에 새로운 파트너 관계가 시작되었다. 잘못을 미화하고, 식습관의 탈선을 부추기는 유혹자의 역할을 하면서 약점 경영을 추구하는 업체는 패배자의 목록에 오르게 된다. 기능성 음식이 승리자의 모토가 되었다. 단순히 소비가 아니라, 이제야 드디어 한 쌍으로 인정받게 된 아름다움과 건강함의 목표 추구다. 정치는 각 개인들에게 건강에 대한 책임감을 강화시키려는 시도를 전혀 하지 않았다. 그러나 식품업체들은 그것을 아주 쉽게 해냈다. 그들은 '아름답고 건강하길 바라고, 나 자신을 잘 돌보고, 능력 있고 행복한 삶'을 원하는 고객들의 소망을 명령으로 받아들였기 때문이다. 그러는 사이 정치는 계속 겉으로 드러나는 증상들만 치료했고, 결국 만회하기 힘들 정도로 고객들, 즉 시민들의 신뢰를 잃었다. 시민들 중 누구도 병든 건강 시스템의 개선을 위해 발 벗고 나서려는 사람이 없다. 개선을 믿는 사람이 없기 때문이다. 또한 네슬레, 유니레버, 맥도날드 같은 믿을 만한 동조자들과 자신들의 건강을 위해 무엇인가를 하는 데 망설이는 사람도 아무도 없다. 이제는 프랑스 인들조차 맛은 어떻든 건강에 좋아야 한다고 생각한다. 프랑스 인들이 제일로 꼽는 선택 기준은 건강이다.

다양한 제품들과 함께 탐욕의 시대에 고객들의 욕망을 공격하던 것과는 전혀 다른 새로운 노하우가 제공되었다.

선택하는 어휘에서부터 유혹의 빛이 전혀 없어졌다. 중년층을 위한 엽산, 마그네슘, 오메가 플러스(이것은 두 가지 불포화 지방산을 함유한 우유를 지칭한다)를 예로 들 수 있다. 열심히 배우려는 자세로 식품업체를 바라보고 있는 관객들에게 파트너의 이러한 메시지는 아름다운 시나 다름없다. 시민들은 이제야 자기 자신을 사랑스럽고 부드럽게 대하라는 요구를 받게 되었다. 그것은 그들의 후견인인 정치가 소비의 붐을 이루던 시절에도 그들에게 해주지 않았다. 시장은 정치보다 빠르게 반응한다. 시장은 새로운 독립성을 즐기고 있는 계몽된 고객들에게 '빈곤한' 음식을 제공한다. 정치가와 단체장들이 축제 행사장에서 부르짖는 혁신이 어떤 공직자도 주시하지 않는 이곳에서 진행되었다. 그들 가운데 누구도 공직자가 된 이후로는 스스로 물건을 구입하는 일이 없어졌기 때문이다.

혁신은 틈새에서 시작된다. 겉으로는 예속되어 있는 듯이 보이는 시민들은 이 틈새에서 움직인다. 그들은 반대의 프로그램을 실천하는 사람들이다. 이곳에서는 소유가 아닌 행동, 기다림이 아닌 움직임, 다른 사람에 대한 요구가 아닌 자기 자신에 대한 배려가 통용된다. 우리가 바로 그런 시민들이다. 우리는 삶의 감정을 새롭게 하고, 결핍의 시기에 대한 당국의 통지와는 상관없이 우리의 기분을 새롭게 한다. 관료들과 관공서와는 달리 우리에게는 단 하나의 삶이 없고, 우리는 30년이나 새로운 나라를 기다리지는 않겠다고 결심했다. 우리의 아이들에게도 그럴 시간은 없다. 또한 우리의 손자들까지도 그런 기다림 속으로 보내고 싶지는 않다. 우리는 우리에게 불필요한 게 무엇인지 정확히 알고 있고, 그것을 아는 것은 행복의 시작이다. 우리는 이제 뚜렷한 이유 없이 '더 많이'를 선동하는 소비의 강요를 더 이상 원치 않는다. 우리의 시간을 낭비하게 만드는 기분 전환과 분산은 더 이상 필요 없다. 우리는 완전히 새로움에 대한 즐거움을 느낀다. 우리 자신을 좀더 세심하고 조심스럽게 대하고, 우리의 감정과 사고에서도 가벼워졌다. 새로운 것을 생각하기 위해 머릿속에 활기를 불어넣는다. 권력자들은 우리 앞에서 조심해야 한다. 우리는 그들이 우리에게 가한 충격으로 인해 더 자유로운 사람들이 되었다. 그들은 보살피던 손을 갑자기 빼버림으로써 미래에 대한 권력과 신뢰성도 상실했다. 다시는 우리를 소비의 노예로 만들지 못한다. 우리는 결코 자유를 빼앗기지 않는다.

우리는 정치에 대해 아주 까다로운 파트너다. 정치가 지금 무슨 일이 진행되고 있는지를 미처 깨닫기도 전에, 우리는 우리의 일을 스스로 해결하기 때문이다. 정치가들이 위기의 한가운데서 가장 강력한 시장의 파트너들에게 전쟁을 선포하는 것은 시장에 대한 그들의 무지함을 나타낸다. 그들은 가장 중요한 교훈을 배우지 못했다. 기업들은 정치가들을 바꿀 수 있지만, 정치는 시민을 바꾸지 못한다.

우리는 마침내 우리 자신의 주도 아래 가능한 한 많은 것이 아니라 올바른 것을 먹기 시작했다. 건강을 우선으로 생각하면서 맛을 뒷전으로 밀어냈다. 그것은 대부분의 복지 시민들이 위기를 인식하기 이전에 매일매일 시장을 보면서 느꼈던 피해의식을 모두 씻어주었다. 우리는 얄팍한 지갑에도 불구하고 건강과 피트니스, 후회 없는 향유를 위해서라면 조금의 거리낌도 없이 거금을 투자한다. 우리는 그러한 우회로를 통해 좀더 건강하고, 더 자제심이 강한 사회로 들어가는 자금을 지원한다. 그런 이야기를 하는 사람은 아무도 없지만, 그렇다고 해도 그게 무슨 상관이란 말인가? 상황을 더 잘 아는 선발대의 일원이 된다는 것은 특히 잘난척하는 데 일가견이 있는 사람들 중 누구도 상황을 제대로 통찰하지 못하는 시기에 도움이 된다. 수많은 시민들은 벌써 결정했다. 그들은 이제 자기만의 삶을 살기 시작했다. 그들은 배움과 응용을 동시에 실천한다.

그들은 머릿속을 청소했고, 자기 나라에서 진행되고 있는 더딘 청소 작업을 우월감을 갖고 지켜보는 여유를 얻게 되었다. 무력감에 새로운 얼굴을 주는 것은 추진력이었다. 그 결과는 바로 새로운 시민 권력이다. 시장에서나 정치에서나 거짓 제안으로 우리를 사로잡는 일은 이제 매우 어려워졌다. 우리는 능통한 사람들이 되었다.

우리는 더 이상 너무 많이 원하지 않고, 거짓에 더 이상 즐거움을 느끼지 않는다. 이것은 호모 에코노미쿠스의 새로운 출현이다. 그와 친구가 되고자 하는 사람은 그의 움직임을 뒤따라야 한다. 그는 어떻게 하루를 보낼까? 그런 여성들과 남성들은 아침에 무엇을 먹고, 언제 조깅을 하고, 어떤 운동 기구를 좋아할까? 그들은 어디서, 어떤 물건을 구입할까? 그들이 병원을 찾는 일이 점점 드물어질 때는 어떻게 해야 할까? 설탕이 너무 많이 들어간 음료를 점점 찾지 않게 되고, 술을 마시는 일도 점점 줄어들 때는 무엇을 해야 하나? 소비자들의 생활 방식을 조사하는 팀을 운영하는 생산자들은 그것을 쉽게 안다. 그들은 소비자들이 원하는 것을 재빨리 인식하고, 그것을 제공한다. 그러나 정치는 매번 자신들의 속임수에 걸리고 만다. 담배세를 인상한 후 담배 소비의 감소에 화를 내는 정치가들은 공급자들보다도 훨씬 뒤처지는, 책임감 없는 시장 참가자임을 스스로 누설한다. 그런 의심스런 동참자는 당연히 경멸의 대상이 될 뿐이다.

아름다움과 건강을 위한 연대

　식품업체는 정치와는 다른 종류의 건강 지식을 판매한다. 기능성 식품은 정신이 맑아지고 방향을 전환한 소비자들의 구미에 딱 들어맞는다. 프랑스의 다농 그룹이 살아 있는 유산균 락토바실러스 카제이란 시적인 이름과 함께 액티멜 요구르트를 고개들의 가슴 속으로 보내자, 이 제품은 폭발적인 반응을 얻었다. 액티멜은 독일에서 26퍼센트의 시장 점유율을 달성했다.

　단련된 고객들에게는 건강이라는 표어만으로는 충분하지 않다. 기능성 식품은 특정한 목표에 대한 유익함을 제공한다. 마치 의약품처럼 제공된다. 고객들은 완전한 제품을 구입하고, 추가 비용이나 진료 수수료에 대해 화낼 필요가 없다. 유익함은 우리의 기관 속 어딘가에 머물지 않고, 외부로 밀고 나온다. 네슬레가 일본 시장을 위해 출시한 '뷰티 업 캔디'의 슬로건은 '아름다움을 먹다'다. 네슬레는 세계적인 화장품 회사 로레알과 함께 피부 탄력을 약속하는 이오네브 알약을 통해 식품의 미용 효과를 발전시켰다. 네슬레의 CEO 피터 브라벡은 하이테크 식품에 대한 수익률이 장차 25퍼센트에 달할 것이라고 하는데, 이는 제약회사들이나 도달할 수 있는 수치다.

　세계화된 습관과 미에 대한 이상도 이윤의 전망을 더욱 밝게 해준다. 사회 생활을 갓 시작한 신출내기들도 발전된 세계 시장의 이상에 합류할 것이기 때문이다.

　식품 기업들이 건강 기업으로 거듭나고 있다. 유력한 경쟁자들도 유사한 성공 사례를 보여준다. 다농은 '더 많은 건강한 기쁨'을 제공한다고 하고, 유니레버는 '멋진 외모와 좋은 기분, 더 풍요로운 삶'을 약속한다. 건강을 약속하는 식품의 실제적인 총매상은 280억 유로에 달한다. 네슬레는 2005년 가을에 식품과 음료 외에도 건강에 대한 지식을 전해주는 식품 연구소를 설립했다. '움직여라!'는 경고는 연구소의 중점적인 과제다. 어쩌면 움직일 때만 건강에 유익한 약이 되는 제품도 사게 될 날이 올지 누가 알겠는가! 네슬레에 커다란 성공을 가져다준 대표적인 제품인 물은 지금도 달리기를 하거나 자전거를 타는 사람, 트래킹을 하는 사람이면 누구나 들고 다니는 제품이 되었다.

이렇게 해서 시장에는 양측 상호간의 신뢰와 지식의 발전으로 유지되는 새로운 파트너 관계가 성립되었다. 사람들은 시장에서 과거에 자신들을 소비로 유혹하던 사람들과 친교를 맺었다. 소비자들은 이제 단순히 더 많은 것에 대한 욕구를 부추기는 유혹적인 맛이 아니라, 머리를 맑게 해주고 컨디션을 더 좋게 해주는 맛을 제공하려고 노력하는 유혹자들에게 경의를 표한다. 이는 고객과 산업이 함께 이룩한 괄목할만한 성과로, 이로써 선입견과 의혹으로 가득했던 협력은 즉시 종료되었다.

자선가임을 자처하는 사람은 지체 없이 더 날카로운 감시를 경험하게 된다. 그래서 식품 기업들은 저항력이 가장 약한 소비자 그룹인 아이들에 대한 경솔한 태도로 집중적인 공격을 받는다. 아이들 문제에 관한한 부모들 역시 저항할 능력을 잃어버린다. 어린이 초콜릿과 과일 요구르트, 그 밖에 맛있는 음식의 갖가지 광고 앞에서 사달라고 애걸하는 아이는 현명한 엄마의 저항력을 아무 문제없이 무력화시킨다. 결국 다농의 '어린이를 위한 건강한 요구르트' 하나를 사게 되면, 엄마는 자기도 모르는 사이에 각설탕 8개가 들어 있는 요구르트를 아이에게 주는 꼴이 된다.

어린이 식품에 대한 법적인 규제가 없는 한, 식품 기업들은 어른들에 대한 세심한 배려를 아이들에게까지 옮겨야 할 필요성을 느끼지 못한다.

건강에 대한 자의식이 강한 어른들은 전혀 어렵지 않게 그러한 태도 변화를 이끌어낸다. 이 부분에서도 그들은 정치에는 어떠한 기대도 하지 않는다. 기업들은 아직도 부모들 중에서 생각 없고, 편한 것을 좋아하는 다수의 파트너를 발견한다. 그들은 자기 자신은 건강상의 이유로 더 이상 먹지 않는 것을 아이들에게는 제공한다. 마치 아이들은 파괴되지 않는 건강의 소유자라도 된다고 생각하는 듯하다. 설탕은 소아 비만을 야기하는 주범이다. 그런데 잘못된 방향으로 인도하는 추세는 더욱 증가했다. 가령 페레로Ferrero가 학교 간식으로 권고한 스낵 '밀히슈니테'는 높은 우유 함량을 광고한다. 그러나 우유 한 잔에 포함된 칼슘의 양을 섭취하려면 아이는 적어도 6개의 밀히슈니테를 먹어야 한다.

아이들이 있는 곳은 여전히 낡은 세계가 지배한다. 여기서는 욕망을 부추기는 모든 것이 허용된 것처럼 보인다. 부모들과 공급자들의 대규모 로비가 작동한다. 다량의 설탕으로 아이들을 조용하게 하는 것에서 양측의 이해가 맞아떨어진다. 병의 모든 증상들이 부모들은 건강에 대한 의식적인 태도로 방금 빠져나온 질병 산업의 세계로 죄없는 아이들을 다시 데려간다.

이는 아이들에 대한 잘못된 관계를 보여주는 또 다른 혼란스러운 증거다. 계몽된 건강 고객들이 아이들의 문제에 관해서는 여전

✽ 시장은 정치보다 빠르게 반응한다. 시민들은 그들의 국가보다 빠르게 반응한다.

✽ 우리는 30년 동안 개혁된 국가를 기다리고 싶지 않다. 국가 기구와는 반대로 우리에겐 단 하나의 삶이 있을 뿐이다.

✽ 우리의 아이들도 기다리고 싶어 하지 않는다. 그들 역시 새로운 것에 대한 기쁨을 느낀다. 자기 자신을 좀더 세심하게 돌보고 가꾼다.

✽ 이제는 그 누구도 거짓된 제안으로 우리를 붙잡을 수 없다. 시장에서나 정치에서나.

히 뒤쳐진다. 그들은 우선 그들 자신을 돌보는 데 여념이 없다. 사치와 풍요를 좋아하고, 칼로리 문제를 편협한 것으로 비난하던 과거의 과시용 소비에서 벗어나는 데 급급해 아이들을 함께 데려가는 것을 잊은 듯하다. 그들은 조깅을 하면서도 아이들은 그냥 집안에 있게 한다. 아이들에게는 운동에 대한 필요성이 훨씬 크지 않다고 생각하는 듯하다. 어른들은 복지병을 치료하기 위해 자기 자신에 집중하면서 동일한 치료가 필요한 아이들에게는 신경을 쓰지 않는다. 운동을 하는 동안에는 음식을 먹지는 않는다. 그러나 텔레비전 앞에 서성이던 아이들은 방금 자신들의 우상이 먹은 음식들을 꺼내려고 냉장고를 뒤지게 된다.

운동을 하지 않는 사람은 그것을 건강 음식을 통해 보충할 수 없다. 식품 기업들은 외관상으로는 특별한 사심 없이 의약품과 똑같이 장시간 동안 작용물질을 방출하는 '에너지 막대 초콜릿'(네슬레)을 연구한다. 운동장을 도는 시험 대상자들은 약속한 기록 향상이 실제로 등장하는지를 증명해야 한다. 이러한 종류의 학문적 출현은 신뢰와 결합해야 하고, 그것은 고객의 건강을 위한 공급자들의 진지한 노력을 증명한다. 네슬레는 피트니스 제품인 '누트렐' 상표를 철저하게 식료품 상점이 아닌 드록스토어에서 판매한다.

이렇게 해서 건강을 갈망하는 고객들과 연합한 식품 산업은 중병에 걸린 국민 건강 제도의 경쟁자가 되었다. 그로써 시장을 이루는 주체들을 다 함께 강화시키는 혁신에 대한 압박이 생겨났다. 이러한 압박은 언젠가는 정치에도 이르게 된다.

병든 국가와 건강한 시민들 –
우리 자신의 책임에 대한 새로운 기쁨

❋ 병든 국가와 건강한 시민들, 이는 결코 풀리지 않는 방정식이다. 또한 시민들은 이미 오래전부터 국가가 해주지 않는 것들을 스스로 하기 위해 발 벗고 나섰다. 그들은 건강과 영양섭취에 대한 지식을 습득하고, 그것을 바로 실천한다.

❋ 점점 더 많은 사람들이 국가의 국민 건강 제도가 병든 사람들에게만 관심을 갖는다는 사실을 알게 되었다. 그 이름이 대변하는 프로그램은 전혀 없다. 우리가 스스로의 힘으로 행복을 찾는 동안 점점 더 많은 조력자들이 우리와 합류했다. 국가가 돈을 징수하기 위해 우리의 병을 기다리고 있는 동안 세계적인 기업들은 우리의 건강에 투자한다. 단련된 고객들이 자신들의 건강에 집중하는 곳에서는 '빈곤' 이라는 슬로건이 승리의 환호를 부른다. 완전히 새로운 시장 연합이 형성되었고, 어제의 탐욕 음모는 잊혀진 듯하다. 기능성 식품이 승리의 슬로건이 되었다. 공동의 보상을 제공하려는 듯, 어제의 소비 유혹자들이 그들의 희생자였던 정화된 소비자들과 결합하는 아름다움과 건강을 위한 연대가 형성되었다.

❋ 시장은 정치보다 빠르게 반응한다. 혁신적인 생활 방식은 국가를 앞지르고, 중병에 걸린 국민 건강 제도의 부담에서 벗어나려고 하는 점점 더 많은 사람들을 결합시킨다. 우리는 정치에 대해 매우 까다로운 파트너다. 장차 우리의 행복은 우리 스스로 책임지기 때문이다. 그로써 우리는 우회로를 통해 좀더 건강하고 절제된 사회로 들어가는 자금을 지원한다. 다만 아이들이 있는 곳은 여전히 구세계가 지배한다. 여기서는 탐욕을 자극하는 모든 것이 허용된 듯하다. 우리 사회에서 어린이는 여전히 패배자의 진영에 있다. 어떤 공급자가 우리 아이들을 엄청난 양의 설탕 첨가와 운동 부족에서 구할 것인가? 유니레버와 프록터 앤 갬블러가 어른들에게 제공하는 것을 아이들에게도 제공한다면, 그것은 더 많은 이익과 명성을 가져다준다. 아이들은 곧 기능성 식품 이외에 다른 것은 찾지 않게 되고, 강하고 아름다운 몸을 위해서 달리고 뛰어야 한다는 사실을 배운다.

22 자신을 소중하게 생각하라—
행복으로 가는 좀더 단순한 길

'**활력 추세**'는 계속 유지된다. 연구가들은 단순히 오늘 내일 만이 아니라 앞으로도 30~40년 이상 지속될 것으로 판단했다.

건강과 피트니스가 먼저 나타난 징후였고, 사람들은 그것을 매우 활동적인 사람들이나 즐기는 것으로 오해하기도 했다. 그러나 피트니스에 대한 관심이 한번 일깨워지면, 누구도 영양 섭취에 대한 지식을 흘려보낼 수 없게 된다. 피트니스의 두 가지 동기는 아름다움과 활력이다. 몸무게가 너무 많은 사람은 즐겁게 움직이지 못할 뿐 아니라 너무 뚱뚱한 사람이 피트니스 센터에서 운동을 하면 주위 사람들로부터 멸시를 받곤 한다. 그러나 그보다 더 나쁜 점은 다른 사람들은 아무 문제가 없는데 자기만 금방 호흡이 가빠지는 데 있다. 가능하면 이런 상황은 빨리 바꿔야 한다.

자기 자신을 좀더 엄격하게 단련하는 동기는 다른 사람들이다. 우리는 피트니스와 의식적인 영양 섭취를 통해 직장에서의 나태한 일상을 보상한다. 최근 조사에 따르면 우리들 중 이미 75퍼센트는 별로 중요하게 생각하지 않는다.

사람들은 자기만의 치료법을 선택한다. 그들은 전문적인 지휘 아래 자가 치료를 결행한다. 그들은 절제된 생활과 건강을 촉진시키는 태도를 원하며 능력과, 책임을 감당할 수 있는 사람이 되길 바란다. 직장에서는 사실 자극이 부족하다. 그러나 예전보다 철저하게 음식을 선택하는 동안, 부담이 가는 음식을 피하고 건강에 대한 지식과 함께 자신감을 확대시켜 나가는 동안, 배운 것들은 그들의 직장생활에서도 나타난다. 고용주들은 점점 더 많은 직원들이 사적으로 연출하는 새로운 세심함에서 직접적인 이익을 얻는다. 그리고 점점 더 많은 고용주들이 이러한 이익을 현실화시킨다. 그들은 구내식당의 음식을 더욱 꼼꼼하게 관리해 칼로리 수치를 일일이 제시하고, 피트니스 센터 무료 이용권을 제공한다. 직장인들이 자신들의 삶을 스스로 이끌어가는 가운데 지금까지의 생활 방식을 바꿨기 때문에 직장 문화도 변하는 것이다.

모든 사람이 그렇게 하지 않는다고 걱정할 필요는 없다. 점점 더 많은 사람들이 동참자로 보이는 것에 큰 가치를 두기 때문이다. 함께 이야기하는 것에서 함께 행동하는 것으로의 진전은 겨우 몇 걸음이면 충분하다. 소비와 운동에 대한 좀더 의식적인 태도는 신망을 높여준다. 그로써 이러한 태도가 점점 더 많은 사람들에게 확산되는 추세는 멈출 수 없게 되었다.

수많은 사람들이 큰소리로 목표를 제시하는 허풍을 떨지 않으면서 위기에서 빠져나오고 있다. 그들은 강하고 당당하게 행동하기 때문에 점차 힘과 자부심을 쌓게 된다. 그들은 자신의 육체를 좀더 엄격하게 단련하고, 새로운 자기애의 감정으로 자신의 감정을 다룬다. 그들은 위기에 대한 두려움이 영혼과 정신을 상하게 한다는 사실을 스스로 깨달았다. 그들은 내적인 안정과 단순한 것의 사치를 추구하는 자신들의 욕구가 개혁에 대한 과장된 요구 속에서 질식하지 않기를 원한다. 그들은 개혁이라는 이름의 새로운 착오들이 지나간 후에도 건강한 머리와 영혼들, 능력 있는 동참자들은 꼭 필요하다고 확신한다.

변화하는 운동 문화와 음식 문화

혁신 그룹은 계속해서 스스로를 단련시킨다. 보통 의식적으로 음식물을 섭취하는 사람은 의식적으로 산책을 하고, 조깅하고, 노를 젓고, 수영을 하는 사람들이다. 건강을 진지하게 생각하고, 몸의 상태를 이해하고, 의미 있는 곳에 자신의 역량을 집중하기 시작한 사람은 이처럼 귀중한 재산을 오래도록 유지하기 위해 언제, 무엇을 먹고 마셔야 하는지를 알고 싶어 한다. 따라서 올바른 흔적을 찾은 사람은 운동과 영양 섭취를 더 이상 분리시켜서 생각하지 않는다. 그는 그 두 가지를 가능한 한 제대로 이해하고, 올바르게 적용하기 위해 노력한다.

그가 자기 자신을 좀더 세심하게 대하기 시작한 이후 그의 생각과 감정, 정신적, 정서적, 심리적 경험들은 변한다. 그는 행복의 호르몬을 즐길 줄 알고, 부담 뒤에 찾아오는 여유와 우월감을 느낀다. 그는 하고자 하는 준비가 된 사람에게만 허용되는 힘의 원천을 획득한다.

‘숨은 혁신자들’이 행하는 것, 행복으로 향하는 좀더 단순한 길을 찾는 것이 위기에 대처하는 유일한 해답이다. 그들은 거기서 복지 사회가 시민들에게서 앗아갔던 것들을 배우게 된다. 노력과 건강한 상태는 일체를 이루고, 단련과 불쾌함에 대한 승리는 서로가 분리될 수 없다는 사실을 배운다. 이러한 신천지를 정복한 사람들의 증가는 겁을 먹고 망설이는 사람들에게 용기를 준다. 정치와는 별개로, 정치 없이 조용한 혁명이 진행된다. 공적인 후원자들은 다시 한번 지각했고, 이번에는 더욱 철저하게 지연되고 있다. 그들은 시민들이 없었다면 이미 오래전부터 관리하지 못했을 ‘결핍’을 가능하면 관찰을 받지 않는 상태에서 관리하기 위해 그처럼 매력 없게 행동한다. 그러나 그로 인해 자유로운 활동 영역도 점차 증가한다. 정치가들이 결핍을 보충하겠다고 약속하는 동안 버림받은 시민들은 충만감의 새로운 원천을 발견한다. 그것은 어차피 정치가들이 해줄 수 없다. 정치가들은 많은 양, 물질을 약속한다. 그러나 충만감은 그 이상이다. 그것은 자주성과 자아의 강인함이다. 단순한 소유와는 달리 책임을 감당할 행복과 재산이 아닌 인물 자체와 결합된 신망을 제공한다.

선발대가 점점 늘어난다. 점점 더 많은 사람들이 의식적으로 음식을 고르고, 점점 더 많은 사람들이 운동을 좋아한다. 회사에서 이루어지는 휴식 시간의 대화도 운동이며 점차 많은 비중을 차지한다. 베를린에서는 주민의 70퍼센트가 가장 좋아하는 여가 활동을 운동이라고 말한다. 그것이 어떤 사람들에게는 머릿속으로만 가장 중요한 활동일 수도 있다. 그러나 새로운 생활 방식으로의 출발은 오직 머리를 통해서만 시작할 수 있다. 우리 몸의 가장 꼭대기인 바로 이곳에서 우리가 무엇을 시작하려 하는지 결정된다. 또한 조깅을 하는 사람이나 운동을 하는 사람이면 누구나 알고 있는 엔도르핀, 즉 우리 몸이 자체적으로 생산하는 이 환각제 역시 머리에서 선사하는 보답이다. 스스로에게 부담을 주는 사람은 보답을 받는다. 이러한 부담에서 이익을 얻는 뇌가 그렇게 결정한다. 이곳에도 다시 선명한 시야가 확보된다. 뇌에 축적된 모든 지방들 중에서도 가장 깊숙이 숨어 있는 지방들이 제거되기 때문이다.

맑은 머리를 가진 점점 더 많은 사람들이 미래의 생활 방식을 연습한다. 식품 기업들은 그 직접적인 결과를 벌써부터 측정한다. 그런데 위기의 영역인 국민 보건 제도는 질병에만 집중하기 때문에 자신의 짐이 가벼워졌다는 사실을 아직도 모른다.

독일은 지금 운동중이다. 1977년 이후 피트니스 센터를 이용하는 사람은 3만 5000명에서 450만 명으로 증가했다. 사람들은 드디어 자기를 대하는 방식이 달라져야 한다고 깨달았다. 한번만 연습삼아 해보겠다고 생각한 수많은 사람들이 직장생활에서는 얻을 수 없는 부담과 만족감의 놀라운 유희에 사로잡혔다. 점점 더 많은 사람들이 회사가 그들에게 부여하는 것보다 더 많이 자발적으로 부담하면서 더 큰 자신감을 얻는다. 그들은 인내의 한계와 의지의 투철함을 시험하고, 자기 자신과 싸운다. 노동 권리의 관점에서는 거부할 모든 일들을 숲을 달리고, 노를 젓고, 체력을 단련할 때는 고통과 기쁨 속에서 기꺼이 행한다.

이것은 전체적인 생활 분위기와 직장에서의 작업 성과에도 영향을 미친다. 자신의 능력을 아는 사람은 그것을 발휘하고 싶어 한다. 능력의 한계에까지 도달해본 사람은 다시 그곳에 이르고 싶어 한다. 정신적, 육체적 부담 이후에 찾아오는 평정심을 만끽해본 사람은 그것을 다시 누리고 싶어 한다. 그러다 보면 직장에서의 휴식시간 동안 동료들 간에는 그와 관련된 대화가 진행된다. 자넨 무슨 운동을 하나? 어떻게 단련하나? 그럴 땐 어떤 기분이 드나? 이러한 것들은 얼굴을 환희 빛나게 하는 대화이고, 타인에 의해 조종되지 않는 성공적인 삶에 관한 대화다.

어쩌면 보건복지부 장관의 서랍 안에는 이러한 자립성의 물결에서 발생하는 비용 감축이 어느 정도인가에 대한 비밀 연구 자료들이 있을지도 모른다. 정치가들은 우리가 여전히 해먹에 누워 게으름이나 피운다고 생각한다. 그러나 우리는 그 사이 우리가 해먹에서 자다가 떨어질 때 우리를 잡아주지 않는 국가를 앞지르기 위해 열심히 움직였다. 국가가 더 분명히 알아야 할 사실이 있다. 독일에는 6만 3000여 개의 운동 협회가 있다. 젊은이나 나이든 사람들이나 체력 단련을 위해 더 많은 자유 시간을 원한다. 그들은 타인의 조종에 의해서가 아니라 스스로의 관리 아래 운동을 하고 싶어 한다. 이처럼 운동에 관심을 갖는 사람들의 머릿속에는 기록 향상과 근육, 힘줄, 뼈, 관절, 혈액 합성, 심장 박동수 증가, 한계 능력 등에 관한 지식이 축적된다. 그들은 스스로를 제대로 관리하고, 성공을 조직하고, 자기 안에 있는 최고의 것을 끄집어낸다. 여기서는 모든 경영자들이 꿈꾸는 이상적인 목표가 모든 사람들을 매혹시킨다. 그럼에도 불구하고 우리는 머리와 몸의 피트니스 세계를 단순히 서로 인접해 있는 2개의 행성이 아니라, 하나의 융합된 시스템으로 받아들이기를 여전히 망설인다. 우리의 선조인 고대 그리스 인들과 로마 인들은 이미 그렇게 이해했다.

시민들에 의해 실행된 새로운 음식 문화와 운동 문화를 변두리에서 일어난 일로 경시하는 한 독일은 구제받기 어렵다. 관료 조직까지 이 사실을 깨닫기까지는 한동안 시간이 걸리겠다. 시민들의 손 안에 있는 혁신이 구조의 길이 있는 방향을 제시한다. 운동과 음식에 관한 어떤 법률, 시민들의 자율적인 삶에 관한 어떤 규정도 우리가 공식적인 인정 없이도 이미 오래 전부터 가고 있는 이 길을 단 1센티미터라도 놓을 수 없다. 그렇기 때문에 수많은 시민들은 그들의 정치가들보다 훨씬 기분 좋은 상황에 이른다. 그렇게 되면 독일의 위기를 보는 관점은 분열되고, 정치가들은 그들만의 위기와 함께 그들끼리 남겨질지 모른다.

달리는 법을 배워라

스포츠를 좋아하는 국가가 훨씬 성공을 거둔다. 그것은 국제적인 연구 결과다. 독일이 단순히 위기 관리에 그치지 않고 다시 성공을 이루겠다고 결심했다면, 길을 잘 알고 있는 선발대는 없어서는 안 될 존재들이다. 그들은 실행과 성공의 기쁨에 대한 관련성을 직접 경험한 사람들이기 때문에 그러한 경험을 다른 모든 사람들에게 열광적으로 이야기해 줄 수 있다.

"한번 노력해 보세요. 충분히 그럴 만한 가치가 있습니다. 매일 매일 음식물 섭취를 통해 당신의 활동에 도움을 주세요. 그것으로 이익을 얻는 사람은 우선 당신 자신입니다. 그 대가는 당신에게 돌아갑니다." 그것은 자신감, 건강, 책임 감당 능력, 앞선 지식이다. 나아가서는 다른 사람들도 이익을 얻게 되고, 결국에는 여전히 돈

❋ 행복으로 가는 좀더 단순한 길 : 의식적으로 음식을 선택하는 사람은 의식적으로 달리는 사람으로서 길을 만든다. 숨은 혁신자들은 더 큰 행복에 이르기 위해 능력과 단련에 집중한다. 많은 사람들이 공적으로는 거부하는 일들을 사적으로 시험한다. 체력 단련, 금욕 생활, 성취의 기쁨.

❋ 점점 더 많은 영리한 사람들이 미래의 생활 방식을 미리 연습한다. 점점 더 많은 사람들이 회사가 그들에게 요구하는 것보다 더 많은 것을 스스로에게 요구한다.

❋ 독일이 새로워진다. 점점 더 많은 사람들이 좀더 단순하고, 더 나은 미래로 앞서 달린다.

을 밀고 당기는 과정이라는 낡은 세계 속에서 독일의 딜레마를 해결하려고 하는 공공 보건 시스템도 큰 이익을 얻게 된다. 정치가들이 이제라도 숨은 혁신자들을 진지하게 생각할 때 독일은 비로소 움직인다. 이들은 개혁은 좀더 단순하게 접근할 때 성공한다는 사실을 우리에게 보여주었다. 정부 기구의 교체가 아니라 사람들의 행복에 대한 갈망이 길을 선도한다. 무엇보다 중요한 건 '더 작은 정부'다. 시민들의 행동을 지켜보면서 그들로부터 배우려는 준비가 된 주의 깊은 국가다. 행복을 갈망하는 시민들의 바람을 총체적인 휴지기로 규정하는 사람은 실패할 수밖에 없다.

사람들의 이타심에 호소하는 방법 완전히 잘못되었다. 더욱이 권력에 사로잡힌 정치 이기주의자들은 그러한 방법으로는 성공하지 못한다. 능력을 향상시키고자 하는 사람은 사람들의 자기애에 호소해야 한다. 우리는 그것을 통해서만 우리의 최고 능력에 도달할 수 있다. 또한 그것을 통해서만 우리가 첫 번째 정상에 올라야만 볼 수 있는 다음 정상이 우리를 유혹하게 된다. 국가 전체의 성공에 결정적인 역할을 하는 것은 궁핍한 상황에 대처하는 정치 지도자들의 고독한 결단이 아니다. 중요한 것은 수많은 사람들이 자신의 행복을 위해 전력을 다하고자 하는 의지를 수백만 배의 실행 의지로 바꾸는 지도력이다.

현재 중국인들이 보여주는 상승 의지를 권위주의적인 통치의 결과로 생각한다면, 그것은 철저하게 잘못된 생각이다. 세계 경제의 선두로 나서고 있는 중국의 비약적인 발전은 중국인 개개인의 머릿속에 든 개인적인 행복에의 확신과 결합되었다. 수많은 중국인들이 이렇게 말한다. "내가 아직 살아 있는 동안 중국은 더 나은 삶을 살게 된다." 그렇기 때문에 그들은 최선을 다하고, 그들 자신을 위해 노력한다.

독일의 정치 지도자들이 시민들의 기여를 대수롭지 않게 생각하기 때문에 시민들은 스스로 발 벗고 나서서 내일의 행복을 위한 게임을 계획적으로 추진해 나가기 시작했다. 강력한 혁신으로 변할 대대적인 변화가 1968년처럼 허공이 아니라 현실에서 시작되었다. 이러한 혁신은 이데올로기에서 자유롭고, 그것이 이 혁신의 위력을 보증한다. 새로운 운동 문화는 단순히 외적인 현상이 아니다. 그것은 정신적, 육체적 행복을 위한 프로그램이다. 매일매일 다른 누구가 아닌 자기 스스로에게 요구하고, 그것을 통해 역시 외부에서는 주어지지 않는 대가로 스스로에게 보답한다. 활기찬 사람들로 이루어진 이 새로운 공동체의 게임 규칙을 안다는 것은 이미 거기에 속해 있는 것이나 마찬가지다.

많은 관찰자들이 여전히 스스로에게 묻는다. 그 게임은 어떤 점에서 점점 더 많은 사람들이 참여하고 싶어 할 만큼 매력적인가? 그것은 마약임에 분명하다. 맞다. 그것은 마약이다.

그것은 우리를 우울증에서 벗어나게 하는 마약이다. 강한 공격력을 갖게 해주는 환각제다. 육체적인 감당 능력을 통해 제공되는 하늘을 뚫을 것 같은 자신감이 아니라면, 독일의 상승을 이루어낼 수 없다. 왜 육체적인 감당 능력이냐고 물을 것이다. 성공을 결정하는 것은 정신적인 감당 능력인데. 맞는 말이다. 그러나 점점 더 많은 사람들이 성공에 정신적으로 기여할 수 있는 기회에서 제외된다. 그들은 최상의 컨디션에 대한 경험을 통해 더 많은 자신감을 갖게 되었을 때 공직자들에 대한 경외감 없이 거기에 참가한다.

호모 사피엔스는 달리기 선수다. 그는 장거리 주자로서 자신보다 우세한 맹수들로부터 벗어났다. 그는 끈기 있게 추적하는 주자로서 사냥꾼이 되었다. 그의 신체 구조는 달리는 능력으로 얻을 수 있는 성과에 맞게 적응했다. 긴 힘줄은 에너지를 절약하게 해주고, 높은 부담을 고르게 분배하기 위해 관절의 표면이 더 커졌다. 아직도 뇌를 육체적인 운동을 통해 단련되기보다는 자기의 방향을 잃게 되는, 독립적으로 작용하는 지휘본부로 생각하는 사람들이 있다. 이들은 진화생물학자들을 통해 육체적으로 매우 활동적인 사냥꾼들의 풍부한 단백질 섭취가 뇌의 급속한 발달을 자극했다는 사실을 알게 된다. 단백질은 지능 발달을 위한 최고의 먹이다.

경영자로서의 성공을 위해 달리는 근육을 단련한다고? 어떤 사람들은 그것을 빗나간 생각이라고 말한다. 물론 노획물에 대한 즐거움과 도주, 또는 싸움의 충동이 케케묵은 중압감과 함께 경영자들의 심장 박동을 상승시킨다. 또한 잡을 수 있는 노획물이 눈앞에 나타나면 경영자들 안에 숨은 파수꾼의 동공은 여전히 넓어진다. 그러나 이제는 사냥의 목표가 바뀌었다. 우리는 손해의 경계를 긋고, 손해를 막기 위해서 달리기와 체계적인 운동을 한다.

움직임이 없는 사회는 움직임이 부족한 노동 형태를 운동 프로그램들과 결합시킨다. 그것은 순수한 정신 노동이 주지 못하는 모든 것을 제공한다. 수많은 사람들이 직장에서 몇 개월 동안이나 기다려야 하는 성공의 기쁨도 그러한 프로그램에 포함된다.

그러나 우리는 다음 돌연변이가 달리는 호모 사피엔스를 움직이지 않는 멍청이로 만들 때까지 기다리지 않는다. 실제로 우리의 지능은 석기 시대의 운동 프로그램과 밀접하게 결합되어 있어서 지능

✱ 더 작은 정부는 시민들을 주시하고 그들로부터 배우는 주의 깊
은 국가다.

✱ 수백만의 성취 의지가 국가 시스템 옆으로 달려간다. 약속은 이
루어져야 한다. 너 자신을 위해 행하라! 그것은 너의 조국을 위
해서도 행해진다.

✱ 호모 사피엔스는 달리기 선수로서 해적들의 이야기에서 빠져나
왔다. 그는 노획물로서 자신의 생명을 위해 달린다. 그는 일어나
는 일의 주인이 되기 위해 사냥꾼이 된다.

✱ 복지 시대의 사무실 풍경은 활동적이고 명석한 두뇌를 지닌 호
모 사피엔스를 움직이지 않는 멍청이로 만들어버린다. 독일은
행정 기구인 뇌의 지방을 분해하기 위해 다시 달리는 법을 배워
야 한다.

을 잃지 않으려면 달리기를 멈추지 말아야 한다. 달리는 사람은 뇌의 지방을 분해할 뿐 아니라 동시에 더 많은 신경세포 층을 형성한다. 그들의 뇌 신경망은 더욱 촘촘해진다. 그들은 더 뛰어나고, 더 빠르게 판단하고, 우위를 차지한다. "달리기가 더 똑똑하게 만들어준다"고 하는 사람은 진실을 말하는 것이다.

운동은 병을 예방하고 치료한다. 우리는 질병에 집중하는 국민보건 제도의 관점에서도 그것을 증명하는 예들을 보았다. 문명병은 잘못된 영양 섭취와 영양 과잉, 운동 부족에서 비롯되었다. 운동이 행하는 것은 즉시 헤아릴 수 있고, 그것은 연습 삼아 뛰어보고자 하는 호기심을 유발한다.

우리의 근육은 소유자인 우리가 더 이상 달리지 않기 시작한 이후 많은 것을 잊어버렸다. 가령 지방을 연소시키는 것이다. 근육은 그 대신에 설탕을 연소시키는 데에 익숙하다. 지방을 연소시키고, 간단하게 없애버리는 것은 누구에게나 꿈 같은 생각이다.

달리기는 근육이 잊어버린 것을 다시 가르쳐주는 스승이다. 움직임이 없는 정신노동자들이 현관문과 자동차, 차고와 사무실 사이를 오가는 몇 걸음을 위해서는 건강식 시리얼을 통해 축적된 지방이 사용되지 않는다. 우리 몸은 지나치게 많이 모두 밖으로 내보내라고 말하지만, 그러면서 지방을 제거할 수 있는 귀중한 효소들을 죽인다.

운동은 하지 않으면서 건강식 시리얼 따위를 먹는 행위는 아무 소용이 없다. 건강식 시리얼이 운동을 대신하지는 못한다. 따라서 움직이지 않으면서 건강식을 먹는 사람은 그에 대한 보상을 받지 못한다.

달리기는 모든 것을 변화시킨다. 게다가 달리기는 가장 간단한 방법이기도 하다. 그것은 어디서나 가능하고 누구나 할 수 있다고 생각한다. 그러면서도 많이 배울 수 있다는 건 기분 좋은 놀라움이다. 달리는 것의 지루함을 없애기 위해서 달리기의 철학과 전문적인 지식을 동원할 수도 있다. 달리기를 할 때는 우리 몸의 화학 대사가 변화한다.

자신 돌보기―최고의 능력을 발휘하는 길

근육은 배운다. 근육은 지방을 요구하고 그것을 연소시킨다. 용광로는 곧 여러 군데에서 타기 시작하고, 우리가 잠을 자는 동안에도 계속 태운다. 근육은 이제 다시 과거의 진화론의 프로그램을 따른다. 우리 몸은 짐을 덜게 된다.

달리기는 글자 그대로 이 나라가 다시 배워야 할 운동이다. 멈추지 말고 계속 가는 것을 배워야 한다. 긴장한 몸으로 중간 중간 멈추면서 가는 게 아니라 편안하게 긴장을 풀고 달려야 한다. 그래야 지방을 연소할 산소가 공급된다.

대규모 관청들과 관료 조직들은 기름이 잔뜩 끼어 있다. 지방은 사고 과정을 둔화시키고, 문제를 신속하게 해결하기 위해 해당 부처와의 협력을 이루어야 하는 가장 단순한 조합도 막아버린다. 정부와 정부의 거대 관료주의를 이 나라의 뇌라고 상상한다면, 독일이 왜 그처럼 더디게 움직이는지 상상할 수 있다. 인간의 뇌 속에서 신속한 조합과 본질에 대한 집중을 가능하게 하는 관들은 국가라는 뇌 속에 있는 직무 과정들이다. 정부는 수십 년간의 작업 속에서 축적된 지방으로 그 길을 막아버렸다. 온갖 법규와 부대 조항들, 습관, 결정의 기피가 이 나라의 뇌를 지방으로 가득 차게 만들었다. 독일은 더 빨리 움직이기 위해 뇌 조깅이 필요하다. 전체 관청들도 달리기라는 환각제의 도움으로 행정 뇌를 가속화시키는 데 성공할까? 그들이 '독일을 더 빠르게 만들자'는 프로그램의 일환으로 근무 시간에 전 직원들에게 조깅을 하도록 처방한다면, 그것은 가능할 수도 있다. 조깅을 하고 사무실로 돌아온 직원들은 당연히 엔도르핀이 상승한 기분 좋은 상태를 행정 업무에서 발산할 것이다. 따라서 업무의 질과 속도에서 성과를 내는 것은 지극히 당연하다.

우리는 우리의 몸이 모르핀까지도 스스로 만들어낸다는 사실을 알았다. 따라서 앞으로는 직원들에게서 그러한 동기의 원천을 빼앗는 것은 거의 불가능해졌다. 예전에는 우중충한 표정과 타성에 젖은 무거운 걸음으로 사무실을 느릿느릿 걸어 다니던 공무원들이 갑자기 원숭이들처럼 경쾌하고 민첩한 걸음으로, 더 이상 고개를 빳빳이 치켜들지 않은 채 하루 종일 해야 할 일을 단 두 시간 내에 해결하는 모습을 상상해 보라. 그것만으로도 이미 완전히 새로운 독일의 모습이다.

독일에서 달리기와 피트니스를 즐기는 수많은 사람들은 매일매일 마약을 향유하는 단순한 길을 발견했다. 그들은 자신들의 몸을 힘들게 단련함으로써 스스로에게 보답한다. 음식의 유혹을 물리치는 연습이다. 무거운 몸으로 움직이면 성취에 대한 기쁨이 더 적다는 것을 알기 때문이다. 수많은 사람들이 노력과 성공의 관련성을 안다. 그들은 스스로의 참여 없이는 보상이 주어지지 않는다는 사실을 깨달았다.

　　복지병에 걸린 나라의 회복을 위한 혁신적인 선발대는 정치가들
보다 훨씬 앞서 인과 관계가 들어맞는 미래를 향해 달려간다. 활동
에 대한 보답이 주어지고, 스스로를 단련시키는 것은 성공의 기쁨
을 가져다준다. 자기 자신을 제대로 돌보는 것은 단순히 건강과 자
신감만 증진시키는 것이 아니다. 그것은 최고의 능력을 발휘할 수
있는 능력을 키워준다.

* 활력의 대세가 점점 더 많은 사람들을 끌어들인다. 고용주들은 직원들이 자기 스스로를 더 잘 돌보는 것에서 이익을 얻게 된다는 기쁨을 맛본다. 자신의 컨디션에 대해 진지하게 생각하기 시작한 사람은 더욱더 올바르게 행동하려고 노력한다.

* 숨은 혁신자들은 위기에 대처하는 올바른 방법을 실천한다. 그들은 행복으로 가는 좀더 단순한 길을 추구한다. 그들은 그 길에서 복지 사회가 그들에게서 앗아간 것을 다시 배우게 된다. 힘든 노력과 건강이 서로 밀접하게 결합되어 있다는 사실을 깨닫는다.

* 점점 더 많은 영리한 사람들이 미래의 생활 방식을 미리 연습한다. 점점 더 많은 사람들이 회사가 부여한 것보다 더 많은 것을 자발적으로 떠안으면서 자신감을 키운다. 정치가들이 우리가 아직도 해먹에 누워 있다고 생각하는 동안 우리는 끊임없이 움직인다. 우리는 인내심의 한계와 의지의 투철함을 시험한다. 우리는 우리 자신과 싸운다. 시민의 힘으로 이루어진 혁신이 구원의 방향을 제시한다. 성과를 얻고자 하는 사람은 사람들의 자기애에 호소해야 한다. 행복을 요구하는 사람들의 갈망을 총체적인 휴지기로 진단하는 사람은 실패한다. 정치가는 하지 못하지만 숲을 달리는 사람이라면 누구나 제공하는 크나큰 자신감 없이는 독일의 상승은 불가능하다.

* 우리는 다음에 나타날 돌연변이가 달리는 호모 사피엔스를 움직이지 않는 멍청이로 만들 때까지 기다릴 수 없다. 우리의 지능은 석기 시대의 운동 프로그램과 밀접하게 결합되어 있다. 달리기는 모든 것을 변화시킨다. 가령 우리 몸의 에너지 소비와 우리의 뇌 속에 있는 흥분제 생산에 변화를 일으킨다. 우두머리들은 성취에 대한 기쁨을 필요로 한다. 달리기는 이 나라가 다시 배워야만 하는 운동이다. 중간에 멈추거나 잔뜩 긴장을 하고 달리지 말고, 편안한 마음으로 확신을 갖고 달려야 한다. 그래야만 이 나라의 뇌 속에 축적된 지방이 눈부신 계획으로 융해된다. 독일은 뇌 조깅이 필요하다. 독일은 더 빨라져야 한다. 점점 더 많은 사람들이 이 나라보다 더 빠른 속도로 달린다. 정치는 이제 시민들의 달리기 속도에 보폭을 맞춰야 한다.

성공의 법칙 –
행복을 위한 전략

파워플레이로서의 행복 – 무엇이 인간의 가슴을 노래하게 하나?
행복의 새로운 놀이터 – 우리 자신보다 더 큰 목표를 위해 일하라

탐욕은 탈선한 요구이다. 타락한 욕망이다.
복지 사회에서 살아가는 동안 우리는 우리의 욕망을 꿈틀거리게 하는 갖가지 호소에 둘러싸여 있다.
시장의 부류는 우리의 가장 대담한 꿈들인 사회적 인정과 아름다움,
행복을 받아들인다. 그러한 꿈들이 물질을 통해 실현될 수 있다는 것을
우리들에게 각인시키려고 한다. '당신이 원하는 것은 돈으로 살 수 있다.'
'당신은 욕망하는 존재로서 공급자들의 총아이다.' '그들이 당신을 받쳐줄 것이다.'
우리는 그들이 우리에게 일깨우고 고취시키려 하는 것과 똑같은 충동을 느낀다.
더 많은 것을 얻고자 하는 욕망을 느낀다. 공급자들도 똑같은 욕망에 따라 움직인다.
더 많은 고객, 더 많은 돈, 더 많은 성공. 성공은
물질을 획득함으로써 이룰 수 있다는 메시지가 그러한 욕망 속에 담겨 있다.
풍족한 복지 문화의 밑바탕에 흐르는 멜로디로서의
탐욕은 오래 전부터 부도덕의 고리에서 벗어났다. 탐욕이 그 고리의 모든 것을 결합시키기 때문이다.
모두가 절제를 잃어버리면, 탐욕이 규범이 된다. 무절제함에 대한 요구가 일상을 지배하기 때문이다.
성공이 오직 물질적으로만 규정되는 곳에서 탐욕은 정당한 충동으로 승격된다.
양쪽의 욕망하는 주체들은 돈과 물질에 대한 상호간의 탐욕, 오로지 돈과 물질을 통해서만 얻을 수 있는
관심과 영향력에 대한 탐욕을 서로 부추긴다.

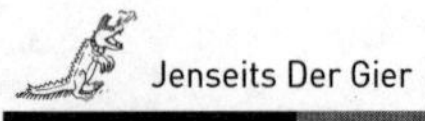

23 파워플레이로서의 행복 – 무엇이 인간의 가슴을 노래하게 하나?

정치는 행복에 대한 약속을 저버렸다. 따라서 우리가 거기에 대해 이야기하는 것은 그만큼 절실하다. 그것은 정치가들이 무력하게 우리에게 떠넘긴 귀중한 재산이다. 그들은 과거에 그것을 확실하게 제공할 수 있는 사람들은 자신들이라고 선전했다. 행복과 태평함, 복지, 여가는 자신들이 책임지겠다고 장담했다. 정치가들은 지금은 위기이기 때문에 행복은 잠시 쉬어야 한다고 말하고 싶어 한다. 아니, 그들은 그런 말조차도 하려고 하지 않는다. 그들은 우리가 행복에 대해 더 이상 묻지 않기를 바란다.

그러나 우리가 설령 행복에 대해 더 이상 묻지 않는다 해도 우리는 여전히 행복을 원한다. 또한 우리는 이미 행복이 숨어 있는 몇몇 은신처를 발견했다. 행복은 소비의 소음에서는 물러났지만, 소음이 잦아들고 고객인 우리들이 더 신중해졌을 때도 되돌아오지는 않았다. 우리가 이제 민들레꽃과 갓 돋아난 풀, 장거리 비행기의 뒤로 그려지는 부드러운 솜털 구름띠 속에서 예기치 않게 만나는 작은 행복, 순간적으로 찾아오는 이 행복은 행복을 갈구하는 우리의 가슴을 뛰게 한다. 우리가 잊고 있었던 것을 다시 발견했기 때문이다. 예전에 행복은 우리에게 더 자주 찾아왔다. 우리가 아이였을 때 행복은 울타리 너머로 쏟아지는 저녁 햇살과 함께 반짝이면서 우리 곁을 달렸다. 어머니가 불러주는 노래에 등장하는 하얗고 까만 얼룩이 있는 양들은 가까운 초원 위의 그늘 속에 서 있고, 박쥐들은 소리 없이 모기들 사이를 날았다. 나는 요즘 손녀딸에게 열네 명의 천사가 잠자는 동안 그 애를 지켜준다고 말한다. 그러면 손녀딸은 내가 하나라도 빼놓을까봐 고사리 같은 손으로 그 수를 일일이 헤아린다. "… 두 천사는 이불처럼 너를 덮어주고, 두 천사는 너를 깨워준단다." 잠으로 빠져드는 행복과 잠에서 깨어나는 행복, 아침식사에 대한 행복. 반복되는 이 모두가 행복을 뜻하기 때문이다. 그렇다면 소비의 행복은 어떨까? 그것은 갑작스럽게 말문을 막히게 하는 단어다. 어떤 사람이 말한다. "우리는 그곳에 있지 않았나? 아주 멋진 시간이었지. 기다리는 시간도 없이 모든 것을 즉시 가졌지. 행복이라고? 아마 처음에는 그랬을 거야. 행복에 대한 약속들도 물론 있었지. 그것도 무더기로. 너무 많은 약속들이었어. 그렇지만 행복에 대한 전망이 전혀 없으면 사람들은 어차피 살고 싶어 하지도 않을 거야."

행복에 관한 새로운 과학

그러나 그러한 행복의 약속들은 모두 가차 없이 치워졌다. 그러더니 갑자기 행복에 대한 연구가 붐을 이룬다. 지금 행복이 무엇이냐고 묻는 사람들은 특히 소비 행복 시대를 주도하던 경제학자들이다. 자신들의 연구를 '행복 경제학'이라고 부르는 이들은 시민의 옷을 입은 우리 혁신자들이 이미 오래 전부터 알고 있었던 사실을 건조한 어투로 세계에 알린다. "부는 행복의 이익을 거의 창출하지 못한다." 마침내 우리가 좋아하던 복지라는 이름의 친구가 다른 먼 지역으로 물러난 것에 만족하는 분명한 이유를 발견했다. 복지는 열광적인 환영을 받을 것이다. 그것을 피상적으로 알고 있는 수많은 중국인들과 한국인들, 그리고 인도인들도 처음에는 복지가 행복을 가져다주는 존재로 받아들이게 될 것이다.

새로운 행복학자들은 복지는 소모되는 것이라고 말한다. 더 많이 소유하는 것이 행복과 관련이 있다고 해도(경제학자들에게는 당연하다), 그것은 이웃과의 경쟁 속에서 이루어지는 동안에만 매혹적이다. 어쨌든 아주 많은 사람들이 경쟁적으로 부를 축적하는 거대한 게임에 동참했다. 그러나 거기 어딘가에는 행복이 더 이상 재물과 보조를 맞추지 못하게 되는 문턱이 존재한다. 이런 사실에 깜짝 놀라는 사람은 누구인가? 바로 자신들의 예기치 못한 놀라움에 우리를 동참시키려고 하는 경제학자들이다. 철학자들 사이에서는 행복은 매우 상대적이라는 것이 오랜 옛날부터 이미 알려져 있었다. 행복은 이성의 산물의 아니라 영혼의 주민이기 때문에 수줍음이 많고, 쉽게 상처받는다.

물질적 하락이 행복의 상실이 아니라는 결론은 커다란 안도감을 준다. 영국의 경제학자 리처드 레이아드는 "경제학자들은 영혼의 상태를 구매력으로 착각했다"고 말한다.

그러나 가령 나이지리아 사람들이 유혹이 부족한 상태에서 느끼는(경제학자들은 그렇게 착각한다) 삶의 행복이 막 유혹에서 벗어난 복지의 자식들에게 맞지 않는다면, 그때는 어떻게 해야 하나? 행복을 돈으로 살 수 없다는 것은 상실의 슬픔에 빠져 있는 부유한 나라에서 가장 잘 팔리는 생각이다. 우리가 지금 더 가난해진다고 해도, 그것이 행복 지수의 상승을 잃게 하는 것은 아니라고 새로운 행복학자들은 말한다. 이런 소식이 소비의 상실 속에서 괴로워하는 탐욕스러운 소비꾼들의 박탈감을 완화시켜주지 못해서 안타까울 뿐이다. 그들은 잃어버린 행복이 아니라 잃어버린 게임을 애타게 부른다. 그들은 그 게임의 규칙들은 알고 있지만 새로운 게임의 규칙은 알지 못한다. 아니, 새로운 게임은 아직 이름도 없다. 그러나 그보다 더 심각한 것은, 이제는 더 이상 어떤 게임의 문제가 아니라는 의혹이 커지고 있다는 데 있다.

우리가 행복을 그르친 이유를 밝히는 사람들은 즉시 또 다른 견해를 제시한다. 온갖 개혁도 복지보다 더 행복하게 해주지는 못한다는 사실이다. 소득 감소가 행복 지수를 떨어뜨리면, 사람들은 절약을 하면서 거기에 적응한다. 그러나 일자리의 상실은 삶의 행복을 완전히 파괴시킨다. 예일대학의 경제학과 교수인 로버트 실러는 정치가들은 노동 시장의 개혁 문제에서 손을 떼야 한다는 혹독한 결론을 내렸다. 그들은 그것으로 유권자들을 불행하게 만들 뿐이다. 정치가들은 그것을 필연적인 불행이라고 대답한다. 그들은 막 행복에 대한 약속을 그만두었다. 그러자 그들을 행복의 파괴자로 폭로하는 비평가들이 즉시 일어나기 시작했다.

개혁이 인간의 행복과 아울러 다시 위로 올라가고자 하는 힘까지도 파괴한다면, 모든 개혁을 당장 중단해야 한다. 그러나 독일에서는 위로 올라가는 것에 대해 이야기하는 사람은 아무도 없다. 그것을 믿는 사람은 거의 없다.

그 이유는 대부분의 사람들이 내일이 아닌 어제의 상승을 생각하기 때문이다. 그러나 중요한 건 내일의 상승이다.

어떻게 한번도 보지 못한 지대로 갈 수 있을까? 자기 이전에 그 누구도 가지 않은 지대로 밀고나가는 것은 허약한 호모 사피엔스의 아주 오래된 꿈이다. 아니, 가장 대담한 꿈이다. 바로 그것이 우리의 거대한 약속이다. 다만 우리에게 그런 약속을 하는 사람은 아무도 없다. 그러나 우리는 그 사실을 이미 알고 있다. 정치 지도층이 개혁을 추구한다. 그들은 행복과 기쁨이 없는 것을 확산시키고, 그것을 자신들의 소임이라고 느낀다. 그들은 행복의 파괴를 영웅의 역할로 이해한다. 고위 정치가들이 부정적인 영웅이 된다.

그들은 순교자가 되는 걸 가장 좋아한다. 행복을 추구하는 우리 혁신자 선발대는 혼자서 길을 걷는다. 행복의 기술자들이 후퇴한 복지의 황야에서 혼자만의 자유를 만끽하고, 모험을 즐기면서. 복지가 지나간 이후로 우리는 복지가 아닌 위대한 발견에 대한 모험을 추구한다. 행복의 새로운 얼굴을 발견하는 모험을. 우리는 벌써부터 지연됨의 행복을 느낀다. 우리가 우리의 소망들을 오랫동안 열어 두었을 때 우리를 향해 불어오는 달콤한 맛을 미리 느낀다.

모두가 정신없이 바쁘고 아무도 방해하지 않기 때문에 우리는 마음 놓고 우리가 가는 길을 즐긴다. 그 길은 우리가 거기에 도착했을 때 다시 반복하고 싶어 할 만큼 아름다운 길로 기억된다. 우리가 인색함과 탐욕에 등을 돌리고 오랫동안 길을 걸을수록 우리의 감정

✱ 성공의 법칙

✱ 복지를 잃어버린 사람들을 위한 좋은 소식 : "부는 행복의 이익
을 거의 만들어내지 못한다." 행복 경제학자들은 그렇게 말한다.
부를 통한 행복은 빨리 소모된다. 한 연구팀은 행복은 마음의 상
태라기보다는 파워플레이라고 한다. 이 팀은 "무엇이 인간의 가
슴을 노래하게 하나?"라고 진지하게 묻는다.

✱ 그들의 연구 목표는 '행복에 관한 새로운 과학'이다. 지금까지
많은 연구가들은 모든 인간이 추구하는 성공보다는 실패에 더
많은 관심을 기울였다.

은 점점 더 지혜로워진다.

'행복에 관한 새로운 과학'은 미국인들에 의해 이미 구상되었다. 그러는 사이 유럽인들은 당혹감 속에서 세계지도를 끼고 생각에만 빠져 있다가 행복의 지대에서 갑자기 미개척지로 방향을 벗어났다. 복지 상실 이후 활동력을 속박하는 상심이 찾아왔다. 계속해서 탐욕스럽게 먹어치우더라도 더 행복해지지 못할 거라는 상심이었다.

행복에 관한 새로운 과학의 모토는 '끊임없이 배고파하는 것'이고, 그것은 탐욕스러운 사람들의 그것과는 다른 허기를 뜻한다. 그것은 최대한의 능력을 발휘할 수 있도록 날개를 달아주는 허기다. '굶주린 동맹'은 몸과 마음과 영혼을 결합시킨다. 산업 문화가 야기한 이성과 감정 사이의 싸움은 모든 힘들의 역동적인 통합에 물러난다. 사업에서는 '2 더하기 2는 5'의 효과를 상승 작용이라고 한다. 즉 전체가 각 부분들의 총합보다 훨씬 강력하다는 뜻이다. 시스템에 집중할 때 우리는 인간을 시스템의 고용인으로만 생각한다. 그러나 진정한 방정식은 정반대다. 시스템이 인간을 위해 종사해야 한다. 시스템은 인간의 가장 큰 갈망에 함께 작용해 그것을 충족시켜야 한다. 그것은 미국 헌법의 수위에 올라 있고, 우리의 싸움과 시합을 충동질하는 '행복에 대한 추구'다.

문제는 통합이 아니라 상승 작용이다

시스템에 열광하는 동안 살아 있는 유기체에서도 최고의 가능성을 발현하게 하는 것은 상승 작용이라는 사실이 잊혀졌다. 1990년대 초 감성 지능EQ의 발견이 기계에 빠져 있는 유럽을 범람했다.

아무도 상승 작용에 대해 말하지 않았지만, 다니엘 골먼이 성공의 동맹으로 소개한 지능과 감성적 강인함의 전략적 협력은 정확히 그것을 의미했다.

물질적으로 더 적은 것에서 잠재적으로는 더 많은 것을 만들어내는 혁신자들의 선발대는 지난 수십 년 동안 거의 눈에 띄지 않게 동참자들의 수를 늘려왔다. 생물학자와 스포츠 의학자뿐 아니라 호르몬 연구가와 뇌신경학자들도 여전히 알려지지 않은 거대 주제를 맞추기 위한 퍼즐 조각들을 제공했다. 그 주제의 핵심은 이렇다. 인간은 개별적인 힘들의 분할에 의해서가 아니라 오직 모든 힘들의 결합을 통해서만 상상하지 못한 최대의 성과에 도달한다. 이런 최대의 성과를 행복으로 이해해야 한다는 사실을 알아야 한다. 머리와 가슴의 파워플레이 속에서 그동안 소홀했던 지대로 떠나는 이 탐험을 통해 얼마나 많은 실현가능성에 도달할 수 있는가 하는 물음부터가 이미 새로운 행복의 동기다.

인간은 본질적으로 상승 작용을 하는 존재다. 우리는 왜 좀더 일찍 그 생각을 하지 못했을까? 각 분과가 서로의 지식을 나누기보다는 각자의 연구 영역을 분리하는 데 더 열중한 것은 학문의 이기심 때문이었을까?

우리는 여기서 우리의 주제를 만나게 된다. 우리가 새로운 행복을 얻기 위해 노력하는 한 그 주제들은 모두 다시 등장한다. 인간상이 점점 더 복잡해지는 동안 어떤 전문 분야도 자신들의 관점을 바꾸지 않았다. 호모 사피엔스는 분열되고 갈기갈기 찢겨졌다. 8만 년 전 여행에 나섰을 때처럼. 진화를 통한 호모 사피엔스의 개선 행진은 감탄할 만하다. 그러나 처음부터 상승 작용에 진력을 다했다면,

그는 얼마나 많은 실패를 겪지 않아도 됐을까? 스스로에 대한 위협과 안전에 대한 갈망, 출발하려는 남성과 머물고자 하는 여성 사이의 대립을 해소하는 것으로서의 상승 작용은 언제나 존재했다. 그러나 그것을 행복으로 가는 길로 이해하려고 생각한 사람은 아무도 없었다. 승리는 오히려 투쟁과 패배의 산물로 묘사되었다.

불안한 호모 사피엔스는 이성과 감성, 새로운 출발에 대한 호기심과 보금자리로의 도피 등의 서로 대립하는 힘들을 승리보다는 패배로 기록했다. 우리가 감탄하고 숭배하는 소수의 사람들은 상승 작용 속에서 살아간다. 전략적으로는 정서적이고 사회적으로는 유능하게. 그들은 남자든 여자든 상관없이 이성의 영역을 적지 않게 차지했다. 이는 감정이입을 통한 상승 작용이다. 또한 그보다 더 중요한 것은 그들이 '다른 사람의 눈으로 보는' 더욱 강화된 통찰력을 갖고 있다는 점이다.

우리는 여기서 이 책이 미래를 위해 제시한 모든 방향들을 다시 만나게 된다. 그러나 무엇보다 중요한 건 단순히 모든 힘들의 총합이 아니라 상승 작용이다.

잘못된 것을 줄이는 것에 대한 기쁨, 단순한 것의 사치, 나눔을 통한 영토 획득, 주는 것을 통한 지배. 우리는 가치 이하로 취급받은 것에 대한 분노로 이어지는 용기를 통해 이 모든 유익한 것들을 새롭게 얻게 된다. 단순히 쓸모없는 해결책을 버리는 것에 그치지 않고, 우리는 더 나은 것을 추구할 만한 자격이 있는 존재라는 분노가 우리를 혁신자로 만들었다. 정치가들이 더 이상 도와주지 않을 때 우리 스스로를 돕자는 것이 우리의 모토다. 우리는 그 사이 약속의 땅에 가까이 다가갔다. 새로운 행복의 근처에 이르렀다. 그것은

✷ 행복은 상승 작용이다.

✷ 머리와 가슴의 파워플레이는 성공해야 한다. 탈선한 경쟁 문화에서 나타나듯이 머리가 가슴을 닫아버리면 성공 프로젝트는 실패로 돌아간다.

✷ 행복으로 가는 길은 우리 앞에 뚜렷하게 보인다. 상승 작용에 대한 기쁨은 다음과 같은 것을 의미한다.
- 우리를 예속시키는 잘못된 것은 더 적게
- 단순한 것의 사치는 더 많이
- 나눔을 통한 영토 획득은 더 많이
- 베푸는 것을 통한 우위
- 실패에 대한 분노와 비겁함을 물리치는 용기
- 날카롭고 조용한 무기로서의 친절함

정치 지도자들이 우리에게 약속하는 것보다 훨씬 더 많다. 그들은 행복을 약속하던 시대와 다름없이 여전히 우리를 과소평가한다. 그것은 역으로 우리에게 더 나은 구상을 추구할 자유로운 활동 영역을 제공한다.

모든 소원들 중에서도 가장 단순한 소원을 그 무엇보다 진지하게 생각해야 한다. 그것은 행복에 대한 권리다. 이 권리를 포기하면 인간은 인간으로서의 의미를 잃는다.

살아 있다는 것에 대한 기쁨

행복에 관한 새로운 과학을 구상한 미국 연구가들은 심리학의 새로운 방향이 발견되었다고 믿는다. 그들은 시적인 어투로 이렇게 묻는다. '무엇이 인간의 가슴을 노래하게 하나?' 유럽의 연구가들이 이와 같은 비학문적인 질문을 던지지 못하는 것은 역사의 바다 위에서 떠돌고 있는 낡은 유럽의 우울증을 증명하는 것이다. 드니 틸리냐크는 우리 아버지들의 신들은 죽었다고 말한다. 유럽은 자기의 뿌리를 잃어버렸다. 그것은 무엇보다 올바른 질문을 던지지 않았기 때문이다. 가령 "무엇이 인간의 가슴을 노래하게 하나?"는 그러한 질문들 중 하나다. 성공을 추구하는 사람은 누구나 해답을 알고자 한다. 경영자들과 교수들, 교사들, 의사들, 목사들, 특히 정치가들이. 그러나 학문 역시 그러한 질문을 진지하게 생각하는 법을 배워야 한다. 사회학자들과 정치학자들, 그리고 철학자들은 그러한 질문에 대한 답을 찾기 위해 노력해야 한다. 학문적인 신천지로의 출발선상에서 제시되는 '끊임없는 갈망'은 연구가와 그들의 연구

대상에 부여된 이중적인 요구로 이해된다. 탐구 여행의 출발 지점에서부터 최종적인 결론이 내려진다. 그것은 끊임없이 갈구하지 않으면 에너지가 없어진다는 얘기다. 유럽은 수십 년 동안 소비 경쟁 속에 있었고, 여기서는 '네가 주워 담을 수 있을 만큼 가져가라' 는 외침만 있었다. 우리들 중 많은 사람들은 여전히 포만감에 빠져 있고 독창적인 생각도 전혀 없다. 심지어는 지금까지도 '끊임없이 갈망하는 것'을 성공의 공식으로 이해하지 못했다. 중요한 점도 머릿속에 들어 있는 서열이라는 것을 행복 연구팀은 알고 있다. 머릿속에서 새롭게 정리되지 않는 것은 행위에서도 빗나갈 수밖에 없다.

우리의 가장 커다란 바람인 행복에 대한 소망에 다가가기 위해서는 겸손한 태도가 필요하다. '살아 있다는 것에 대한 기쁨'은 행복으로 가는 길을 단축시켜준다. 헷갈리는 이름이 붙은 국민 건강 제도를 대할 때 우리를 깜짝 놀라게 했던 것을 우리는 갑자기 다시 발견한다. 국민 건강 제도에서 잃어버린 건강, 즉 질병만이 중요했던 것처럼, 심리학의 역사에서도 잃어버린 행복만이 중요했다. '살아 있다는 것에 대한 기쁨'은 심리학자들의 주제가 아니다. 그들은 기쁨이 사라졌다는 소식이 전해질 때만 활동한다. 불안과 우울증, 신경쇠약, 강박 관념, 편집증이 그들의 주제다.

학문으로서의 심리학의 고전적인 목표는 치유된 환자들을 살아 있다는 것에 대한 기쁨으로 끌어올리는 게 아니라, 마이너스 5의 상태를 0으로 만드는 것이다. 펜실베이니아 대학의 심리학과 교수인 마틴 셀리그만은 그처럼 냉철하게 평가했다. 1998년 1월 1일 미국 심리학 협회 A.P.A.의 회장이 된 셀리그만은 심리학을 위한 새로운 목표라는 비전을 토론에 붙이기 위해 동료들을 초청했다. 셀리그만은 이렇게 말했다. "저는 우리의 능력이 불완전하다고 생각합니다. 우리는 사람들을 제로 상태로 만드는 것으로 만족해서는 안 됩니다! 우리는 완전히 새로운 질문을 제기해야 합니다. 인간을 생기발랄한 존재가 되도록 강하게 만드는 조건들은 무엇인가? 다시 말하면, '우리는 어떻게 제로에서 플러스 5에 이르게 할까?' 하는 것입니다"

심리학 협회의 회장은 누구나 자신이 회장으로 있는 1년간 하나의 주제를 선택해야 한다. 셀리그만은 무엇이 중요한 문제인가를 잘 안다.

그것은 아주 단순하게 '크게 생각하라'다. 그는 심리학 협회에 속한 중요한 구성원들에게 미지의 지대인 '제로의 북쪽'을 연구하자고 설득했다. 그들은 인간에게 충족감을 주는 것이 어떤 힘들인지를 밝혀내야 했다. 인간의 마음을 움직여 최선을 다하게 하는 것은 무엇인지, 그들에게 행복하고 의미 있는 삶을 살고 있다는 확신을 주게 하는 것이 무엇인지를 밝혀내야 했다. 셀리그만은 시적인 질문을 진지하게 제기했다. "무엇이 인간의 가슴을 노래하게 하나?"

그가 중요하게 생각한 정신적인 건강은 분명 심리적 질환이 없다는 것 이상을 의미한다. 셀리그만은 그것을 근육의 피트니스와 짝을 이루는 정신적인 피트니스로 추측했다. 실제로 올바른 질문을 던진다는 것은 올바른 대답에 더 빨리 다가갈 수 있다는 뜻이다.

미국의 몇몇 연구가들은 과거에도 영혼이 병든 황량한 땅을 떠나 건강하고 활기 찬 사람들이 있고, 찬란한 태양이 내리쬐는 영역을 둘러보았다. 셀리그만도 이미 일찍부터 연구 관심을 낙천주의로 돌렸고, 낙천적으로 생각하는 사람들 중에서 정신적으로나 육체적으로 더 건강한 사람들이 많다는 사실을 밝혀냈다. 낙천주의자들은 삶에 대한 기대감도 더 높았고, 그들은 더 행복하게 살았다. 너무 진부한 내용일까? 셀리그만이나 그의 동료들이나 남들보다 매사에 더 행복해하는 재능을 타고난 사람들이 있다는 설명으로 만족하지 않았다. 낙천주의자들에게서 나타나는 객관적인 건강도 불행하다고 느끼는 수많은 사람들이 삶을 대하는 어두운 태도와 전혀 모순되지 않는다.

셀리그만은 '긍정 심리학'을 창시하기 위한 자신의 프로젝트를 위해 여러 나라의 행복 연구가들을 소집했다. 실패가 아니라 성공을, 결함과 결손이 아니라 행복의 성공을 중심에 두는 것은 소집된 연구가들뿐 아니라 전 세계의 많은 심리학자들에게도 고무적인 발견이었다. 긍정적인 감정에 관한 심리학은 새로운 연구 영역으로서 폭발적으로 성장했다. 많은 연구가들이 자신들이 몸담고 있는 전문 분야의 낙천주의적 전환을 고대하고 있었던 것이 분명했다.

24 행복의 새로운 놀이터 –
우리 자신보다 더 큰 목표를 위해 일하라

새로운 연구가의 행복 물결은 낡은 유럽으로는 힘없이 찔끔찔끔 흘러들어왔을 뿐이다. 헝가리 학자 한 명이 셀리그만 연구팀에 속했지만, 그의 열광은 유럽의 동료들에게 눈에 띄는 영향력을 발휘하지 못했다. 그들에겐 행복이 필요 없었을까? 낙천주의의 힘에 대한 믿음이 없었을까? 소비의 소음이 모든 행복의 노래를 뒤덮었기 때문에 노래하는 가슴에 대한 진정한 갈망이 없었을까?

셀리그만 연구팀의 모든 연구가들이 경험한 바에 따르면, 행복은 모든 계산가들이 제시하는 수치보다 훨씬 높게 나타내는 긍정적인 총합들 가운데 하나다. 행복은 행동의 상승 작용이다. 행복은 각 부분들을 더 할 때보다 더 많이 얻을 수 있는 협연이다. 셀리그만은 육체적, 정신적, 정서적, 심리적 피트니스 사이의 유사성을 찾는 과정에서 단서를 찾았다. 행복은 여러 가지 요인들의 계산된 총합이 이루어지지 않을 때도 존재한다. 그러나 감탄과 존경을 불러일으키고, 강요하지 않아도 저절로 충성심을 선사받는 지배적인 우두머리들의 성공만큼은 다른 사람들 사이에 뿔뿔이 흩어진 모든 힘들의 상승 작용에 토대를 둔다. 다른 사람들을 끌어들이는 최고의 능력 발휘는 가능성과 개연성이 가장 높은 것이라고 여기는 낙천주의에 의해 추진된다. 죽음을 앞두고 있던 요한 바오로 2세는 "저는 즐겁습니다. 여러분도 그렇습니다"라는 한마디로 행복을 가장 중요한 메시지로 끌어올렸다. 쾌활함과 친절함, 낙천주의에 대한 흔들리지 않는 용기는 좀더 약한 사람들에게 안정감을 주는 전략적인 수단이기도 하다.

행복의 3가지 요소

이런 관점에서 볼 때 믿음 역시 뛰어난 행복의 전략이다. 긍정심리학을 위한 연구가 연합은 다양한 관점에서 '신빙성 있는 행복'의 전략적 핵심을 찾아냈다. 행복의 비밀을 갑자기 매우 구체적으로 만드는 3가지 요소가 있다. 가장 첫 번째 요소는 기쁨이다. 셀리그만은 기쁨을 "미소를 짓는 얼굴의 그림"이라고 말한다. 그러면서 이렇게 덧붙인다. "이 요소는 가장 신뢰하기 힘들다. 이것은 진실로 중요한 소식이다. 왜냐하면 아주 많은 사람들이 기쁨을 새장 속에 가둘 수 있다는 듯이 자신들의 삶을 온통 피상적인 기쁨으로 채우려는 일에만 열중하기 때문이다." 셀리그만의 이 말은 복지의 오류를 드러냈다. 그의 동료 연구가들에 따르면, 인간이 평균적인 수준의 삶을 영위하고 있을 때는 행복의 단 8퍼센트만이 물질적인 우위에 토대를 둔다. 더 높이 올라가고자 하는 사람은 더 이상 소비의 상징이 아니라 더 많은 성취를 통해 더 많은 행복을 얻는다.

행복한 삶을 위한 두 번째 요소는 참여다. 셀리그만에 따르면 "우리의 가족과 일, 꿈, 좋아하는 것에 대한 내적 결합의 깊이"가 행복의 에너지를 제공한다. 행복의 세 번째 요소는 의미다. 우리는 우리가 체험하는 모든 것을 더 큰 목표에 편입시키기 위해 그러한 의미에 함께 작용한다. 셀리그만은 "우리는 자신보다 더 큰 것을 위해 일하는 데 우리의 강점을 동원해야 한다"고 말한다.

심리학자들은 새로운 낙천주의적 심리학으로의 탐험 속에서 행운의 여신이 선사하는 선물이 아니라 성실하고 유능한 사람이 누리는 행복을 발견했다.

독일의 핸디캡은 핵심적인 결론에 대한 당연한 기쁨을 흐려놓는다. 그 결론은 이렇다. 당신은 당신 자신의 행복을 위해 무엇이든 한다. 연구가들이 여기서 밝혀낸 사실을 우리가 분명히 알고 있다면, 당신이 희생자의 역할로 후퇴하는 모습은 오히려 당신의 안락함과 비겁함을 드러낼 뿐이다.

우리는 누구나 자기 자신의 행복을 경영하는 사람이다. 고대 로마 인들은 행복은 성실하고 유능한 사람들의 소유라고 했다. 셀리그만이 창시한 행복 연구가들의 세계 공동체 구성원이자, 로테르담 에라스무스 대학의 심리학과 교수인 뤼트 베이인호벤은 행복의 세 가지 요소를 토대로 행복 지수를 끌어올리는 일은 우리에게 달려 있다고 했다.

베이인호벤은 이렇게 조언한다. "당신은 더 많은 정서적 경험들을 모아야 한다. 당신은 지금까지 당신에게 다가왔던 기쁨에 대한 감수성을 실질적으로 다듬을 수 있다. 당신에게 행복을 주는 원천들, 당신이 가장 사랑하는 사람들에게 더 많이 투자하라. 그리고 당신의 삶에 별다른 의미를 주지 않는 모든 것을 던져버려라." 이는 복지의 황무지에 있는 사람들에게는 매우 유익한 충고다. 행복의 수준을 올리는 것은 이 책의 모든 장들이 일깨우고자 했던 핵심적인 내용이다.

- 우리를 위협하는 것과 우리가 버리고자 하는 것을 이해하라.
- 중요한 것을 결정하고, 선택하고, 행동하라.
- 아낌없이 베풀어라. 소중한 재산은 나눌 때 더 늘어난다.
- 전혀 중요하지 않은 것들로 인해 위대한 감정에 상처 받지 마라.
- 최선을 다해라. 우리의 강점을 다른 사람들을 위해 동원할 수 있는 것으로 여겨라.
- 자잘한 계획에서도 항상 끝을 생각하라. 이는 전체의 의미에서 벗어나지 않기 위함이다.
- 자기 자신을 소중하게 대하라. 우리는 우리 한 사람의 것이 아니다.
- 매일매일 감사하는 마음을 가져라.
- 용서를 연습하라.
- 당신 자신과 당신의 주변 사람들, 낯선 사람들을 위해 친절을 연마하라.

각각의 항목은 하나의 단편들이다. 셀리그만은 "당신이 성공한 것과 당신을 행복하게 한 것을 기록하라"고 말한다. 또한 다른 사람은 당신의 행복의 파트너이고, 당신은 다른 사람들의 행복의 파트너임을 명심하라고 한다. 행복은 흐르는 에너지이고, 우리는 행복의 막힘이 없는 흐름에 우리가 생각하는 것보다 훨씬 더 많은 영향을 미칠 수 있다. 우리가 행복을 짓는 건축가라는 사실을 인정하면 자신감은 커진다. 그렇다면 모든 불평은 바로 이런 책임으로부터 도피하려는 시도다. 우리가 부정적인 신호를 보내면, 우리와 관계하는 모든 사람들의 행복 지수는 하락한다.

행복에 대한 결의 같은 것이 존재한다. 아침에 한 젊은이가 우리에게 인사를 건네면서 "기분이 어떠세요?"라고 묻더니 대답을 기다리지도 않고 총알같이 "오늘은 기분이 아주 좋아 보입니다?"라고 말할 때, 그러한 결의가 우리를 파고든다. 행복의 기쁨이 넘치는 이러한 물결 속에서 우리는 분위기를 망치는 사람이 되지 않으려고 한다. 반대로 우리 역시 "당신도 아주 좋아보여요"라고 말한다. 기분 좋은 하루는 그렇게 시작된다.

우중충한 독일에서는 행복 경영이라는 말조차 태어나지 않았다. 이 말은 우리 자유로운 혁신자들 사이에서만 전략으로서 존재한다. 정치가들이 과거를 떨쳐내는 일에 매달리는 동안 우리는 더 나은 미래를 시험한다. 우리는 단순한 꿈이 아니라 앎에서 비롯되는 새로운 확신과 강점의 '트리클 다운'trickle down('적하積荷 효과'라고도 한다. 넘쳐흐르는 물이 바닥을 적시듯 대기업이나 고소득층 등 선도 부문의 경제적 성과가 늘어나면 중소기업이나 저소득층 등 낙후 부문에게도 혜택이 돌아가 총체적으로 경기가 활성화되는 효과—옮긴이) 효과를 믿는다. 행복 경영은 갈망하는 사람들의 성공 의지에 대한 작업이다. 이들은 노래하는 가슴으로 살아가고, 자신들에게 오직 하나의 삶만 있을 뿐이라는 사실을 단 하루도 잊지 않는다. 이들은 풍요의 뿔을 상징하는 행운의 여신이 아니라, 강한 사람을 더 강하게 만드는 여신이 주는 행복을 필요로 한다. 성공은 행운의 여신이 역사를 가르며 날아가는 날개를 부여하기 때문이다. 우리는 행위 속에서 행복을 잡아 다른 사람과 나누었을 때, 얼마나 더 강해질 수 있는가에 관심을 갖는다. 우리의 사냥 목표는 게으른 사람들이 원하는 감정 상태로서의 행복이 아니라 파워플레이로서의 행복이다. 행복 경영을 위한 게임의 규칙들은 무엇인가? 호모 사피엔스는 모험을 원한다. 그는 희생자가 아닌 행위자가 되고 싶어 한다. 그는 자신의 한계를 뛰어넘고자 한다. 그는 자신의 삶에서 가능한 한 많이 만들어내기 위해 전력을 다한다. 그의 성공 비밀은 결코 만족할 줄 모르는 데 있다. 그를 가장 위태롭게 하는 것도 바로 그것이다. 그는 바로 직전에 심각한 패배를 겪어야 했다. 탐욕의 시대가 그를 매료시켰다. 스스로를 믿고 의지하고, 쉬고 싶다는 그의 숨은 갈망은 충족될 수 없었다.

그는 지배하고자 한다. 자기 자신에 대해서도 마찬가지다. 또한 지속적인 행복의 상실도 오랫동안 견뎌내지는 못한다. 그것은 힘을 소비하게 하고, 그를 위기에서 벗어나게 하는 자신감을 갉아먹는다.

확신에 대한 이유가 외부에서 제공되지 않았음에도 불구하고 그 시간은 다가왔다. 각 사회의 중심부에서 위험을 벗어날 수 있는 힘의 원천을 만들어내고, 뛰어난 능력을 발휘하는 소수의 시간이 도래했다. 그들은 석기 시대의 뇌와 긴밀한 유대감을 갖는 사람들로, 그들은 이제 태고의 충동으로 더욱 강인해졌다. 이성과 감성의 깊은 곳에 숨어서 자신의 출동을 기다리고 있는 석기 시대의 동기는 '투쟁이냐 도주냐' 사이의 선택이다. 우리에겐 위기에서 달아나는 일은 있을 수 없다. 따라서 싸울 뿐이다. 전투력이 강한 사람은 무엇보다 실패에 대한 분노가 아주 크다. 또한 행복 경영 속에서 다시 성공하기 위해 자신을 걸 수 있을 만큼 행복에 대한 갈망이 격렬한 사람들이다. ─ 자기 자신과 다른 사람들을 위해서. 행복을 경영한 다는 우리가 실패했다고 생각하는 무대 위로 정신적인 강인함을 다시 가져가는 행위다. 행복한 사람보다 스스로를 더 강하다고 느끼는 사람은 없다. 그 무엇도 그를 위축시키지 못하고, 그를 도주하게 하지 못한다.

두려움과 분노, 행복에 대한 갈망은 우리의 뇌 속에 존재하는 힘의 원천이다. 우리는 더 이상 가치 이하의 일에 매달리지 않기 위해 투쟁한다. 우리의 가장 지독한 적수인 실패를 이겨내야 한다. 우리의 자신감을 되찾아야만 하기 때문이다. 그것은 그저 이런 저런 주제들 가운데 어느 하나가 아니라 우리의 주제이고, 독일의 주제다. 게다가 결연한 사람들의 클럽에 속한 우리는 운이 좋다. 우리에겐 기억이 있다.

석기 시대의 삶에 대한 기억은 아직도 우리와 함께 한다. 우리가 비록 분노, 불안, 행복, 슬픔이라는 핵심적인 감정들을 속박한다 해도 말이다. 우리는 그러한 감정들의 파괴적인, 또는 구원의 힘을 예감한다. 우리는 어렸을 때부터 감정을 억제하는 훈련을 받아왔다. 우리의 문화가 그것을 원했기 때문이다. 우리는 한번도 진짜로 분노하지 않았다. 두려움에 떨지 않았을 뿐 아니라, 다른 사람이 우리를 관찰하고 있을 때는 달아나는 일조차 마음대로 하지 못했다. 또한 행복에 겨워 큰 소리로 환호하지도 못했고, 슬픔을 가슴 깊은 곳에 억누르고 파묻었다.

우리는 최고의 가능성들을 길들이는 사람으로 살았다. 문명의

✱ 긍정적인 감정의 심리학 : 행복에 관한 새로운 과학. 행복의 역동성을 이해하기 위해 끊임없이 갈망하라. 행복을 잡으려는 사람은 그것을 잃어버린다.

✱ '크게 생각하는 것'은 위대한 경험과 감정을 위한 전제조건이다. 끊임없이 갈망하라는 것은 항상 움직이라는 것이다.

✱ 예기치 못한 것을 들어오게 하려면 항상 열려 있어야 할 꿈들을 키워야 한다.

모토는 그 모든 것으로부터 더 적은 것을 요구한다. 그러나 이 부분에서만큼은 그것은 틀렸다. 하필이면 우리가 신뢰할 수 있는 위대한 감정들이 조종하고 재촉하려는 곳, 구원하거나 싸우게 하고, 활기찬 축제의 한복판으로 내던지는 곳, 다음 단계로 내딛으려는 결연한 의지가 자라는 곳, 하필이면 그저 그런 삶이 아니라 우리의 재능과 꿈과 들어맞는 분명한 삶을 살겠다고 결심하는 곳에서 우리는 비겁한 겁쟁이와 우유부단한 사람의 굴레를 쓰고 있다. 혁신을 억압하는 사람들은 어느 문화에서나 다수를 차지한다. 그들은 순응을 가르치고, 최선이 아닌 중간을 가르친다. 그들은 안정을 설교하는 동안 후퇴를 체계화한다. 가령 독일은 규율을 해치는 음험한 사람들이 아니라 중간을 이루는 우유부단한 사람들에 의해 추락의 길로 밀려났다.

지속가능한 행복의 조건

선진국의 높은 교육 수준에 대해 말하는 사람은 "교육 수준은 왜 자동적으로 우리를 최고의 자리로 데려가지 못할까"라는 결정적인 진실에 다가간다. 교육과 교양이 우리를 가장 꼭대기로 이끌어가기 위해서는 동시에 올라가는 법, 아니 날아가는 법을 함께 배워야만 하기 때문이다. 그것을 배우려면 추진 상태, 의지, 단련, 인내력이 조화를 이루어야 한다. 더 많이 아는 체 하는 것이 아니라 더 나은 컨디션이 맨 꼭대기로 이끌어간다. 졸업 증명서와 흠잡을 데 없는 학위가 아니라, 그러한 증명서로부터 탁월한 성공을 만들어내는 결연함이 필요하다. 우수한 증명서는 다른 사람들도 있다. 그러나 좀

더 정확히 보자면, 증명서 자체보다는 거기에 덧붙여지는 정신적인 강인함이 중요하다. 책임을 감당할 능력과 정서적 컨디션이 중요하다. 높이 날아오르는 사람의 특성을 갖지 않았다면 아무리 뛰어난 지능 지수도 소용이 없다.

승리자들은 대학의 성적표 속에 들어 있지 않다. 그들 중 대다수는 이미 어렸을 때부터 단련된 눈을 인식한다. 승리자들은 자신들의 능력을 제대로 다룰 줄 아는 사람들이다. 그런 후에야 그들은 그룹 구성원들을 열광시키고, 프로젝트를 구상하고, 충성심을 이끌어낼 만큼의 우세함을 발전시킨다. 다른 사람보다 오래 시선을 견디는 사람은 처음부터 다른 사람의 조종을 받는 프로그램에 순응한 적이 없는 사람이다. 자기 안에 존재하는 감정의 정글 속에서 야성의 좁은 길들을 아는 사람이다. 다른 사람을 안심시키기 위해 단련된 분노를 분출하는 사람이고, 팀 구성원들에게 그들의 신뢰성을 파고드는 불안감을 이겨내게 하는 사람이다. 유혹 앞에서 우리에게 경고를 보내는 것이 가장 원시적이고 본능적인 우리의 '파충류 뇌'라면, 우리는 그 경고를 진지하게 받아들여야 한다. 가장 뛰어난 사람들만이 아직도 그것을 구별할 수 있다.

신뢰할 수 있는 승리자들은 승리 이후에 축제를 빠트리지 않는다. 그들은 팀 구성원들에게 설명한다. 축제는 힘의 재생 장치다. 우리는 이 축제를 통해 우리가 지금 축하하고 있는 이 성공보다 내일은 더 나은 것을 얻을 수 있으리라는 확신을 서로 나눈다. 축제는 정신적인 강인함을 제공한다. 정신적 강인함은 배울 수 있을까? 우리가 더 빨리 달리고, 헤엄치고, 노를 젓기 위해 근육과 힘줄과 관절을 강화시키듯이, 우리의 정신적 강인함도 단련할 수 있다. 아니면 그저 가장 강인하고 뛰어난 사람의 근처를 찾아가 그들의 왕성한 추진력에서 비롯되는 이익을 얻으려고 해야 할까? 이렇게 묻는 사람이라면 그것을 그대로 실천해야 한다.

그러나 상승에 대한 기쁨을 떨쳐버릴 수 없어서 초조해하는 사람이라면, 자신에게 있는 가능성의 정상을 향해 올라가는 모험을 감행해야 한다. 그것은 최대한의 능력 발휘에서 비롯되는 행복을 맛보기 위함이고, 우리가 다른 사람에게 빚지고 있는 것, 즉 우리에게 있는 최선의 것을 주기 위함이다.

어느 사회나 다른 사람에게 귀속되고 싶어 하는 다수가 존재한다. 그들은 자신들에게 자신감과 낙천주의를 나누어줄 수 있는 좀 더 강한 사람들에게 귀속되고 싶어 한다. 대략 수백 명 가운데 한 사람만이 충만한 감정을 안고 살아간다. "나는 많은 사람들에게 내 힘을 나누어줄 수 있어. 그런데 그렇게 할 수 있는 자리를 어디서 찾아야 하지?" 우리는 어디서나 찾을 수 있다고 대답해 주어야 한다. 그 충만한 동기가 바로 당신에게 그것을 나누라고 요구하는 것이라고.

당신이 부딪히는 일상의 모든 상황에서 그렇게 하라. 일터로 가는 길에 우중충한 얼굴을 한 사람들에게 환한 미소를 보여줘라. 다른 사람에게 앞서 가도록 하라. 그러면 그는 당신에게 먼저 그렇게 하라고 한다. 자연스런 우세함은 어디서나 길을 만들어낸다. 따라서 승리자가 시선을 마주치는 말없는 시합에서 거의 눈에 보이지 않는 손짓과 나직한 미소로 다른 사람들에게 먼저 가도록 길을 내주면, 그들은 기쁨을 느낀다. 그것이 진정한 승리자의 일상적인 시합이다. 다른 사람들을 동참하게 한 뒤 곧 다시 자유롭게 해주는 것이다. 그럼에도 불구하고 힘의 이전은 성공한다. 힘의 이전 이후에 따르는 것은 격려와 상승하는 자신감이고, '더 많이'에 대한 기쁨을 느끼게 하는 정신적 강인함이다.

그 반대의 세계는 소비와 포식이다. 무엇 때문에 계속 배고파해야 하고, 무엇을 갈망해야 할까? 소비의 방탕한 축제로 변질된 복지는 배고픔을 없애고 식욕을 망친다. 생산적인 배고픔의 시기를 기억하는 사람은 거의 없고, 그것을 기억하는 사람도 침묵한다. 많은 사람들이 이제는 끊임없이 배고파하고 싶지 않다. 그들은 배가 부를 정도로 포식하지 않는 기술과 포식하는 사람을 제때에 제지하지 못하는 생각과 아이디어의 중단에 대해 말해줄 수도 있었지만, 그렇게 하지 않았다. 미국의 로버트 라이트는 끊임없이 갈구하고, 끊임없이 행복에 안주하지 말라고 도발적으로 권고한다. 그의 권고는 소원을 열어 두는 기술을 뜻한다. 행복으로 가는 길을 단축하려고 하면 행복은 달아난다. 그는 말한다. 행복에 대한 재능을 높일 수 있는 것을 행하라고. 다른 사람에게 친절함을 베풀고, 당신과 가까운 사람에게 관심을 보여라. 자잘하고 비겁한 차선의 해결책에 현혹되어 의미를 부여하는 위대한 주제에서 벗어나지 마라.

라이트는 끊임없이 갈구하면 행복은 항상 아주 가까운 곳에서 마주한다고 말한다. 그는 행복의 예민함을 설명하기 위해 거의 경악스러운 예를 선택한다. 언제나 지속되는 행복은 마약에 취한 상태와 같아서, 그 상태는 우리가 성공적이고 행복한 삶을 위해 필요로 하는 것을 착각하게 만든다. 도취 상태는 끝난다. 우리의 뇌가 새로운 시도를 위해 우리를 다시 자유롭게 하려 하기 때문이다. 그 시도는 도주가 아니라 우리 자신으로 돌아가는 것이다. 그러나 마약이 야기하는 종속성으로 인해 끊임없이 도주해야 하는 사람은 사회적 인정과 안전에 대한 허기를 결코 가라앉힐 수 없다. 오히려 정반대다. 그런 사람은 도취 상태로 도주할 때마다 자신의 뇌 속에서 울리는 되돌아가야 한다는 감각에 상처를 입힌다. 그렇게 되면 더 많은 것에 대한 허기는 종속된 사람을 점점 더 행복에서 멀어지게 만드는 잘못된 신호가 된다.

부유한 사회에는 뛰어난 위장술로 변장한 다양한 마약들이 존재한다. 그 사회는 그것을 통해 행위에 대한 생산적인 갈망에서 등 돌리는 것을 단체 운동으로 만들었다. 그러나 그것은 어제의 일이었고, 다른 민족들에게는 어쩌면 내일의 일이 된다.

끊임없이 갈망하라

우리는 탐욕의 문화에서 벗어났다. 우리의 허기, 배부른 자의 머릿속에서는 찾을 수 없는 비전에 대한 원동력인 허기에 새로운 활력을 주기 위해서다.

성공의 챔피언인 분열된 호모 사피엔스의 비전은 행복을 위한 완벽한 구상이다. 그는 모험과 자기 단련에 적극적으로 나서고, 가장 높은 봉우리로 치고 올라가기 위해서는 추락도 기꺼이 감수하고자 한다. 이 시합에 자신의 전부를 바친 뒤 영웅으로서 귀향하고자 한다. 그런 다음 그곳에서는 영웅의 역할을 넘어 무조건적으로 사랑받는 존재가 되고자 한다. 더 높이 비상하기 위해서 언제나 자신의 뿌리를 느껴야만 한다. 또한 소수의 용기 있는 사람들이 그를 기다린다는 확신이 그의 길을 동행한다. 이럴 때 그는 자신이 가진 충

✱ 행복 전략

✱ 다음의 세 가지 요소가 행복의 전략을 이룬다.
　1) 기쁨
　　항상 기뻐하고 감사하라. 자기의 강점을 육성하고, 자기에게
　　기쁨을 주는 일을 행하라. 스스로를 소중하게 돌보라. 연구가
　　들은 이 첫 번째 요소를 기쁨이라고 한다.
　2) 참여
　　노력과 참여. '우리의 가족과 일, 꿈, 좋아하는 것에 대한 내
　　적 결합의 깊이'는 행복의 에너지를 제공한다. 행복에 관한
　　과학의 창시자인 마틴 셀리그만은 그렇게 말한다.
　3) 의미
　　여기서도 중요한 건 선물이 아니라 신명을 바치는 것이다. 우리
　　자신보다 더 큰 무엇인가에 우리의 강점을 다 바치는 것이다.

✱ 끊임없이 갈망하라.

만한 동력을 나누어줄 수 있고, 자신의 힘을 아낌없이 다른 사람들에게 전해줄 수 있다.

그가 자신의 우세함을 이런 식으로 다룰 때, 그의 우세는 미덕으로 드러난다. 그는 자신의 대형 프로젝트인 불확정성에 대한 추구와 안전함을 결코 포기하지 않는다. 그렇기 때문에 호모 사피엔스는 상승 작용을 통해 성공을 추구하는 데 있어서 완벽한 행위자다. 호모 사피엔스는 끊임없이 한계를 뛰어넘는 것을 갈망한다. 그는 자신을 매혹하는 양극을 상승 작용을 통해 폭발적인 힘을 발휘하는 초강력 엔진으로 결합시킨다. 그렇게 해서 그는 진화의 승리자가 되었다.

그는 항상 무모함과 비겁함에 의해 위협을 받는 존재이기도 하다. 그 둘은 용기 있는 자가 걸어가는 좁은 길을 에워싸는 유혹들이다.

민족 전체의 행복도 무모함과 비겁함 사이에서 언제나 용기를 선택하는 능력에 따라 결정된다. 무엇을 갈망해야 하는지도 모르는 상황이라면, 끊임없이 갈망하라는 모토는 독일인에게는 받아들이기 어려운 자극제가 된다.

지도자의 역할을 갈망해야 할까? 그것은 어제의 일이었다. 그렇다면 복지? 복지 역시 성공의 모델은 아니었다. 행복? 행복에 관한 새로운 과학으로서의 정치? 비록 독일적인 의미는 아니지만, 이는 많은 기대를 갖게 하는 말이다. 신화에서는 언제나 많은 의미를 함축한 다음의 문장이 주인공들을 동행한다. "그는 자신의 행복을 찾기 위해 길을 떠났다." 행복은 스스로 찾아서 만들고, 힘들게 싸워서 쟁취하는 것이지 선물로 받는 것이 아니다.

행복한 독일. 개혁론자들의 위협 속에는 결코 등장하지 않는 모습이다. 독일인들은 행복에 대한 권리가 없는 것처럼 보인다. 그렇다면 행복에 대한 추구는 우리의 프로젝트가 될 수 없다는 걸까?

독일이여, 끊임없이 갈망하라. 그것이 개혁을 성공하게 만드는 행복에 대한 갈망이다. 또한 추락하는 회전판의 방향을 바꾸기 위해 우리가 확보해야 하는 성실하고 유능한 사람들의 행복이다. 행복은 지도자들에게는 전략적인 주제다. 정치를 행복 경영으로 이해하지 않는 한, 그들의 통치는 시민들을 빗겨간다.

＊ 우리가 더 이상 거기에 대해 묻지 않는다 해도 항상 행복을 원한다. '행복 경제학 자들'의 새로운 조합은 우리가 이미 오래 전부터 알고 있었던 것을 이제야 말한 다. '부는 행복 이익을 거의 창출하지 못한다.' 복지를 잃은 사람들에게는 반가운 소식이다.

＊ 행복은 수줍음이 많다. 행복은 이성의 산물이 아니라 영혼의 주민이다. 행복을 돈 으로 살 수 없다는 사실을 우리는 안다.

＊ 우리는 오래 전부터 스스로의 힘으로 길을 헤쳐 왔기 때문에 잘 안다. 인색함과 탐욕에 등을 돌린 채 새로운 길을 달릴수록 우리의 감정은 그만큼 더 영리해진다 는 사실을. 미국 연구가들이 계획한 '행복에 관한 새로운 과학'은 아주 더딘 속도 로 낡은 유럽에 이르렀다. 대서양 저편의 연구가들은 '끊임없이 갈망하라'고 소리 친다. 그것은 물질세계와는 동떨어진 가능성에 대한 식욕을 의미한다.

＊ 문제는 이성과 감성의 결합에서 비롯되는 상승 작용이다. 성공하고, 성공에 대한 기쁨을 불러오는 모든 것은 머리와 가슴의 협력에서 비롯된다. 그것이 행복한 사 람이 자축하는 성공 법칙이다.

＊ 미국 심리학자 마틴 셀리그만은 묻는다. '무엇이 인간의 가슴을 노래하게 하나?' 그는 '살아 있음에 대한 기쁨'을 모든 치료의 목표로 삼고자 했다. 셀리그만은 행 복의 부재가 아니라 행복의 성취를 연구의 중심으로 삼는 '낙천주의적 심리학'을 구상했다. 우리가 느끼는 행복의 8퍼센트만이 물질적인 우위에서 비롯된다. 다른 요소들이 더 중요한 것이다. 세심하게 주의를 기울이고 감사하는 마음을 갖는 것, 관계를 가꾸고 우리가 사랑하는 사람에게 관심을 갖고 돌보는 것, 다른 사람을 위 해 우리의 힘을 다 바치는 것, 그리고 우리 자신보다 더 큰 무엇인가를 위해 일하 는 것. 행복은 그처럼 간단하다. 그렇지 않은가?

＊ 우리의 행복을 상승시키는 것은 우리 손에 달려 있다. 셀리그만 주변의 연구가들 은 그렇게 말한다. 더 많은 정서적 경험들을 모아라. 더 세심하게 주의를 기울여 라. 감사하는 마음을 키워라. 당신의 삶에서 더 이상 중요하지 않은 것, 별다른 의 미가 없는 모든 것을 던져버려라. 당신은 그 두 가지를 구별하는 법을 배우게 된 다. 독일에서의 행복 경영은 여전히 별다른 소득이 없다. 파워플레이로서의 행복. 그것이 강하고, 행복한 독일을 위한 성공 전략이다.

그 모든 것은 어제의 일이었다

탐욕은 모든 것을 치워버린다. 욕구하는 존재로서 당신은 욕구의 대상이다. 아름다움과 사회적 인정, 행복에 대한 갈망은 물질을 통해서 완화될 뿐, 결코 충족되지 않는다.

복지의 몰락은 동시에 탐욕의 감옥을 뚫고 나올 수 있는 커다란 기회다.

선발대는 다른 해안에 있는 자유를 인식한다. 그러나 그 해안은 넓다. 탐욕의 자식들은 거의 모든 것을 바꿔야 한다고 느낀다.

탐욕은 자유를 먹어치운다. 가치를 갉아먹는다. 탐욕은 배부르게 하는 게 아니라 중독에 빠지게 한다.

약속의 땅은 머릿속에서 태어난다. 그것의 동력은 비전이다. 출발을 위해서는 용기가 필요하다.

용기의 원천은 멀어져간 행복에 대한 분노다. 권력과 영향력은 용기를 소모시키고 행복에 대한 요구를 질식시킨다.

더 이상 분노하지 못하는 사회는 공동의 행복에 대한 비전도 잃어버린다.

복지병 환자들의 치유는 조용한 혁명으로서 진행된다. '더 적음
에 대한 기쁨'이 증가한다. 그 기쁨은 어제의 유혹자들에게 고객을
끌어들이기 어렵게 한다.

고객이 선도한다. 자기 자신을 중독에 빠지게 했던 주인들을 마
음대로 조종한다.

그는 '빈곤한' 제품에 대한 새로운 경향을 주의 깊게 따르는 새
로운 동맹 파트너를 발견했다. 잘못된 것을 더 적게 선택한다는 것
은 더 적은 지방과 더 적은 설탕, 더 적은 칼로리를 의미한다. 정화
된 고객은 단순한 제품 그 이상을 원한다. 그는 자신에 대해 더 많
은 책임을 느끼는 새로운 관계를 연습한다.

정치가 개혁의 위협으로 분위기를 흐리는 동안 사람들은 시장에
서 활동에 대한 기쁨과 금욕 생활로 출발을 감행했다. 이제 모토는
"자기 자신을 소중하게 다루어라!"다. 자신감이 높아지고, 어제의
소비 유혹자들과 맺은 새로운 동맹은 과잉이 아닌 건강과 몸과 마
음의 편안함을 목표로 삼는다.

온갖 상품들 뒤에 가려진 하늘이 다시 열렸다. 소유를 위한 경쟁
은 행위와 존재를 위한 경쟁으로 교체되었다. 이제는 사치를 새롭
게 규정하고, 과거에는 이룰 수 없는 꿈이었던 단순한 것이 최고의
사치가 되었다. 거리 모퉁이의 체리나무 꽃잎과 플라타너스 그늘,
나뭇잎 사이로 비치는 별이 최고의 사치가 되었다. 소비 기록을 세
우려는 탐욕스러운 자들의 경쟁을 주시하는 사람들은 거의 없어졌
고, 경쟁의 의미는 사라졌다. 소비 중독에 빠진 사람들의 풍요를 더
달콤하게 만든 것은 시기하는 사람들이었기 때문이다.

권력자들과 그들을 보고 감탄하는 사람들을 결합시키고 분리시

키는 모든 모순에도 불구하고, 우리는 마침내 우두머리들의 우성을
새롭게 기술할 수 있게 되었다. 최고의 자리를 둘러싼 경쟁의 목표
는 좋은 승리자다. 그는 최선을 다하고, 관대함으로 빛을 발하는 사
람이다. 그는 함께 나누고, 지혜를 통해 이해를 얻고 친절함으로 그
들의 마음을 얻는다. 친절한 지배자는 주변 사람들과 자신을 분리
시키는 간극을 극복한다.

우리는 좋은 패배자에 대해서는 할 말이 많다. 그러나 우리가 인
생의 도박에서 모든 것을 걸어 쟁취해야 할 마법의 인물상은 바로
좋은 승리자다.

권력자들이 말하기 좋아하는 혁신이 지금처럼 좋은 출발 위치에
놓인 적은 거의 없었다. 복지의 황야는 새로운 이념에 날개를 달아
주고, 대담한 혁신을 위한 이상적인 무대이기도 하다. 스스로 주최
자임을 자청하는 역할 담당자들은 혁신에 제동을 거는 사람들이다.
그들은 혁신이 사장들의 일이 아니라는 사실을 이제 깨달아야 한
다. 혁신은 무질서를 필요로 한다. 새로운 질서를 만들어내야 하기
때문이다. 창조적인 사람들을 위해 길을 열어주어야 한다. 그들은
지금 무리를 지어 우리 곁을 떠나고 있다.

권력자들은 권력을 나누는 방법을 배워야 한다.

역사의 모든 성공은 나눔을 통해 이루어졌다. 자연은 우리에게
나눔이 성장을 가져온다는 사실을 깨우쳐준다. 모든 세포가 그것을
증명한다.

인간은 나누는 존재로서만 성공할 수 있다. 소비의 압박으로부
터 벗어나자, 최고의 재산은 나눔을 통해 줄어드는 것이 아니라 더
많아진다는 사실이 드러난다. 그것은 성실함과 신뢰성, 관심과 친

절함, 신뢰와 진실성이라는 재산이다.

이러한 사실을 깨달은 사람은 아이들을 더는 행복의 경쟁자로 생각하지 않는다. 비약을 꿈꾸는 독일 사회가 가장 심각한 결과를 초래한 결정은 세대간의 혼합에 반대한 결정이었다.

소유가 사회적 인정과 명성을 가져다주는 가장 중요한 요인이 될 때, 소비는 아이들의 적이 된다. 아이들은 소유물이 아니다. 그들은 또 일시성의 사회가 원하는 해약권을 가진 단기 프로그램도 아니다.

아이들은 탐욕스런 사회의 탈선한 복지 구상이 치명적인 오류였음을 폭로한다.

실제로는 단순히 삶의 기회를 나눈다거나 직업적 성공의 갈등보다 훨씬 더 중요한 문제가 있다. 아이들에게는 자연이라는 든든한 아군이 있다. 아이들은 다른 어떤 힘과도 비교할 수 없을 만큼 강력한 힘으로 어른들을 점령한다. 연약함을 통해 우두머리가 되는 것이다. 가장 연약한 존재가 지배하고, 성공 문화의 승리자들을 충격에 빠트려 그들을 도주하게 만든다.

아이들과 함께 우리의 과거와 미래가 우리를 떠나간다. 독일은 철저하게 역사로부터의 이별을 추진하고 있다.

어떤 나라가 자신의 강점을 모르는 상황에서 강점 경영이 소용이 있을까? 그 나라의 국민들이 스스로를 믿지 못한다면? 독일의 핸디캡이 경제 기적을 일으킨 성공 요인이었다면, 우리는 이 핸디캡을 강점의 원천으로 이해해야 한다.

어느 한 곳에 얽매이지 않는 새로운 모델이 역사 속으로 되돌아가게 하지는 못한다. 독일적인 생활 방식은 존재하지 않는다. 그렇기 때문에 다른 나라들보다 자유롭게 성과를 통해 인정을 받을 수 있다. 우리의 자신감은 패배자에 관한 토론을 통해 더 손상되었다.

정치는 철저하게 시민들의 협력을 얻기 위해 노력해야 한다. 시장은 정치보다 빠르게 반응한다. 점점 더 많은 시민들이 자신들의 행복을 스스로 찾아 나선다. 그들은 국가보다 앞서 나가면서 병든 국가와 건강한 시민이라는 새로운 게임 규칙을 제시한다. 정치는 이처럼 새로운 상을 이해하기 위해 서둘러야 한다. 국민 건강 제도의 병든 시스템은 서둘러서 시민들과 친구가 되고 동맹을 맺어야 한다. 그들은 병자로서가 아니라 건강한 사람으로서 건강에 관심을 갖는다.

'활력'이라는 대세가 점점 더 많은 사람들을 매료시키고 있다. 점점 더 많은 현명한 사람들이 미래의 생활 방식을 연습한다. 점점 더 많은 사람들이 회사가 자신들에게 요구하는 것보다 더 많은 것을 자발적으로 감당해낸다. 또한 점점 더 많은 사람들이 자신들의 인내의 한계와 의지의 철저함을 시험한다. 그들은 성과의 원동력이 되는 영양 섭취와 운동에 대한 지식을 수집한다. 그들은 자기 자신과 싸운다.

시민의 손에서 이루어지는 혁신이 구원의 방향을 제시한다. 성과를 내고자 하는 사람은 사람들의 자기애에 호소해야 한다. 행복에 대한 요구를 총체적인 휴지기로 규정하는 사람은 실패한다.

하늘이라도 찌를 것 같은 자신감 없이 독일의 재도약은 없다.

독일은 더 빨라져야 한다.

점점 더 많은 사람들이 이 나라가 뛰는 것보다 더 빠른 속도로 달리고 있다.

이제는 정치가 시민들의 속도에 맞춰 달려야 할 때다.